イノベーション
量産の方程式

Amazon Mechanism

アマゾン・メカニズム

JN039312

谷 敏行

日経BP

本書の目的は、

「アマゾンがイノベーションを組織的に連続して起こす仕組み」

すなわち

「アマゾン・イノベーション・メカニズム」

（Amazon Innovation Mechanism）

の全容を日本企業において再現可能な形で分解・体系化し、

活用していただくことにある。

アマゾンの

「イノベーション量産の方程式」を

最もシンプルな形式で表現すれば、下記となる。

> **ベンチャー起業家の環境**
> **×** 　**大企業のスケール**
> **−** 　**大企業の落とし穴**
> **＝** **最高のイノベーション創出環境**

より細かく分解した図を次ページに提示する。

Amazon Innovation Mechanism

アマゾン・イノベーション・メカニズム

第 1 章
「普通の社員」を「起業家集団」に変える 仕組み・プラクティス

❶ 「PR/FAQ」で「逆方向に思考する」
❷ 「沈黙から始まる会議」で「社内政治」を撲滅する＊
❸ 「イノベーションサミット」で、イノベーションの風土醸成
❹ 「ワンウェイ・ドア」と「ツーウェイ・ドア」で区別する＊＊
❺ 「奇妙な会社である」ことを自認する
❻ リーダーシップ原則＊＊＊

第 2 章
大企業の「落とし穴」を回避する 仕組み・プラクティス

❶ シングル・スレッド・リーダーシップ
❷ 社内カニバリゼーションを推奨
❸ インプットで評価
❹ 既存事業にもストレッチ目標
❺ 「規模」でなく「成長度」で評価
❻ 全員がリーダー
❼ 「沈黙から始まる会議」で「社内政治」を撲滅する＊
❽ 「ワンウェイ・ドア」と「ツーウェイ・ドア」で区別する＊＊

第 3 章　2
イノベーションに適した環境を育む 仕組み・プラクティス

❶ 創造性を高めるオフィス環境
❷ 多様性を推進する「アフィニティ・グループ」
❸ リーダーシップ原則＊＊＊

第 3 章　3
メカニズムに魂を吹き込む 仕組み・プラクティス

❶ ハンズオンで率先垂範する
❷ インスティテューショナル・イエス（Institutional Yes）
❸ ミッショナリーとして本能に逆らう意思決定

第 3 章 1

大企業のスケールを
社内起業家に与える
仕組み・プラクティス

❶ 破壊的イノベーションを担う
　「Sチーム」と「Sチームゴール」
❷ 経営幹部が新規事業
　立ち上げの「経験者」
❸ 新しい技術やスキルの獲得を恐れない
❹ 「数値」と「判断」の両立
❺ 「掛け算」の買収

❹ 仕組みを進化させ続ける
❺ イノベーションの重要性を
　全社に継続発信する

＊、＊＊、＊＊＊は、2カ所に重複効果

ベンチャー企業より
イノベーション創出のために
恵まれた条件の実現

↓

ベンチャー
起業家の
環境

×

大企業の
スケール

—

大企業の
落とし穴

＝

最高の
イノベーション
創出環境

ソニー技術者として抱いた
疑問の答えがアマゾンにあった

　私は2013年から2019年まで、アマゾンジャパンで既存事業の成長を担いつつ、新規事業の立ち上げに従事していました。在職中に、お付き合いのある日本企業の方によく尋ねられた問いがあります。

「アマゾンでイノベーションが次々に起こるのはなぜですか」
「どうやってイノベーションを起こしているのですか」
「日本企業にも適用できることはありますか」

　特に日本企業において、多くの方が抱えている悩みが、これらの問いの根底にあると思います。

　このままでは将来の成長の種がない。今なんとか新しい成長事業を生み出さないといけない——。経営者だけでなく、技術者、企画やマーケティング、営業部門などでさまざまな役割を担う方々が共通して抱いている課題と焦燥でしょう。

　この問いにどう答えるか、という視点が、「アマゾンがイノベーションを起こすメカニズム」を体系化する本書を著した原点です。

　「アマゾンがイノベーティブな会社である」というと、違和感を覚える方もいるかもしれません。

　アマゾンには「小売業の破壊者」のイメージが強くあります。つまり、既存の小売業をデジタルに置き換えただけ。それを巨大な資

アマゾン・イノベーション年表 —— アマゾンが立ち上げた新規事業から主なものを抜粋

スタート年	サービス・製品	内容
1998	IMDb	映画データサービス（1990年設立の会社を買収）
2005	アマゾン・プライム（Amazon Prime）	迅速な配送などの各種特典が受けられる 有料会員制プログラム
2006	フルフィルメント・バイ・アマゾン（FBA）	仮想商店街「アマゾン・マーケットプレイス」の出店者に対し、 在庫管理や決済、配送などのインフラを提供するサービス
2006	アマゾン・ウェブ・サービス（AWS）	クラウドコンピューティングサービス
2006	アマゾン・プライム・ビデオ	動画などのストリーミングやレンタルを提供するサービス
2007	アマゾン・フレッシュ	プライム会員向け生鮮食品販売
2007	アマゾン・ペイ	オンライン決済サービス
2007	アマゾン・ミュージック	音楽配信サービス
2007	キンドル	電子書籍配信サービスと、電子書籍リーダーの販売
2008	オーディブル	書籍朗読の音声データを販売 （1995年設立の会社を買収）
2010	アマゾン・スタジオ	テレビ番組や映画を制作する部門
2011	アマゾン・ロッカー	宅配ロッカー 配送先に自宅以外のロッカーを指定できるサービス
2012	アマゾン・ロボティクス	物流倉庫（フルフィルメント・センター）の作業を自動化・効率化 するロボットの製造（2003年設立の「キバ・システムズ」を買収）
2014	トゥイッチ	ゲーム実況の配信サービス （2011年創業のサービスを買収）
2014	ファイアTVスティック	ストリーミングメディアプレーヤー
2014	アレクサ	音声認識人工知能
2014	エコー	音声認識人工知能「アレクサ」を搭載した スマートスピーカー
2015	アマゾン・ローンチパッド	スタートアップ企業の支援プログラム
2018	アマゾンゴー	レジなしのコンビニエンスストア
2019	エコー・フレーム	音声認識人工知能「アレクサ」に対応した眼鏡
2019	アマゾン・スカウト	自動走行の配送用ロボット。テスト運用中
2020	アマゾンゴー・グローサリー	レジなしの小売店舗
2020	アマゾン・ワン	非接触決済サービスなどを提供する 手のひら認証システム
2020	アマゾン・ダッシュ・カート	レジでの決済を不要にするスマートショッピングカート
今後の 計画	プライム・エアー	ドローンを使った配送システム
今後の 計画	プロジェクト・カイパー	人工衛星を使った通信サービス

本力によって強力に推進してきただけではないか。すなわち規模の利益によって成長してきた企業——。そんなふうに思っている方も、少なからずいると思います。

しかしアマゾンは、書籍から始まった電子商取引（EC）事業の商品アイテムを単純に増やすだけでなく、数々のイノベーションを起こしています。

代表例は、2006年に開始した「アマゾン・ウェブ・サービス（AWS）」と呼ばれるクラウド事業でしょう。現在、アマゾンの営業利益の約60％を稼ぎ出すまでに成長しています（※1）。これなどは、EC事業を単純に延長しただけでは生まれない、「破壊的イノベーション」と呼ぶにふさわしい新規事業でした。

アマゾンが生み出してきた、イノベーティブな新規事業は、ほかにも多くあります。主なものを、前ページに年表にして示しました。

AWSのほかにも、仮想商店街「アマゾン・マーケットプレイス」の出店者に対し、在庫管理や決済、配送などのインフラを提供する「フルフィルメント・バイ・アマゾン（FBA）」、音声認識の人工知能「アレクサ」、電子書籍のサービスとリーダー「キンドル」など、アマゾンが不連続な分野で破壊的なイノベーションを次々に起こしてきたことが、この年表からおわかりいただけると思います。

伝えたいのは「日本企業において再現可能な仕組み」

アマゾンの経営について書かれた本は、すでに数多く書店に並んでいて、それらを読めば、ときにユニークなアマゾンでのさまざまな仕事のやり方を知ることはできます。ただし、それぞれがどのように影響し合い、全体として事業成長を可能にしているのかというメカニズムについての学びを得るのは難しいでしょう。

私がこの本でお伝えしたいのは、「アマゾンの経営マニュアル」ではなく、「アマゾンが今後も事業成長を起こし続けるために作り出した『仕組み』」であり「体系化されたメカニズム」です。

　その全体像は、本書冒頭の図に示した通りです。アマゾンのイノベーション創出の仕組みを「アマゾン・イノベーション・メカニズム」として体系化しました。

　私がこの体系化に挑むうえで糧となったのは、もちろんアマゾンで働いた経験もありますが、それだけではありません。ソニーで技術者としてイノベーションに挑戦し続けた経験、コンサルタントとして米国に渡り、IT企業が次々に立ち上がるシリコンバレーに身を置いた経験、米シスコシステムズで「ドッグイヤー」と呼ばれるハイスピードの成長を内側から体感した経験、日本GEにおいて1つの完成された大企業のメカニズムのなかで仕事をした経験——これらの経験を踏まえて、アマゾンのなかに実践的かつ効果が高いと思われる「仕組み」「プラクティス（習慣行動）」を発見し、それらを体系化しました。

　すでにアマゾンは、誰か1人の天才——すでに引退した創業者ジェフ・ベゾスのような——がすべてに目を配り、指示できる規模ではありません。にもかかわらず、さまざまな分野で、しかも破壊的なイノベーションが起きているとすれば、それを突き動かしているのは誰かのひらめきやセンスではなく、そこには再現可能な「仕組み」があるはずです。

　「地球上で最も顧客を大切にする企業になること」——ジェフ・ベゾスは、このビジョンのためにいかに力強くイノベーションを起こしていくかということに、最も力を注いできました。起きたイノベーションは「結果」であり、イノベーションを起こさせる「仕組み」や「環境」こそが、他社にないアマゾンの優位性の源となる「コア・コンピタンス」であるといっていいでしょう。

エレキ全盛期のソニーで技術者だった私が 抱き続けてきた疑問

　私がイノベーションを作り出すメカニズムというものに興味を持つに至ったのには、きっかけがあります。

　私は大学を卒業した後、エレクトロニクスの技術者としてソニーに入社しました。日本経済がまだ右肩上がりに成長し続けていた時代です。ソニーからはCD、デジタルビデオなどの多くのイノベーティブな製品が生み出されていました。私もデジタルオーディオテープレコーダーを開発するプロジェクトの一員として働いていました。

　自分の担当する部分を少しでもよくしたい。そんな思いで労働は長時間に及んでいましたが、働き続けても疲弊することなく、どんどん新しい発想が生まれてきました。職場全体がそんな熱気のようなものに包まれていて、仕事が楽しくて仕方がなかったのを覚えています。

　しかし、日本経済は暗転します。1989年12月に日経平均は3万8915円のピークを記録して以降、下落を続け、いわゆるバブル崩壊を迎えます。その後、日本は30年間以上も経済低迷に苦しみましたが、その失われた時間は同時に、イノベーションを生み出す力を喪失した時間でもありました。日本から世界に向けて送り出されるイノベーションは、目に見えて減っていきました。自分のなかでも、バブル崩壊前後で何かが変わったという感覚がありました。

　日本から生まれるイノベーションが減った理由を、バブル期には潤沢に供給されていた研究開発資金が減ったから、と考える人も多いと思います。もちろんそれも大切な一要素だと思いますが、それは根本原因ではないと私は考えています。バブル崩壊直後には、ソニーもまだ研究開発費を削減するとか、社員数を減らすといった事態には及んでいませんでしたし、そもそもバブル崩壊の少し前か

ら、破壊的イノベーションの種やアイデアを見つけるのに苦労しはじめていた感覚がありました。

当時は、それが「なぜなのか」ということに対して、ジュニアな技術者であった私には解も仮説も見つかりませんでした。しかし、「何か別の理由があるのではないか」という感覚だけは残りました。

実は、その当時、新しい大きなイノベーションの波が起きつつありました。私がその重要さに気付けなかったこの波については、終章でまとめています。過去の「失われた30年」をどう理解すべきかに興味がある方は、1つの解釈として終章から読んでいただくのも面白いと思います。

米国企業で働いて知った「成長を持続させる仕組み」

その後、私はソニーを離れて米国西海岸に渡り、アーサー・D・リトルというコンサルティング会社、ネットワーク機器製造販売のシスコシステムズや日本GEなどの米国企業で働くようになりました。その過程で、少しずつ仮説のようなものが自分のなかに見えてきました。

長く成功している米国企業は、成長し続けるための「仕組み」づくりにエネルギーを注いでいるということです。なるべく特定の人の能力に頼ることなく、長期的な繁栄を生み出せるように仕組みやプロセスを作り上げていくのが、米国企業の素晴らしい点だなと感じました。

例えば、シスコシステムズには「A&D（アクイジション・アンド・デベロップメント）」と呼ばれる仕組みがありました。M&A（合併・買収）による獲得（アクイジション）と、自社による開発（デベロップメント）を組み合わせて、ネットワーク機器の分野において隙間なく製品ポート

フォリオを作り上げる考え方です。これにより、同社は競合が追いつけないスピードで全世界に事業を展開していました。誰かが卓越した戦略眼で有望な市場を見出さなくても、ときに外部の力を飲み込みながら、パズルのピースを埋めるように強いポートフォリオを形成できる仕組みでした。

　強さに永続性を与える「仕組み」の威力。これを知ったときに、ソニーで漠然と抱えた問い——なぜイノベーションは失われてしまったのか——を思い起こしました。その答えは、イノベーションが生み出される「環境」を一時的には作れたが、永続させる「仕組み」にまで昇華できなかったから、ではないかと思ったのです。私が勤めていた1980年代のソニーは、エンジニアにとっては天国みたいな会社で、さまざまな自由な発想を生み出し、実現の機会も与えられる素晴らしい環境でした。エンジニアに自由な環境を与えることで、イノベーションがおのずと生み出されてくることを期待する、というやり方だったのだと思います。

シリアルアントレプレナーからの学び

　米国企業においては、さまざまな「成長戦略」を実行に移していく「仕組み」を目の当たりにしました。しかし、「アイデアそのもの」を生み出す「仕組み」や「メカニズム」は確立されているとは言い難く、やはり個々人に期待されていると感じていました。米国においても、新しい発想とは雷に打たれるように降りてくるようなものだと思われている側面が、依然としてありました。

　「イノベーションを起こし続ける仕組み」はないものか。そのヒントが得られるかもしれないと思って、米国シリコンバレーのシリアルアントレプレナーに面談をお願いしたこともあります。

シリアルアントレプレナーとはベンチャー企業を立ち上げ、上場させたり、高い価値で売却したりする「成功」を繰り返している起業家のことです。一回の成功の確率も低いのに、それを何度も成功させている一握りの人たちがいます。

　彼ら彼女らに話を聞いてわかったのは、シリアルアントレプレナーと呼ばれる人たちには、他の起業家にはない特殊な能力や特性があり、それゆえにイノベーションを起こせるのだということでした。その詳細については序章でお伝えします。ただし残念ながら、どうすればその特殊能力をほかの人にも再現可能な仕組みにできるかについての解は見つかりませんでした。

アマゾンの「PR/FAQ」との出会いと衝撃

　それからおよそ20年の時が経過してアマゾンの一員になったとき、私はここに答えがあったと思いました。

　私が探し求めていた、イノベーションを起こすためメカニズムが確立され、運用されていたのです。

　最も驚いたのが、その仕組みの1つである「PR/FAQ」というイノベーション提案フォーマットであり、まさにシリアルアントレプレナーという天与の才能を持った人たちが個人の脳のなかで行っていることを、1人の脳ではなく、チームのディスカッションで実現できるようにデザインされたものでした。探していたのはこれだ、と興奮したことを覚えています。

　「アマゾンの成功の秘訣は何ですか」——ベゾスにとっては、これまでに幾度となく受けた質問でしょう。インターネットを検索すれば、さまざまに答えるベゾスの姿や言葉を見ることができます。

　なかでも次の3項目は、ベゾスが起業家として注目を集めるよう

になった2010年前後から一貫して挙げ続けているもので、ベゾスとアマゾンの成長の本質を突いた言葉だと、私は考えます（※2）。

- Customer-centric（顧客中心）
- Invent（発明）
- Long-term thinking（長期思考）

常に「顧客」を中心にして考え、その満たされていないニーズは何かを追求し続ける。満たされていないニーズを満足させるためには「発明」が必要である。「発明」によりこれまでに存在しなかった大規模なイノベーションを実現していくには、それが既存のサービスや製品の「カイゼン」「進化」による持続的イノベーションでない以上、「長期思考」がなければならない。

そんな意味だと、私は捉えています。つまり、「顧客中心」「発明」「長期思考」が、イノベーションにより成長し続けるアマゾンが大切にしているものです。

アマゾンで、何らかの計画や目標を立てるときには、必ずそれを実現するためのプランやメカニズムが伴っていなければいけません。プランやメカニズムが伴わない形で、例えば「来期は売り上げを10%伸ばします」と宣言しても「それは『グッド・インテンション（Good Intention/よき意図）』だね」といわれてしまいます。

「よき意図」とは、「実現根拠のない望み」ということです。つまり、実現するためのきちんとしたプランやメカニズムがない目標は「夢」と変わらないということです。よしんば担当者の才覚や個性の力によって短期的には達成できたとしても、仕組み化されていなければ、長期的にはその成功は失われるということでもあります。

こうした考えを根本に持っているから、ベゾスは、「地球上で最も

顧客を大切にする企業になること」というビジョンを「グッド・インテンション」で終わらせないために、イノベーションを起こし続けるメカニズムを、1994年に創業したそのときから作り続けてきたのでしょう。その結晶が、本書でじっくりと解説する「PR/FAQ」に代表される数々の仕組みやプラクティスです。

アマゾンの仕組みは、 日本企業において再現可能

　私は、約6年にわたりアマゾンで働くことで、仕組みとしてイノベーションを起こすプロセスを自ら体験、実践し、アマゾンで築き上げられてきたメカニズムは実践的かつ本物だと確信しました。

　私はこれまでのキャリアのなかで、アマゾン以外の企業においても新たな価値やイノベーションを生み出すことにチャレンジし、実践し続けてきました。その経験から「アマゾン・イノベーション・メカニズム」には、他の企業においても有効に活用できる仕組みやプラクティスが多くあるといえます。

　イノベーションを起こすべき分野や実現すべき内容は、企業や業界、業種によって異なります。しかし、いかにして特定の人の能力や偶然の環境に依存せず、永続的にイノベーションを生み出していくのかという問いと向き合いながら磨き続けられてきたアマゾンの仕組みは、業界や業種によらず普遍的に通用するものであり、日本企業においても再現可能な仕組みです。後述するように、むしろ日本企業にこそフィットする仕組みといってもいいかもしれません。

本書の構成と読み方

　すでに本書冒頭で、アマゾンの「イノベーション量産の方程式」を示しました。社員を「ベンチャー起業家の環境」に置くと同時に、「大企業のスケール」を与え、なおかつ「大企業が陥りがちな落とし穴」を回避することで、ベンチャー企業より恵まれた「最高のイノベーション創出環境」を作り出せるという方程式です。

　さらに、この方程式を成立させている、アマゾンの「仕組み・プラクティス（習慣行動）」を分解し、体系化することで「アマゾン・イノベーション・メカニズム（Amazon Innovation Mechanism）」として図解しました。

　本書では、この図の構成要素を1つずつ解説していきます。

　第1章は、社員を「ベンチャー起業家の環境」に置くための仕組みとプラクティスについて。「普通の社員」たちを「起業家集団」に変えるために、アマゾンが何をしているかをお伝えします。

　第2章では、イノベーションの創出における「大企業の落とし穴」が何であるかを明らかにしたうえで、それらを回避するためにアマゾンが実践している仕組みとプラクティスをお伝えします。

　第3章は、経営幹部の役割です。アマゾンのイノベーション創出の仕組みを動かし、そこに息を吹き込み、さらに進化させているのが、「Sチーム」と呼ばれる経営幹部たちです。第3章では、「Sチーム」が果たしている役割を次の3つに分けて紹介します。

　第1に、「起業家集団」となった社員たちに「大企業のスケール」を与えること。

　第2に、イノベーション創出に適した環境・文化を育むこと。

　第3に、メカニズムに魂を吹き込むこと。

　以上により、「アマゾン・イノベーション・メカニズム」の分解と

解説を完成させます。

　第1〜3章を読んでいただければ、「アマゾンがイノベーションを組織的に連続して起こす仕組み」を理解し、なおかつ実践に移すことが可能になるでしょう。

　一般の社員の方であっても、アマゾンの社員たちがイノベーション提案に使っている「PR/FAQ」という書式を知り、活用すれば、企画提案の質は確実に上がるはずです。

　管理職の読者の方であれば、自らが新規事業を提案するだけでなく、部下からいかにして提案を引き出すかについて、実践的な手法を学べるはずです。

　経営者の方であればもちろん、本書が紹介する仕組みのすべてを自社に取り入れることも可能ですが、あまりに大きな変革を伴うので尻込みするかもしれません。そのような心理的な障壁を乗り越えることが、もしかすると日本企業がアマゾンに学び、イノベーション創出に取り組んでいくうえでの最大のハードルになるのかもしれません。

　第4章では、ベゾスの肉声に触れていただきます。「顧客中心」「発明」「長期思考」の3原則がぶれることなく、さまざまな表現でイノベーション創出に必要な思考法を説くベゾスの言葉に触れることは、イノベーション創出の手立てを知っても、実践に踏み出すのを恐れる私たちの背中を力強く押してくれます。

　さらに終章では、私がなぜ今、このような本を出版したのか、なぜ今、日本のあらゆる個人と企業に、イノベーション創出の能力を高めることが求められていると考えるのかについて、いくつかのデータを交え、私見を述べさせていただきました。大きな背景から理解したい読者の方には、終章を先に読まれることをお勧めします。

典型的な課題意識と
読後に期待できる意識変化

　新規事業やイノベーションを起こすことへの「課題意識」または「心のつぶやき」は、企業内のレイヤーによって異なっています。

　経営層であれば、
「社内からよいアイデアが出てこない」
「新規事業を引っ張れるリーダーがいない」
「新しい価値提供を考えている余裕はない。まず競合に勝つことが生き残るカギだ」
「リスクを取らずに事業成長する方法がないか」
「3年後には大きな成果を株主やオーナーに見せないといけない」

　中堅幹部層であれば、
「いろいろ経営層に提案しているが実現しない」
「今のうちの経営層ではイノベーションは無理だ、早く自分たちの時代が来てほしい」
「若手にもっと積極的にアイデア、提案を出してほしい」

　若手社員であれば、
「新しい提案を出せる雰囲気はなく、閉塞感がある」
「今の会社にいて大丈夫か」など。

　これらの「課題意識」や「心のつぶやき」のなかに、ご自身でも思い当たるものがある人も多いのではないでしょうか。
　そういう方々に本書を読んでいただいた後には、そんな「つぶやき」の数々が、次のような「自分自身への問い」に変わっているので

はないかと期待しています。

　経営層では、
「社員が提案しやすい仕組みがあるか？」
「社員が安心して失敗できる環境を作れているか？」
「短期的な損失を許さずに、大きな成功を求めるという矛盾に
　陥っていないか？」
「長期的成功のために大胆な決断をする覚悟、環境はあるか？」
「株主やオーナーが期待する成長の時間軸を変えることは可能
　か？」
「大企業の落とし穴にはまっていないか？」
「自分たちがイノベーションに向けたメッセージを十分に発信し、
　率先垂範しているか？」

　中堅幹部層では、
「『仕組み』や『プラクティス』の導入提案を経営層にできている
　か？」
「社内での恵まれたポジションを捨ててでも、新規事業に挑戦す
　る気持ちを持てるか？」
「自ら新規事業の提案をしていたか？」
「新しい技術を理解することを怠っていないか？」

　若手社員では、
「自分もリーダーだという意識があるか？」
「新しいアイデアの提案をしているか？」
「競合でなく顧客を見て、顧客ニーズを十分に理解しているか？」
「新しい技術やスキルの習得を怠っていないか？」
「イノベーションの波に飲み込まれる会社にいるのではないか？」

そして、企業のオーナーや株主の方々にも読後、次のような「問い」が生まれる変化があることを期待しています。

「経営層に対して、短期的な成長ばかりを要求していなかったか?」

「イノベーション創出の観点で考えれば、企業が失敗していないというのはいいことではなく、経営上、問題ではないのか?」

「経営層が大胆な長期的投資をするのを後押しできているか?」

そして、このような問いを自分に投げかけるようになった方々が出てくるとすれば、その解は「アマゾン・イノベーション・メカニズム」のなかにあります。

「GAFA4社で日本企業と最も相性がいい 仕組みを持つのがアマゾン」

本書刊行に際しては、早稲田大学ビジネススクールの入山章栄教授に草稿をお読みいただき、推薦の辞を頂戴しました。この場を借りて、あらためて感謝いたします。

入山教授からは「GAFA4社のなかで、日本企業と最も相性のいい仕組みを持つのがアマゾンである」という貴重な指摘をいただきました。そこには、次の3つの理由がありました。

1番目の理由は、GAFA(グーグル、アップル、フェイスブック、アマゾン)のなかで、オーガニックな新規事業立ち上げにおいて最も成功しているのがアマゾンであるということ。言葉を換えれば、買収に頼るところが比較的少なく、社員が自ら種まきして育てた新規事業の成功例が多いということです。

確かに、アップルの素晴らしい製品群からは、創業者スティーブ・

ジョブズという1人の天才が生み出した輝きが今も感じられます。また、フェイスブックやグーグルは、「インスタグラム」や「ワッツアップ」「ユーチューブ」といったSNS企業の大型買収を有力な原動力の1つとして活用し、大きな成長を遂げました。

　2番目の理由は、アマゾンでイノベーションを生み出しているのが「普通の社員」であるということ。もちろん、アマゾンの社員たちは「平凡な人」でもなければ、まして「無能な人」ではありません。何らかの分野のスペシャリストや、特定の最先端技術に精通した人、何か秀でた特殊技能を持っている人などが集まっています。しかし、彼ら彼女らが、自分1人でイノベーションを起こす力を持った起業家タイプかといえば、そうではありません。そのような意味において「普通の人」たちなのであり、「多様な能力を持つ人々」の集まりと言い換えてもいいでしょう。

　アマゾンの平均的な社員と同じように、ある側面を切り取れば「優秀」でもある「普通の人」の集団というのは、日本企業には多くあると思います。そのような集団からイノベーションが量産されているという意味において、アマゾンは日本企業にとって学ぶ価値の極めて高い会社です。

　3番目の理由は、アマゾンという企業が「リアルな現場」を持ち、動かしていること。膨大な在庫を緻密に管理し、顧客の望みに応えてジャスト・イン・タイムで配送するという、泥臭い側面がアマゾンにはあります。その点において、大手製造業をはじめ「リアルな現場」を持つ、多くの日本企業にとって理解しやすい企業です。そのような泥臭い一面を持つ企業が、イノベーション量産に用いている仕組みは日本企業と相性がいいはず、というのが、入山教授のご指摘でした。

　私もまったく同意です。

そんなアマゾンのイノベーション創出の仕組みを、エンジニア出身の私が「リバースエンジニアリング（逆行工学）」しようと試みたのが本書です。読者の皆様の企業がイノベーションを生み出し、成長するための参考になればと願っています。

2021年10月吉日

*本書では、米国人については敬称を略す。その理由は、米国社会では自社の経営トップや上司であっても呼び捨てにするのが通例で、そのような環境で働いてきた筆者の経験から、米国人の名前に「氏」などの敬称をつけることに違和感を覚えるからである。一方、日本人については、日本社会における筆者の感覚に合わせて「氏」などの敬称をつける。
*本書で参考資料などとして提示するサイトURLは2021年10月時点で確認したものであり、刊行後に変化が生じる可能性がある。

[参考資料]

※1.　「amazon annual report 2020」に基づいて計算すると、2019年は63.3%、2020年は59.1%。2020年に比重が下がっているのは、コロナ禍でEC部門が好調だったためにAWS部門の比率が相対的に下がったものと見られる
※2.　例えば、アマゾンの公式サイトに掲げられた「Who We Are（我々は何者であるか）」という文書（下記）においても、この3項目は強調されている（下線は、著者注記）。
Amazon is guided by four principles: customer obsession rather than competitor focus, passion for invention, commitment to operational excellence, and long-term thinking. Amazon strives to be Earth's most customer-centric company, Earth's best employer, and Earth's safest place to work. Customer reviews, 1-Click shopping, personalized recommendations, Prime, Fulfillment by Amazon, AWS, Kindle Direct Publishing, Kindle, Career Choice, Fire tablets, Fire TV, Amazon Echo, Alexa, Just Walk Out technology, Amazon Studios, and The Climate Pledge are some of the things pioneered by Amazon.

Contents

経営幹部「Sチーム」の果たす役割

リスク回避の行動を選択する本能 ／ リスクアバースに抗うアマゾンのプラクティス ／ チャレンジしない選択で一生を終えられる時代があった ／ 米国の大企業の寿命は3分の1に縮まった ／ 日本企業の平均寿命は7年間で2倍に ／ イノベーション・プラットフォームの波 ／ 日本に絶好のチャンスをもたらす5つの波が来ている ／「破壊的イノベーション」に無縁な仕事など、今やどこにもない ／ 音声や映像信号のデジタル化で先行していた日本 ／ ソニー創業者が予言した「ハードからソフトへの転換」 ／ シリコンバレーで目の当たりにした「気付いても乗れない波」 ／ イノベーション・プラットフォームの波に乗る方法をアマゾンに学ぶ ／ 意思決定の判断基準も変革させるメカニズム ／「カニバリを受け入れない会社」と「カニバリを受け入れない社会」

シリアルアントレプレナーと
ジェフ・ベゾスの
共通項と違い

私がまだアマゾンに入る前、つまりアマゾンが確立している「イノベーションを起こす仕組み」に出会う前の話から始めたいと思います。

　1998年の話です。私は、コンサルタントとして米国シリコンバレーのパロアルトに赴任したばかりでした。

　この頃に出会った人たちから学んだことが私の頭になかったら、後年、アマゾンが運用しているイノベーションを起こすためのツールを見たときに、それらが簡易に見えて、実はどれほど実践的かつ効果的に組み上げられているか、その真の威力を見出すことはできなかったはずです。だから、読者の皆さんにも、ぜひ知っておいていただきたいと思うのです。

シリアルアントレプレナーの存在を知り、面談を申し込む

　私は当時、イノベーションを創出するメカニズムのヒントを得るために、ベンチャーの起業で成功する人たちの能力はどんなところが優れているのかを調査していました。

　そこで、その極端な事例として注目したのが、シリアルアントレプレナーです。起業して一度、上場に成功するだけでも偉業ですが、それを何度も連続してやり遂げている一握りの起業家のことで、日本では「連続起業家」とも呼ばれます。

　かつては、創業したベンチャー企業を上場（IPO）することをもって「成功」と考えられていましたが、近年では上場する前に大企業から高いバリュエーション（企業価値の評価）を得て買収されるというエグジット（出口）も、「成功」として数えられるようになってきました。上場・売却いずれにしても、起業家としての「成功」を連発するのがシリアルアントレプレナーと呼ばれる人たちです。

私がその存在を知ったのは、シリコンバレーで、スタートアップ企業がプレゼンする、いわゆるピッチイベントに参加したときのことでした。ベンチャーキャピタルやベンチャーに関連する業界の人たちが参加して、次の投資先の当たりをつけたり、技術や製品のトレンドを知ったりするために開催されていた、有料のイベントです。シリコンバレーでは定期的に開催されていました。

　ベンチャー企業のトップがステージに上がってプレゼンする前に、司会者がその会社の簡単な概要と経営者の経歴を紹介するのが恒例でした。その際に、「この人は過去にも起業して上場させたシリアルアントレプレナーだ」と紹介された人が数人いました。過去にも上場を成功させているということで、会場にいる人たちも「これは筋がいいのではないか」とがぜん盛り上がりましたし、業界内に知人が多いのか、拍手も大きく感じられました。起業して成功するのは「千三つ」といわれる世界で、連続して起業に成功するような人たちがいるということを、私はそのときまで知りませんでした。

　一体なぜ、そのようなことが、この人たちには可能だったのか。当時の私には、まったく見当がつきませんでした。その秘密が知りたくて、ダメ元でそれらのシリアルアントレプレナーに、イベントで知ったメールアドレスを介して面談の依頼を送ってみました。すると驚いたことに皆、喜んで面談に応じてくれたのです。

　ITバブルのただなかだったということもあり、インタビューした起業家たちの多くは経営トップであると同時に技術者で、自分自身で開発も担っていました。

　インタビューしてみると、彼ら彼女らが皆共通して自信があると主張する能力がありました。次の2つです。

(1) 未来の「製品・サービス」と「ニーズ」の交点を見極める
(2) 優秀な人材を惹き付ける

連続起業家の特殊能力（1）
未来の「製品・サービス」と「ニーズ」の交点を見極める

　シリアルアントレプレナーの持つ特殊能力の1つは、「技術などがが進化して、新しい製品やサービスが実現する時期」と「顧客ニーズが顕在化して、市場が立ち現れる時期」の交点を見極める力です。

　もっと具体的に説明しましょう。

　まず、ある分野において、自分たちが、今から新製品・新サービスの開発を始めたとして「3〜5年後」にはどの程度のレベルの機能を持ったものが実現できるかを見通します。さらに、そこまでに推測されるコストから、顧客に提供できる価格を想定します。次いで、その価格と機能の組み合わせでどれくらいの数の顧客がそれを購入するかを予測します。これによりビジネスとして成り立つのかを高い確率で予測できる、というのがこの能力です。

　驚くべきことにインタビューしたシリアルアントレプレナー全員が、こう口をそろえました。

　「技術力だけを取り出せば、自分より優秀な技術者はほかにたくさんいる。しかし、技術開発によって実現する新製品・新サービスのレベルと、顧客ニーズが交差するポイントを予測する能力においては、ほかの人に負けないという自信がある」

「3〜5年後」の予測は「10年後」より難しい

　ここで重要なのは「3〜5年後」という時間軸です。

優秀な技術者であれば、技術のトレンドと進化のスピードを深く理解し、「10年後」に何が実現されているかを高い確率で予測できるかもしれません。しかし、起業してビジネスとして成功させるには、その粗度の予測では不十分です。

　例えば、この本を書いている2021年秋の段階で、「今から10年後にドローンカーが東京で空を飛んでいるか？」と質問されたとして、「かなり高い確率で実現しているだろう」と答えることは、私にもできます。ただしそれがある特定の2地点を結ぶだけなのか？　東京全域をカバーするものか？　特別なライセンスを持った人だけが運航するのか？　自動運転なのか？　コストがどれくらいでターゲットとする顧客の属性は？……といった具体的な製品・サービスの内容を予測することまでは、私にはできません。

　つまり、このときの「10年後の予測」とは「方向性」に過ぎません。精緻な製品やサービスとしての形を伴わない、ある種のファンタジーのようなものです。

　新しい技術が生まれたとき、それを社会実装した具体的な製品やサービスを企画するならば、「3年後はどうか？」「5年後ならどうか？」を考える必要があります。

　このように質問の時間軸を「10年」から「3〜5年」に変えた途端、回答の難易度は一気に上がります。予測すべき未来が近くなることで、さまざまな要素をより精緻に見積もらなければ、答えが出せなくなるからです。

　例えば、技術的に「空を飛ぶドローンカー」が、3〜5年後に製造可能になっていたとしても、顧客が利用可能な価格帯になっているのか。また、どの程度の価格帯になれば、どんな顧客が、どんな用途で使うのか。あるいは、法規制の緩和はどう進んでいるのか。

　「東京で空を飛んでいる」ことの当否を予測するために、想定しなければならないことは多く、ある1つの目算が少し狂うだけで、答

えが大きく変わってくるというのが「3〜5年後の未来予測」の難し
さです（なお、ここで挙げた「3年」「5年」という時間軸は、ハードウエアの開発
を前提としているので、ソフトウエアの世界ならば、スピード感はさらに上がり
ます）。

技術進化と需要拡大、コスト許容度、法規制……

これから3〜5年という時間軸において、技術などが進化する速度
と、それが実現する製品・サービスに対する需要の高まり、そして
需要に対するコストの許容度、さらに法規制といった外部要因も含
めて複合的に判断することで、それらが交差して新製品・新サービ
スが立ち上がる絶好の地点を見出す。そのような能力が必要だとい
うことです。この目算がずれれば、ニーズはあるけれど技術は追い
ついていなかったり、技術は進んでもニーズが不足したりして、事
業として成功することが難しいものになってしまいます。

シリアルアントレプレナーと呼ばれる人たちは、この見極めを得
意とする人たちが多いことがわかりました。

しかし、そのような見極めの力をどう身につければよいのかとい
う問いに対しては、残念ながら、彼ら彼女らから明確な回答が返っ
てくることはありませんでした。

ただ少なくとも、少数の個人の能力に頼ることなく、イノベー
ティブな製品やサービスを開発して事業を起こすには、開発のベー
スとなる技術進化と顧客ニーズが3〜5年後に交差するポイントを
見極めるメカニズムが必要だと分かったのは大きな収穫でした。

米国の著名なベンチャー投資家で、Idealaboをはじめ、自身も多
くの起業経験を持つビル・グロスは、2015年、TEDでの講演で、こ

んなデータを紹介しています。彼が、成功したベンチャーと失敗に終わったベンチャーを比較する要因分析をしたところ、次のような結果が得られたそうです（※1）。

1位：タイミング (42%)
2位：チーム (32%)
3位：アイデア (28%)
4位：ビジネスモデル (24%)
5位：資金調達 (14%)

　ベンチャーの成功と失敗を分ける最大の要因が「タイミング」であることに、グロスは非常に驚いたそうです。
　その具体例としてオンラインエンターテイメントの「Z.com」について述べています。1999〜2000年頃に米国で注目を集めたベンチャー企業で、アイデアもビジネスモデルも素晴らしく、資金調達も順調で、グロス自身、「Z.com」の登場にとても興奮したと振り返っています。しかし、当時はまだブロードバンド普及率が低く、オンラインでビデオを見るのも難しかったため、市場が形成されず、2003年に事業を閉じることになったそうです。その数年後、ブロードバンド使用率が50%を超えるという最高のタイミングで登場したのが、ユーチューブでした。
　1998年にシリアルアントレプレナーへのインタビューを敢行していた私は、「やはりそうか」という思いを持って、このデータを興味深く受け止めました。「3〜5年後における、新製品・新サービスとニーズの交点を見極める」とは、新しい製品・サービスを世に出すべき「タイミングを見極める」ことにほかなりません。

連続起業家の特殊能力（2）
優秀な人材を惹き付ける

　シリアルアントレプレナーたちが共通して自信を持っていたもう1つの能力が「優秀なチームを集める力」です。前出の調査で、スタートアップの成功と失敗を分ける要因の2番目に「チーム（32%）」が挙がっていることと一致します。

　私がシリアルアントレプレナーにインタビューしていた当時、米国西海岸では、ITベンチャーが次から次へと誕生し、優秀な技術者は引く手あまたで、多くの起業家はいい人材が集まらないと悩んでいました。

　いくらいいアイデアがあっても、それを設定したタイミングまでに素早く、かつ高いクオリティで実現しなければ、ベンチャーキャピタルなどから成長ステージに応じた投資を受けることができなくなります。優秀なエンジニアやマーケティング担当の社員は、どこも喉から手が出るほど欲しかったのです。

　しかし、スタートアップで活躍できるような優秀な人材は、大企業や有力なファンドが投資している有望なベンチャー企業からも引っ張りだこですし、1つのスタートアップから、別のスタートアップに開発チームごと引き抜かれるようなこともよく起きます。

　そのような状況にあっても、私がインタビューしたシリアルアントレプレナーたちは、優秀なチームを集めることに絶対の自信を持っていました。それも、決して高額の報酬で惹き付けるのではなく、会社のミッションやビジョン、カルチャーを共有し、働く意義を提供することで人を集めるといいます。

私自身も実感しました。面談をお願いして快く応じてくださった
シリアルアントレプレナーと呼ばれる方々と、わずか1時間程度、
対話しただけで「この人と、チャンスがあれば働いてみたい」と思
わされることがしばしばありました。

　私のような見ず知らずの日本人がメールでお願いしただけで、忙
しいなかでも時間を割いてノウハウを共有してくれることからもわ
かるように、他者に対して自分に与えられるものがあるなら、「でき
るかぎり与えよう」というのが、彼ら彼女らの基本的な姿勢でした。
そして、その言葉や語り口からは、自分がリードしている事業への
揺るぎない自信と熱意がひしひしと感じられました。だから、1時
間程度の対話でも「この人となら、自分の能力をフルに生かすこと
ができて、しかも自分1人では到達できない場所に到達できるので
はないか」と感じさせられたのです。こういうのを「カリスマ性」と
呼ぶのかもしれないなと思ったものでした。

優秀な人材が求めるのは
「異次元の自己実現」の可能性

　このようなシリアルアントレプレナーたちの持つ魅力の本質とは
何でしょうか。当時のインタビューや、その後、ジェフ・ベゾスと
いう経営トップのいるアマゾンという会社で働いた経験を振り返る
と、次のように表現できるのではないかと思います。

　「異次元の自己実現の可能性を感じさせてくれる」

　意欲ある優秀な人材にとって、お金より何より魅力的な会社と
は、自己実現の可能性が高い会社であり、自分がそこで働くことに
より飛躍的に成長し、想像できないくらいの異次元の人間になる可
能性を感じる場だと思います。

　シリアルアントレプレナーたちは、意識していなくても一緒に働

くことで異次元の自己実現の可能性を周囲の仲間に感じさせている
のだと思います。その結果として、「優秀なチームを集める力」に絶
対的な自信を持っていたのだと思います。

「まだ存在しない市場」を見る力が
人材を集める力になる

　一見無関係に見える1つ目の力と2つ目の力は、実は不可分のもの
です。

　「3〜5年後において新製品・新サービスとニーズが交差するポイ
ントを見極める」ためには、技術などの進化についての確かな見通
しとともに、「まだ存在しない市場」を描く力が必要になります。ま
だどこにもない市場ですから、市場調査からは見えてきません。そ
の力は、誰も見たことのない景色を、仲間にしたい人たちにありあ
りとプレゼンテーションする力でもあり、2つ目の「優秀な人材を
惹き付ける力」の重要な要素です。

　また、仮説に基づいて浮かび上がった未知の市場に向けて製品や
サービスを作り上げていくまでには、さまざまなプロセスがあり、
それぞれのプロセスを担う人材が不可欠です。その道のプロを集め
られなければ、ターゲットとしている3〜5年後に、製品・サービス
の完成を間に合わせることはできないでしょう。2つ目の力で集め
た人材で、1つ目の力で築き上げたプランを実行する。このように
して高いエグゼキューション能力が実現するというわけです。

連続起業家とジェフ・ベゾスの 共通項と違い
——「組織」として連続起業する

　私がその後に入ったアマゾンの創業者、ジェフ・ベゾスもまた、これら2つの能力を兼ね備えている人物でした。

　1994年、ニューヨークのウォール街（金融業界）で働いていたベゾスは、ある調査データに注目します。1993年1月から1994年1月までの1年間で、ウェブ上でやりとりされるデータ量が2560倍に急増していました。ベゾスは直感しました。インターネット上で、商品の取引が成立する日が近づいている、と。

　そこで電子商取引（EC）事業を構想します。最初にどんな商品を取り扱うべきか、候補をリストアップしたといいます。事務用品やアパレルなど20種類あった候補から、商品数の多さや均質性などの条件から、「書籍」が最も適していると判断し、創業しました（※2）。この「書籍のネット販売」こそが、ベゾスが最初に見出した「未来の『製品・サービス』と『ニーズ』の交点」でした。

　当時、インターネットの技術の進展や利用者の伸びを予測する人はほかにもいて、それを裏付けるデータもたくさんありました。ECビジネスには、書籍のオンライン販売も含めて競合が数多く参入しました。そのなかでベゾスは「顧客に対してインターネットで最高の体験を提供する」というビジョンを揺るがすことなく、短期的な赤字にひるむこともなく、理想の実現に邁進しました。自ら見出した「未来の『製品・サービス』と『ニーズ』の交点」の可能性を信じ、どの競合よりも徹底して攻めこみ、自分の予測が正しかったことを証明しました。まさに1つ目の力に秀でていた証左でしょう。

アマゾンとは
「超・シリアルアントレプレナー企業」である

　当初から「エブリシング・ストア（あらゆる商品を販売する店舗）」を構想していたベゾスは、当然、書籍のオンライン販売にとどまることはありませんでした。その後、書籍以外の商品カテゴリーを追加していきました。さらにクラウド事業の「アマゾン・ウェブ・サービス（AWS）」や、仮想商店街の「アマゾン・マーケットプレイス」、さらに、マーケットプレイスの出店者に対し、在庫管理や決済、配送などのインフラを提供する「フルフィルメント・バイ・アマゾン（FBA）」など、数々のイノベーションを生み出してきたことは、すでにご紹介した通りです。

　こうして新規事業を続々と生み出し、成功に導くことで時価総額1兆7770億ドル（約196兆円/※3）に至るまでの成長を遂げたのです。

　しかし、アマゾンは決して、「規模」を最優先に追求してきたわけではないのです。詳しくは後述しますが、「地球上で最も顧客を大切にする企業になる」というビジョンを追求してきた「結果」として、イノベーションが生まれ、規模が大きくなったと理解するのが正しいと、私は考えます。

　今もなお、オンラインでの処方薬の販売（Amazon Pharmacy）、レジ会計を必要としない小売店（Amazon Go, Amazon Go Grocery）、アマゾンオリジナルのプライベート商品の開発（Amazon Basics）、オンライン決済の代行（Amazon Pay）など、新たなイノベーションを次々に生み出しています。

　現在のアマゾンは、いわば「超・シリアルアントレプレナー企業」といっていい存在だと思います。アマゾンという1つの企業のなかに蓄積されている巨大な資本や人材などの資産を、「未来の『製品・サービス』と『ニーズ』の交点」に投下することで、立ち上がったば

かりのベンチャー企業には実現できないスピードと規模で、イノベーションを起こし続けています。

「ジェフと一緒にどこまで行けるか見届けたい」

シリアルアントレプレナーに共通するもう1つの力——「異次元の自己実現の可能性」を提示することで、優秀な人材を惹き付ける能力——も、ベゾスの強みとする能力です。

ベゾスの側近で創業間もない時期から20年近く働き続けている米国本社の幹部に、こんな質問をしたことがあります。

「今もアマゾンで働き続けている理由は何ですか」

彼の答えは「アマゾンがどこまで行くのか想像もつかない、それをジェフと一緒についていって見届けたい」というものでした。

自分では実現できないようなことでも、この人と一緒ならば成し遂げられるのではないか、またこの人になら自分の運命を賭けてみてもよいのではないか——。この優秀な幹部は、その力からすれば、他社からも引く手あまただったはずですが、ベゾスの傍らでともに働くなかでそんな実感を抱くようになったのでしょう。

1994年に起業する前、ベゾスは、ウォール街のヘッジファンド、D・E・ショーに勤めていました。同僚たちに「退職して起業する」と伝えたとき、部下だった若手エンジニアのジェフ・ホールデンが自分も参加させてほしいと頼みこんでいます。ベゾスは、退職して2年間はD・E・ショーから人材を引き抜かないという契約をしていたので、実際にホールデンが入社するのは少し遅くなりましたが、その後、彼はアマゾンで活躍して、2006年に退職する直前は自動マーチャンダイジングなどを統括するシニア・バイス・プレジデント（SVP）の要職にありました。

ハーバード・ビジネススクールの講義で
幹部を発掘

　1997年、ベゾスがハーバード・ビジネススクールで講義をしたとき、そこに参加していた何人かの学生がベゾスのビジョンに感銘を受けてアマゾンに加わることを決めました。

　そのなかの1人に、ジェイソン・カイラーがいました。彼は2006年まで在籍してSVPとして活躍し、その後は、動画配信サービス・HuluのCEO（最高経営責任者）にヘッドハントされます。カイラーは、2020年にはワーナーメディアのCEOに就任しています。

　このハーバード・ビジネススクールでの講義をきっかけにアマゾンに飛び込んだ若者には、アンディ・ジャシーもいました。1997年にマーケティングマネージャーとして入社後、2003年、ある重要な新規事業の企画書（後述する「PR/FAQ」）を書き上げます。後に、アマゾンを世界最大のクラウドサービス提供会社へと押し上げる「アマゾン・ウェブ・サービス（AWS）」の企画書です。AWS事業は、今ではアマゾンの営業利益の約60％を稼ぐまでに成長を遂げています。AWS事業を牽引してきたジャシーは、2021年7月にベゾスの後継者になりました。

　このようにベゾスは、アマゾンに入らずとも高給をとれるような優秀な人間を何人も惹き付ける力を持っていました。最近のアマゾンを見ても、トップクラスのエグゼクティブとして働くSVPレベルの幹部には、10年以上、アマゾンで働いている人が少なくありません。IT業界の流動性の高さを考えると、アマゾンにおける幹部クラスの在籍年数は長いといえます。

　例えば、ワールドワイド・コンシューマー部門のCEOを担うジェフ・ウィルキーは、1999年にアマゾンに入社してから20年以上かけて、今のアマゾンの基盤をベゾスと一緒になって作り上げてきまし

た。コンシューマー事業におけるグローバルな責任者で、EC事業とともに実店舗事業も担当するアマゾンのコアビジネスの大黒柱であり、リテールビジネス成功の立役者といっていいと思います。残念ながら2021年にリタイアすることが発表されましたが、このような人材が、長い年月にわたって献身的な働きを見せているところに、アマゾンの強みの一端があると思います。

　アマゾンでは、フォーチュン500の会社のトップも務まるような人材が幹部として長く働き続けてきました。それは、ベゾスのビジョン、ミッションとその実現力に惹き付けられたからだと思います。

　これらの幹部たちがアマゾンに入社したのは20代後半〜30代前半の頃です。これから頭角を現すという時期に、原石のような人材の可能性を見抜き、重要なポジションやチャンスを与え、20年以上も一緒に事業を成長させてきたベゾスの慧眼は驚くべきものです。

ベゾスとシリアルアントレプレナーの決定的な違い

　ここまでシリアルアントレプレナーとベゾスの共通項を探ってきました。

　しかし、ベゾスはシリアルアントレプレナーではありません。シリアルアントレプレナーとは、ベンチャーを何社も立ち上げた人たちです。一方、ベゾスはあくまでアマゾンという1つの企業をベースに、大規模なイノベーションを起こし続けています。

　アマゾンは今や巨大企業ですが、新規事業を立ち上げるスピードにはベンチャー企業にひけをとらないものがあります。このスピード感と企業規模がもたらす力が相乗効果を発揮するアマゾンは、顧客が求める画期的なサービス・製品を世界最速、かつ最大の規模で

提供する企業として進化を続けています。

　なぜ、そのようなことができたのでしょうか。

　仕組みがあるからです。ベゾスは、ただイノベーションを起こすだけでなく、「組織としてイノベーションを起こす仕組み」を作り上げてきました。

GAFAのなかで
日本企業が真似すべきなのはアマゾン

　多くの人は、「イノベーション」と呼ばれるような新しい事業というのは、一握りの才能のある人にしか実現できないことだと思いこんでいます。しかし、アマゾンでイノベーションを起こしているのは、会社員としては優秀であっても、決して「天才」ではない人たちです。別の言い方をするなら、アマゾンに所属していなければイノベーションを起こす機会に恵まれていなかったでしょうし、ましてやシリアルアントレプレナーではない人たちです。そのような、ある意味で「普通」の社員たちが、チームワークを働かせながら、イノベーションを次々に起こしているというのが、アマゾンの凄みです。

　イノベーションを起こすべく作られたアマゾンの仕組みは実によくできていて、日本企業においても十分に再現可能です。その意味で、GAFA（グーグル、アップル、フェイスブック、アマゾン）と並び称される米国IT企業のなかで、日本企業が真似をして最も成果が上がるのは、アマゾンだと私は考えます。

　イノベーション創出のプロセスまで仕組み化しているアマゾンは、他社と比べて社員個人のセンスや力量に頼るところが少ない、ある意味、泥臭い会社です。地道な努力が実を結ぶという意味で、日本企業がモデルとするのに向いているし、日本企業の方にぜひ、

その仕組みをお伝えしたいと私は思うのです。

　そこで次章から、「組織的に連続してイノベーションを起こすアマゾンの仕組み」を具体的にお伝えします。

[参考資料]

※1. 「TED Talk」より。「The single biggest reason why start-ups succeed」
※2. 『ジェフ・ベゾス 果てなき野望─アマゾンを創った無敵の奇才経営者』(ブラッド・ストーン著、井口耕二訳/日経BP)
※3. 「Bloomberg」より。2021年9月9日現在。「1ドル＝110円」で換算

＊本書では以下、ドルと円は「1ドル＝110円」で換算する

「普通の社員」を
「起業家集団」に変える
アマゾンの仕組み・
プラクティス

前章で、イノベーションを連続して起こすシリアルアントレプレナーには、次の2つの特殊能力があることを指摘しました。

1) 未来の「製品・サービス」と「ニーズ」の交点を見極める
2) 優秀な人材を惹き付ける

　そして、この2つの力を、個人の力量に頼ることなく、組織として備えているのがアマゾンの凄みであるとご説明しました。
　1つ目の「未来の『製品・サービス』と『ニーズ』の交点」においては、特に「3〜5年後」という未来であることが重要でした。この交点を見極める仕組みとして、最も強力なのが「PR/FAQ」と呼ばれる、アマゾン独自の企画書のフォーマットであり、本章で後ほど、詳しくご紹介します。

シリアルアントレプレナーの魅力を因数分解すれば

　2つ目の優秀な人材を惹き付ける能力というのは、1つ目の能力と比べると少し曖昧ですが、いくつかの要素に分解できます。
　「優秀な人材を惹き付ける力」の本質は「異次元の自己実現の可能性を見せる」ことにあると、先ほど書きました。しかし、優秀な人材が、ある起業家に出会い、「異次元の自己実現の可能性を感じる」とは、具体的にはどういうことでしょうか。私の経験では、主に次のような要素があると思います。

● その起業家（ないし、その起業家が率いる組織）が設定している、大きなミッション、ビジョンに共感できる
● その起業家（ないし、その起業家が率いる組織）には、自ら設定した大

きなミッション、ビジョンを実現に近付ける執行力（エグゼキューションの能力）があると感じられる
- 挑戦し続けるカルチャーが感じられる
- 優秀な同僚がほかにも集まっている
- 自分が参加し、貢献することが可能な組織であり、参加することで自分が成長できるという感覚が持てる

　ベゾスは、優秀な人材に上記の要素を感じさせる能力を確かに持っていました。その結果、ベゾスの周りには若くてポテンシャルの高い人たちが集まり、その多くが「Sチーム」と呼ばれる経営幹部のコアを構成しています。彼ら彼女らは、長期にわたってベゾスとともにアマゾンのミッション実現のために働くことにより大きな成長を遂げ、異次元の自己実現を成し遂げてきました。

　しかし、現在のアマゾンは、ベゾスや「Sチーム」メンバーといった、個々人の魅力だけに頼った採用はしていません。別のいい方をすると、そのやり方だけでは十分な数の優秀な人材を採用できない規模の会社になっています。そのため、会社全体の組織的な能力として「優秀な人材を惹き付ける力」を備えてきています。具体的には、本章でこれから紹介する、いくつかの仕組みを複合的、相乗的に働かせることで、かつてベゾスが「Sチーム」のメンバーを惹き付けたように、「異次元の自己実現の可能性」を、社員や採用候補者に感じさせています。

　もちろん「異次元の自己実現の可能性」を目指すのは、たやすいことではありません。そのため、採用の段階で「アマゾンは自分には向かない」と退く人もいますし、入社後に違和感を抱いて去る人も当然います。

　アマゾンがイノベーションを創出する仕組みやプラクティスには、3つの側面があると思います。

まず社員から持てる能力を最大限引き出し、成長を促すという側面があります。次に、挑戦することへのハードルを下げる。そして3番目の側面として見逃せないのは、社員がそれぞれの強みと弱みを互いに補完することで、高いレベルのイノベーションを目指し、実現するのを可能にしています。

挑戦のハードルを下げ、組織の力でイノベーションを目指す

序章にも書きましたが、アマゾンでイノベーションを起こしている社員は、決して「天才」ではない、語弊を恐れずにいえば、ある意味で「普通の人」たちです。ここでいう「普通の人」とは、「シリアルアントレプレナーのような特別な人ではない」という意味です。

アマゾンに集まる「普通の人」は、「平凡な人」でもなければ、まして「無能な人」ではなく、何らかの分野のスペシャリストや、特定の最先端技術に精通した人、何か秀でた特殊技能を持っている人たちです。

しかし、彼ら彼女らが、自分1人でイノベーションを起こす力を持った起業家タイプか、まして連続してイノベーションを起こすシリアルアントレプレナータイプの人材であるかといえば、大多数はそういう根っからの起業家タイプの人材ではありません。そういう意味において「普通の人」たちなのであり、「多様な能力を持つ人」たちの集まりです。

このような「多様な能力を持つ普通の人」たちが、互いの能力を補い合い、モチベーション高くイノベーションに取り組むことで、特殊能力を持つ1人の起業家にひけをとらない成果を上げることを可能にしているのが、アマゾンです。

アマゾンと同じような「多様な能力を持つ人」たちの集団という

のは、日本企業には数多くあり、私がアマゾンやGEで働いた経験からいわせていただければ、個々の力で日本企業で働く人々とこれらのグローバル企業で働く人々を比較したとき、専門分野の能力で優劣はないと思います。だからこそ私は、アマゾンの仕組みは日本企業と実は相性がよく、学ぶべき価値が高いと考えるのです。

第1章 (本章)〜3章では、「組織的に連続してイノベーションを起こすアマゾンの仕組み・プラクティス」をお伝えします。

本章は「普通の社員」たちを起業家集団に変える仕組みとプラクティスです。具体的には、次の6つです。次章では、これらの仕組みの永続性を保つために作られた仕組みとプラクティスを紹介します。それらは大企業が陥りがちな「落とし穴」を防ぐものです。

1 ＞ 「PR/FAQ」で「逆方向に思考する」

2 ＞ 「沈黙から始まる会議」で「社内政治」を撲滅する

3 ＞ 「イノベーションサミット」で、イノベーションの風土醸成

4 ＞ 「ワンウェイ・ドア」と「ツーウェイ・ドア」で区別する

5 ＞ 「奇妙な会社である」ことを自認する

6 ＞ リーダーシップ原則

本題の仕組みに入る前に、これらの仕組みの根底にあるベゾスとアマゾンの基本思想について、簡単に触れておきたいと思います。

アマゾンでのイノベーションの出発点は、全社員が「今日も創業1日目だ」という「スティル・デイ・ワン (Still Day One)」の意識を共有していることです。過去に積み上げてきた実績にとどまるのではなく、今日からまた新しく顧客のために何を作り上げていくかを常に考えています。

アマゾンのビジョンは「地球上で最も顧客を大切にする企業になること」です。このビジョンの実現に近付くために顧客中心の視点を常に持ち、進化を続けていくという意識が組織の隅々まで行きわたっています。

社内のさまざまなミーティングにおいても、リーダーたちの会話のなかでも、「顧客中心の考え方」や「デイ・ワンの精神」「イノベーションの重要性」が繰り返し語られます。

2018年11月、ベゾスが社内会議で「アマゾンが潰れる日が来る」と語ったというニュースが流れ、大きな話題になりました。

当時、どのように報じられたのか。「BUSINESS INSIDER」日本版から引用します（※1）。

アマゾンのCEOジェフ・ベゾスは社内会議で驚くべき見解を述べた。CNBCが録音を確認した。

アマゾンの時価総額は一時、1兆ドルを越え、同氏は世界一のお金持ちだが、ベゾスはアマゾンは決して無敵ではないと語った。

「アマゾンは大きすぎて潰せない存在ではない。実際、私はいつかアマゾンは潰れると考えている」とベゾスはシアーズの倒産について聞かれた時に、そう答えたようだ。

「アマゾンは倒産するだろう。大企業を見ると、その寿命は30年程度。100年ではない」

確かに歴史はどんな帝国も永遠に続かないことを示している。だがCEOが、なかでも世界で最も成功している企業のCEOが、自社について、このような率直な表現をするのは珍しいことだ。

ベゾスは、アマゾンの目標はその日を可能な限り遅らせること、そしてその方法は顧客に注力することと語った。

「もし我々が顧客ではなく、我々自身に注力し始めたら、それは終わりの始まり。我々は終わりの日を可能な限り遅らせなければならない」

ベゾスが「いつかアマゾンは潰れる」という強い言葉を使い、伝えたかったことは、顧客が欲するものを提供し続けることがアマゾンの存在意義であること、そのために常に顧客にフォーカスして、前日よりさらに進化したサービス・製品を提供し続けること。そのために今日が「スティル・デイ・ワン」だという意識を持ってイノベーションを起こし続けようということでしょう。それをやめてしまえばアマゾンももう終わりが近い。そんなメッセージを社内に発信したのだと、私は理解しています。

では、本題である「『普通の社員』を『起業家集団』に変えるアマゾンの仕組み・プラクティス」に入りましょう。

「PR/FAQ」で「逆方向に思考する」

　アマゾンでは、イノベーションを創出するための思考プロセスを「ワーキング・バックワード (Working backwards)」と呼びます。日本語にすれば「逆方向に思考する」といったところですが、具体的には「顧客ニーズからスタートしてそのソリューションとなる製品・サービスを発案する」ということです。

　その中核を担うツールが「PR/FAQ」と呼ばれる企画書です。

　アマゾンで新たなサービス・製品を提案する際には、誰もが必ずこのPR/FAQのフォーマットを用います。「PR」とは「プレスリリース」のことであり、「FAQ」は「Frequently Asked Questions」の略で、「よくある質問」「想定問答」ということです。

　本来のプレスリリースは、一般に、企業が新しいサービスや製品を開発して世の中の人々に広く知ってもらいたいときに出します。ですから、サービス・製品の開発が終了し、準備が整った後に、確定した情報に基づいて執筆されます。FAQも、サービス・製品のスペックが固まった後で、報道関係者や消費者から質問されそうなことを想定して、用意するものです。

　しかし、アマゾンではそれらを新サービス・新製品を企画する出発点としています。サービスや製品がまだ影も形もない段階で、最初に企画提案者が書くのが、PR/FAQです。

　つまり、アマゾンではサービスや製品の開発に着手する前にプレスリリースを模したPR/FAQを書きます。

　こう説明すると、ちょっとした勘違いをする方がときどきいま

す。以前に、「『製品が完成する前にプレスリリースを書く』ということが、時間軸のうえで逆になっているというのが、『バックワード（逆方向）』ということなのですか？」という質問を受けたことがあります。その答えは「ノー」です。

「ワーキング・バックワード」とは「マーケットイン」である

アマゾンがPR/FAQで実現しようとしている「ワーキング・バックワード」は、「顧客を起点に考える」ということです。自分たちが保有する技術などの資源を出発点に「サービスや製品を企画するのではない」という意味において、「バックワード（逆方向）」なのです。

もっとわかりやすい言葉で説明すれば、「プロダクトアウト」ではなく、「マーケットイン」でやろう、ということです。「プロダクトアウト」とは自分たちの作りたいもの、作れるものからサービス・製品を企画・開発するアプローチを指す言葉です。一方、「マーケットイン」は、顧客のニーズを把握してそれを満たすためのサービス・製品を企画・開発するということです。

作り手の立場で作りたいものや作りやすいものを作ったり、競合よりもうまく作れるものを作ったりする「プロダクトアウト」の考え方を排除する。そのうえで市場にいる顧客が求めるものを作る「マーケットイン」を徹底する。「ワーキング・バックワード」とは、そのような基本姿勢を、アマゾン流に表現した言葉です。

プレスリリースには一般に、どのような情報が盛り込まれるでしょうか。本来のプレスリリースの目的は、より多くの潜在顧客にサービスや製品に興味を持ってもらい、買ってもらうことです。そのために、報道関係者（プレス）に配ります。だから、どんな会社でも

プレスリリースには、サービスや製品の強みや利点をわかりやすく、できるかぎり魅力的に強調して書こうとします。

　アマゾンのPR/FAQには、そのような一般的なプレスリリースとは異なる側面があります。

「PR/FAQを書く」とは 「顧客視点に立つ」ということ

　先ほど、アマゾンでは「プレスリリースを模してPR/FAQを書く」と述べました。しかし、より正確にいえば、自分たちが企画するサービスや製品が、実際に市場に導入されたとき、新聞などのメディアへリリースし、掲載される記事がどのようになるかを想像して書きます。提案者が自分で、そのサービスや製品の「リリース文章」を書くのです。

　あくまで社内検討用の資料なので、外部には一切公表しませんし、売りこむことを目的としているわけでもありません。ですから、表現や内容は実際のプレスリリースや記事と比べてずっと自由で、気楽に書けます。サービスや製品を実力以上に魅力的に見せる努力もしません。

　では、PR/FAQに具体的にどのような要素が盛り込まれるかというと、主に次の3点です。

● どのようなサービス・製品が市場導入されるのか？
● 使用する人にとってどんな利点があるのか？
● 実際使ってみた人のフィードバックはどうか？

　特に、使用する人のフィードバックを想像して書くというのは、意義深い試みです。この試みを通じて、発案者は、サービス・製品

を作る側の意図を離れ、顧客にとってどんなメリットがあり、どれくらいそれを喜んで受け入れてくれるのかということを具体的な形で想像する機会を得ます。つまり、自分が使う側の視点に立たないと書けませんし、書いていくことによって本当に顧客にとってメリットがあるのか、またあるとすればそれは何なのかがはっきり見えてきます。実際に書いてみると、自分が想像していたサービス・製品について、「提供するメリットは顧客には不十分だな」とか「この機能でこの価格では買う人はいないかもしれないな」ということが、よりライブ感をもって確認できます。

提案書は書き上げてからがスタート サポートを得て前進

　さらに重要なポイントは、PR/FAQは書いて終わりではなく、そこからがスタートである、ということです。提案者がPR/FAQを書き上げると、関係者でレビューします。そこで例えば、「長期的に見て、本当に顧客はこのサービス・製品を必要とするのか？」「もっといいアイデアはないのか？」「サービス内容や製品スペックをこう変更したほうがよくないか？」といったことを議論します。この議論の過程においてPR/FAQを改善し、完成度を高めていきます。

　このように、優れた「PR/FAQ」を書いて議論していくには、チーム全体が徹底して顧客の視点に立ち、起業家の視点を持たなくてはなりません。私も何度も書くなかで、チーム全員の視点がより顧客中心になるのを体感しました。

　もちろん、優秀な社員のなかには、会社から求められなくても、「このような製品を求める顧客は本当にいるのか？」を考えて企画書を書く人はいます。しかし、多くの場合、それは一握りの社員が、仮説を立てて市場規模予測という数字に置き換えることにとどまり

ます。そして、「それが本当に顧客ニーズを満たすものか？」「その社員のその予測は多くの人の視点から見て妥当なのか？」といったことを議論する場が提供される会社はほとんどないでしょう。

一方、アマゾンでは、PR/FAQの書式を使い、さらに、そのPR/FAQをベースとして皆で議論する場が設けられます。そこで、「本当に顧客ニーズがあるのか？」「そのサービス・製品が提供するソリューションを顧客は本当に喜んでくれるのか？」を深く議論することができます。そういう議論を通して「普通の社員」たちの視座を上げる機能が、PR/FAQのフォーマットにはあります。

PR/FAQは、企画提案者と関係者の視点を、おのずと顧客に近付けていくツールです。この仕組みによってアマゾンで働く人々はおのずと「ワーキング・バックワード」へ、すなわち「顧客ニーズからスタートして発案する」という思考習慣へと導かれていきます。

もしもアマゾン式に「乗用ドローン」の企画書を書いたなら

実例を見ていただいたほうがわかりやすいと思うので、架空の製品について、アマゾン式のPR/FAQを書いてみました。今から5年後に「乗用ドローン」を発売するという企画を想定しています。ただし、あくまでPR/FAQが、どのようなものかをイメージしていただくために書いたので、この分野に詳しい人などからすれば、「5年で、ここまでの開発は無理ではないか」など、さまざまな違和感も覚えられることと思います。そのような粗さをご容赦のうえ、イメージをつかんでいただければありがたいです。ライブ感を高めるために毎日タイムズ新聞という架空の新聞に掲載されているという設定で書いています。

東京モーターが、マイカー感覚で使える
「乗用ドローン」を発売

　東京モーター株式会社は、このほど「乗用ドローン」を発売しました。

　「空飛ぶマイカー」として使える、この「乗用ドローン」の大きさは、幅2メートル、長さ4メートル、高さ1.5メートルで、定員は4名です。従来の乗用車とほぼ同じ大きさで、ご自宅の駐車場に駐機することが可能です。

　乗り込むとすぐ、地上から1メートルの高度に上がり、そこからは自動車と同じ交通ルールに従って移動します。完全自動運転なので、目的地をセットすれば、到着までの時間を自由に使えます。

　でも、ドローンの最大の魅力は空高く飛べること。そこで、東京モーターでは、××省の認可を得て、都市部ではおよそ10平方キロメートルに1カ所の割合で「上昇（下降）可能ポイント」を設定しました。上昇可能ポイントに到着すると乗用ドローンは、自動的に高度50メートルまで上昇し、高速移動します。

　同じ方向に向かうドローンがいる場合、一方が垂直上昇し、5メートルの高度差をつけて移動するので、渋滞に巻き込まれることがありません。

　このような仕組みで、都心であれば、渋滞知らずで10キロメートルの距離を約10分で移動することができます。

　完全自動運転がもたらすもう1つのメリットは、目的地に着いた後、駐機場を探す必要がないことです。ユーザーが目的地で降りた後、自動で駐機できる場所を探し出して移動し、ユーザーからスマホを使って呼ばれるまで待機します。

　最高速度は時速250キロメートル。東京・大阪間を約2時間で移動することが可能です。（※ただし、現在の最長航続距離は200キロメートルですのでノン

ストップではいけません）

　高速移動の場合には、自動車用の高速道路の上空を高度50メートルで飛びます。他のドローンがいる場合には、5メートルの高度差をつけて、高度55メートルの地点を飛びます。100メートル上空までを使えるので、11台が並行して高速移動できます。ドローンに搭載された人工知能（AI）が互いにコミュニケーションすることで、衝突を避ける安全機能も装備しています。

　購入価格は、1台5500万円（税込）です。サブスクリプションの場合、利用回数に応じて月額10万〜100万円（税込）のプランを、ご用意しています。

＊試乗した翔太さんからのコメントです。

「都心のオフィスに行くとき、マイカーだと渋滞に巻き込まれて1時間かかっちゃうときもあったけど、この乗用ドローンだと確実に10分で着くね。はじめは、空中を移動するのは怖いかと思ったけれど、上昇も下降もスムーズだし、揺れは普通の自動車より少なくて、安心感がある。これがあれば、駅の近くに住む必要もないし、会社の近くに家を持つ必要もないね。個人で購入するのは負担が大きいけれど、経営している会社用に購入するのはいいかも。投資効果から判断したいね」

＊試乗した泰子さんからのコメントです。

「完全自動運転は、赤ちゃんと一緒のときにはいいわね。私が運転しないで遊び相手になれて赤ちゃんがぐずらないし、意外に揺れないので、授乳やおむつ替えも簡単にできるわ。風が強い日にも揺れないといいけど。おじいちゃん、おばあちゃんの家は、100キロも離れているから、最近はZoomでしか孫に会わせられなかったけれど、この乗用ドローンを使ったら30分で着いちゃった。これなら週1回くらい遊びにいけるし、おじいちゃんとおばあちゃんも欲しいって。最近は、運転するのが不安になっていたみたい。こんな乗り物が欲しかったのよ。はじめは一番安いサブスクプランで試したいわ」

＊開発した東京モーターの山田事業本部長のコメントです。

「渋滞知らずで高速移動できる、自動運転の乗用ドローンを発売いたしました。これによって、職場がどこであるかに関係なく、誰もが住みたい場所に住める社会にしたいと思っております。障害を持った方の快適な移動手段にするために、車椅子での乗降もスムーズにできるように設計しています。またご家庭のコンセントで充電可能なので、環境にもフレンドリーです。1回5時間の充電で2時間の飛行が可能です。開発で最も重視したのは、安全性です。モーターは4個が独立した形で装備され、2つまで故障しても安全に地上に降下できる設計になっています。また風の影響については、その強さ、方向の情報を予測することで影響を最小限にとどめる設計になっています。旅客機よりも安全性が高い乗り物になっています」

【FAQ】

1.もしモーターが故障したらどうなりますか？

モーターは4個が独立した形で装備され、2つまで故障しても安全に地上に降りることができます。万一、4個のモーターがすべて故障した場合でも、5個目の予備のモーターがあります。急降下で着陸するとき、緊急的に5個目のモーターで短時間の浮力を生むことで、乗員へのダメージを最小限に抑えるシステムになっています。

2.ドローン同士が衝突する可能性はありますか？

完全自動運転で、かつ互いに通信し合いながら移動しているので衝突する可能性はほとんどありません。数万時間のテストフライトを繰り返した結果でも衝突は発生していません。

3.利用には免許が必要ですか？

完全自動運転なので、乗員が運転することはなく、免許は不要です。××省の指導の下、運行時の高度や昇降ポイント、加速ポイントなどを定める

ことで自動運転を実現し、認可を受けています。このためマニュアルモードはありません。

4.保険は必要ですか?

　不要です。完全自動運転で事故は想定していませんが、もし何らかの賠償責任が生じた場合は、東京モーター株式会社が補償します。

5.点検整備はどうなりますか?

　ドローンの状態は常に自動チェックされ、東京モーター株式会社にデータが送られています。何か異常の兆候が出た場合にはすぐにオーナーに通知します。当該ドローンは自走で入庫され、予防点検と修理をします。定期点検は不要です。

　いかがでしょうか。実際には、FAQの数はもっと多くなりますが、アマゾンのPR/FAQとは、概ねこのような内容です。

提案書の精度をチームの力で上げていく

　アマゾンのPR/FAQに求められる要素は、先ほどの乗用ドローンの例のように、「2026年10月」というリリース発表の期日や「5500万円」という価格を含めて、製品の概要が過不足なく説明されていること。その結果として、レビュー参加者がサービス・製品の実現可能性と強い顧客ニーズの存在があるかを検討するために、十分な材料がそろっていることです。はじめから完全なものである必要はなく、レビューを重ね、完成度を高めます。最終的には、それを設計チームに出せば、サービス・製品の具体的な設計を始めることがで

きるレベルに仕上げることが理想とされています。

特に重要なのは、次の5点を明確にすることです。

1) 顧客は誰か?
2) 顧客は、どんな課題を抱えているのか?
3) 顧客の課題に対して、このサービス・製品が提供するソリューションは何か?
4) そのソリューションは、顧客の問題を本当に解決するのか?
5) 顧客はこのサービス・製品を心から「欲しい」と思うか?

先ほどの乗用ドローンについていえば、私個人はその機能に着目すれば「欲しい」と思いますが、価格を考慮するとアーリーアダプター(早期採用者)にはなれません。

この乗り物があれば、どこに住んでいても都心にアクセスしやすいので、都心での仕事を続けながら、自然豊かな場所への移住を検討できます。さらに、長期間利用すれば、今まで住んでいた都心と移住先の地方の住居費の差額で、ドローンの購入代金の一部を回収できるかもしれません。アーリーアダプターとなるのは、購入代金が回収できる可能性が高いと判断して、購入に踏み切る層ではないかと予測します。そういった顧客は一定数いると思います。

そう考えると、この乗用ドローンの市場は短期的には、すでに小型ヘリコプターなどを所有する企業や個人の需要をリプレイスして立ち上がり、長期的には量産によるコスト削減効果から価格が下がり、購入層が広がっていくという可能性が考えられます。

PR/FAQには、このような「顧客にとっての魅力」を盛り込むほか、顧客が懸念すると予想される点を「FAQ」で列挙します。これらについては、エンジニアや各分野の関係者と話し合うことでリスクを洗い出し、解決策を考えていきます。

PR/FAQは、発案者が作ったら終わりというものでなく、チームでディスカッションすることで、企画の完成度を高めていくツールです。

完成度を高めたPR/FAQに対し、最終的に誰が開発のゴーサインを出すかは、プロジェクトの規模によって異なります。

ただし、現場からの提案が、単純に「ノー」と却下されることはまずありません。上長とディスカッションをする場が設けられ、「ここに課題があるが、このように改善したらいけるのではないか」といったアドバイスを受けます。それを踏まえたディスカッションもなされ、前向きに審議する形でフィードバックはなされます。

特に、破壊的イノベーションにつながるような大きな投資を伴う案件については、ベゾスや「Sチーム」などの経営陣が、企画の可否を判断することになります。このとき、基本的には「イエス」と答えようという方向性で、議論がなされます。単純に却下するのでなく、アイデアの完成度を高めるためのアドバイスを考え、議論しようというのが基本姿勢です。

シリアルアントレプレナーの頭の中身を、チームで再現する

シリアルアントレプレナーと呼ばれる人たちが、「3〜5年後」という「未来の『製品・サービス』と『ニーズ』の交点を見極める」能力に長けている、という話をしてきました。

PR/FAQには、想定する発売期日を必ず入れるのがルールで、概ね3〜5年後に設定されることが多いです。

したがって、PR/FAQを書く企画提案者は、否応なく、「3〜5年後における『新製品・新サービスとニーズの交点』」に対して、仮説を持たざるを得なくなります。さらにその仮説を、関連する事業や技

術、ファイナンス、法務などのプロを交えたチームで検証し、ブラッシュアップしていくことで精度を上げ、未来予測の的中率を上げていくというわけです。

　これは、シリアルアントレプレナーと呼ばれる天才が、無意識のうちに進めているプロセスを、PR/FAQというツールを使って、天才ではない社員たちがチームで推進するということにほかなりません。

　チームで検討するのは、技術や機能の問題に限りません。PR/FAQをもとに、チームで議論する最も重要なテーマは、「顧客はこのサービス・製品を心から『欲しい』と思うか？」です。

　多くの企業では、新規事業を考えるとき、次のような議論から始まることが一般的だと思います。

　「市場規模はどの程度になると予想されているか？」

　「自社の既存リソースをどの程度、活用できるか？」

　「必要な投資金額は？」

　「そこからもたらされる売上・利益の分析数値は？」

　「実現可能性は？」

　逆にいえば、これらの条件が自社基準を満たすプロジェクトでなければ、大抵の会社ではゴーサインが出ないでしょう。

　しかし、アマゾンでは違います。たとえ、売り上げと利益が確保できて、自社の既存リソースが活用できる事業であっても、「顧客はこのサービス・製品を心から『欲しい』と思うか？」という条件を満たさないプロジェクトには絶対、ゴーサインは出ません。

　だから、新規事業を担うプロジェクトメンバーも、顧客ニーズを中心に議論を進めます。頭のなかには当然、売り上げや利益の問題はありますし、ときには声に出して言及もします。けれど、新規事業の可否を考えるとき、長期的なポテンシャルさえあれば、予測できる短期的な売り上げや利益規模などの検討事項の優先順位は、他社と比べてかなり低いというのが、アマゾンで働いてきた私の偽ら

ざる実感です。

　逆にいえば、「顧客はこのサービス・製品を心から『欲しい』と思うか？」という条件さえ満たせば、短期的には利益が出る見通しが低くても、長期的に大きなリターンが得られると判断して果敢にゴーサインを出すのが、アマゾンの凄みでしょう。「顧客が心から『欲しい』と思う」のであれば、計算上は短期的に利益が出ないとしても、そういうときにこそ大きなイノベーションにつながる可能性があるので、会社としてチャレンジすべきだと考えているからです。

　アマゾンには、継続的に商品の価格を下げ続けて提供するという方針があり、それは短期的な計算では利益額を減らすものでした。しかし、オペレーションの生産性向上、規模の経済によるコスト削減効果、低価格による売り上げ増加が、長期的には大きなリターンをもたらしました。同時にロイヤルカスタマーも獲得し、ビジネス全体に力強さをもたらしました（※2）。この後、解説する「アマゾンゴー」もそんな新しい前例になるのかもしれません。

既存リソースに縛られると、アイデアが小さくなる

　新規事業の可否を判断するとき、「自社の既存リソースが生かせるか」を重視する会社が多いと、先ほど書きました。アマゾンは、この点も慎重に検討はしますが、顧客にとって満たされていない大きなニーズがあると判断すれば、実現に向け挑戦します。

　例えば、今では営業利益の約60％を稼ぐ「アマゾン・ウェブ・サービス（AWS）」のクラウド事業では、もともとアマゾンは顧客の立場にありました。そのような立ち位置から市場を見たときに、「満たされていない大きく普遍的な顧客ニーズがある」ことと、「その市場ニーズを満たせるような他社がいない」というのが、この事業に乗

り出した主な理由です。

　当初はクラウド事業を外販するための社内リソースなど、アマゾンにはほとんどありませんでしたが、積極的な外部からの人材獲得により、社内開発や投資で事業を可能にする能力を構築していきました。この時点であれば、コンピューターメーカーのサン・マイクロシステムズやIBMなどのほうが、クラウド事業を実現するための社内リソースや能力をはるかに備えていたはずです。

　アマゾンの会議では、「自分たちが今、保有している技術や、数値予測できる短期的利益にこだわった小さなアイデアになっていないか」という問題提起が、頻繁になされました。「他社ではなくアマゾンがやることで、顧客により大きな価値を提供できるのか」という問いも、アマゾンの会議ではよく聞かれるフレーズです。

　これらの会議では、「その新しいサービス・製品で満たすことのできる顧客のニーズは十分に大きそうか？」「そしてそれは短期的になくなるものではなく、長期的に必要なものか？」といったことも議論されます。しかし、まだ存在しない市場なので詳細な数値分析ではなく、仮説に基づく判断を伴います。

　つまり、アマゾンでは、新規事業の立ち上げにおいて、「短期的採算性」や「市場規模分析」、「社内リソースによる差別化」から議論を始めないのです。

　このようなアマゾンのやり方は、風変わりなようで筋が通っています。何より大事なのは、「顧客が心から『欲しい』と思うか？」。そしてそれが「大きく普遍的なものか？」であり、顧客がそう思っていると予想されるなら、長期思考で取り組んだときに大きなリターンを得られる可能性は十分にあります。もちろん予想なので、長期にわたって取り組んで失敗に終わるということも、アマゾンは多く経験しています。

　この一連のプロセスにも、「ワーキング・バックワード」の原則が

貫かれています。すべては、顧客をゴールではなく起点とすることから生まれる、必然的な帰結なのです。

日本のセルフレジと「アマゾンゴー」の違いとは？

　自分たちが保有する技術、スキルや能力を起点とする企業と、顧客を起点とするアマゾンの違いについて、1つ、例を示しましょう。

　2018年に、アマゾンが小売店舗「アマゾンゴー」の1号店をシアトルにオープンしたとき、視察された方から、こんな感想をうかがいました。

　「無人かと思っていましたが、店内には商品を補充したり、案内役になったりする店員が何人もいて、人件費は結構かかっていますね。設備投資も相当な額ということですから、まだまだでしょう。日本のセルフレジのほうが効率的でいいのではないですか」

　この指摘はある意味、正しいのですが、日本のセルフレジと「アマゾンゴー」では、目指すものに違いがあります。その違いを踏まえずに比較すると、「アマゾンゴー」の威力を見誤ります。

　そこで、日本のセルフレジと「アマゾンゴー」について、それぞれ簡単な「プレスリリース（PR）」を書いて、比べてみました。「PR/FAQ」の「FAQ」を省略した形です。

　まず日本のセルフレジです。スーパー「みのり屋」がセルフレジを導入したというプレスリリースを書けば、こんな感じでしょう。

スーパー「みのり屋」が、セルフレジを導入

　××県に基盤を置くスーパーマーケットチェーン「みのり屋」のレジが刷新されました。

　「みのり屋」はこのほど、セミセルフ方式のレジを導入。お客様のレジでの待ち時間を約20%短縮します。

　セミセルフ方式では、レジには店員がいて、今までと同じように、お客様が購入した商品の情報をバーコードで登録し、お買い上げの金額を集計します。ただし、その後のお支払いは、別の場所に移って、お客様自身にやっていただきます。お支払いに使う機械は、液晶画面のついたタッチパネル方式で、初めての方でも画面の指示に従えば簡単。スマホを使い慣れているあなたならまったく問題ありません。もしも機械が苦手でまごついてしまったとしても、大丈夫です。近くに係員が待機していて、迅速丁寧にお手伝いします。

　セミセルフ方式の魅力は、なんといってもレジでの待ち時間が短くなること。前に並ぶ人がお金を支払うのを待つ時間がなくなるので、約20%の時短になります。

＊体験した彩絵さんのコメント

　「従業員の数が少ないときにレジで待つ時間はちょっと短くなったかしら。何より、レジの人の負担が減ったのはいいわね。大変そうだったもの。人件費が減った分、商品が安くなるのを期待しちゃうわ。ほかの店にも同じシステムが導入されるといいわね。店ごとにシステムが違うと、覚えるのが少し面倒だから」

＊体験した和奏さんのコメントです

「この機械の導入前に比べてレジに並ぶ時間が短くなったのはうれしいわね。でも慣れるまで緊張するわ。それと隣町の成田屋さんは別の機械を導入されたので、両方の使い方を覚えないといけないのは少し大変」

一方、「アマゾンゴー」について、アマゾン式のプレスリリースを書いたら、どうなるでしょう。あくまで、私の「想像」で書いたものです。簡略なものではありますが、例えば、こんな感じではないでしょうか。

2018年1月15日

アマゾンが、新型の「レジなし店舗」をオープン

このほどシアトルに開店した「アマゾンゴー」は、新時代の「キャッシュレス店舗」です。アマゾン会員なら、スマホをかざして入店すれば、あとは欲しい物を手に取り、ゲートから出ていくだけ。自動的に、あなたのアマゾンアカウントに料金がチャージされます。将来はスマホがなくても、手をかざしたり、顔をカメラに向けたりするだけで決済が済むように、進化させる計画です。

＊体験した健太さんのコメント

「とにかくスピードが早いよ。棚から必要なものを取って店から出るだけだからね。レジに並ばないどころか、財布も出さなくていいなんて、すごく新しい体験。急いでいるときは助かるね」

　日本のレジの進化は、顧客のベネフィットの最大化を求めるというより、店舗側のコストダウンや効率化を目指しているように見えます。店側の従業員の数を増やせば、レジの機械を入れ替えなくても、新型レジで得られるベネフィットは実現できますし、そのほうが顧客にしてみれば手間はかかりません。ただそれは小売店の経営の視点から見ると実現困難なので、新型レジを入れるしか方法はない、という判断なのだと思います。一方、「アマゾンゴー」は、顧客の支払いの手間を限りなくゼロにするという、新しいカスタマーエクスペリエンス（顧客体験）を目指しています。そのための投資は大きく、無人ではないことからコストもかかります。短期的には損失が出ているのではないかと思います。

　もちろん、日本のセルフレジも、顧客満足の向上を志向しているでしょう。しかし、優先順位としては、まず店舗運営のコストを下げ、それによって競争優位を形成することが先にあるのでないかと思います。これは想像ですが、「新型レジの導入コスト＜レジ周り人件費削減額」という計算が成り立つ範囲で、新型レジの導入を判断しているように思います。

　それに対して「アマゾンゴー」は、とにもかくにも、まず顧客の利便性を向上させることを主眼とし、短期的には赤字になっても、それが顧客の支持につながれば、最終的には店舗が利益を生み出すようになるはず、という発想です。ここにも、逆方向から思考する「ワーキング・バックワード」の原則が見て取れます。

どちらが正しいということを述べるつもりはありません。ただ、「PR/FAQ」というツールと「ワーキング・バックワード」の発想を持つかどうかで、新しいサービスや製品を発想するときのアプローチが異なり、生まれてくるサービスや製品が大きく変わるということは、感じていただけたかと思います。

　顧客を起点として考え、「3〜5年後に新製品・新サービスとニーズが交わるポイント」に仮説を持ち、そのポテンシャルの大きさと満たされない顧客ニーズの大きさを、発案者と関係者の議論を通して確信できれば、そこから生まれるサービスや製品について、短期的に「売れる/売れない」とか「儲かる/儲からない」という数値分析だけで判断して、大きな機会を見逃がすことはなくなります。顧客にどのような体験を提供したかったのかという本質的な狙いについて、長期的な視点を持って、多くの人と議論できるようになります。そのことをお伝えするための一例として、日本のセルフレジと「アマゾンゴー」を比較してみました。

　2020年以降、日本のコンビニ大手各社より、レジなし店舗の実験や出店のニュースリリースが多く見られるようになりました。使用されているシステムは各社各様のようですが、「アマゾンゴー」を1つのきっかけとしてレジなしを目指されているのは間違いないと思います。

　ベゾスは社内外で、こんな趣旨の発言をよくしています。

　「アマゾンが顧客を大切に扱うことのバー（基準）を引き上げて、他の企業のバーも上がることを望んでいる」（※3）

　「アマゾンゴー」は、アマゾンが顧客サービスのバーを引き上げた好例ではないでしょうか。

　かつて「ソニーは松下のモルモットである」「松下はマネシタ」といわれていたのを思い出します。当時、ソニーが新製品を出すと、松下電器産業（現パナソニック）が、それと似た製品を出してきまし

た。すると、売り上げの多くは販売力の強い松下が取っていくという構図でした。社員にしてみれば悔しい話ですが、当時ソニーのある幹部から「それでいいんだ」という言葉を聞いたことがあります。そのときは、意味がよく理解できませんでしたが、「互いに切磋琢磨した結果、顧客によりよい商品が提供されるのならいいのだ」という意味だったのだと、今は理解しています。

アマゾンゴーを語るベゾスの言葉

「アマゾンゴー」の開発について、ベゾスは2018年の株主への手紙のなかで次のように触れています。日本語訳は『ベゾス・レター』(スティーブ＆カレン・アンダーソン著、加藤今日子訳/すばる舎)から引用しています。

「アマゾンは今も、世界全体の小売業界からすればごく小規模な会社です。当社の小売市場におけるシェアは1桁台前半で、当社が進出しているどの国にもはるかに大規模な小売業者が君臨しています。その理由の大部分を占めているのが小売店の90％近くが現在も「オフライン」、つまり実店舗であることです。当社は何年もの間、実店舗ではどんな形でお客様にサービスできるかを検討してきました。まずは、そのような環境でお客様が本当に喜んでくれるものを発明しなければならないのではないか、と」

これに続く、ベゾスの言葉が、特に印象的です。

「アマゾンゴーのビジョンは明確です。現実の店舗における最悪な時間、つまり会計の列をなくすことです。待たされるのが好きな人などいません。私たちが思い描いた店舗は、入ってから欲しい物を手に取れば、そのまま

外に出ることができる場所なのです」

　さらにベゾスは、こう語っています。

　「これを実現するのは大変でした。技術的な苦労も多数ありました。世界中から優秀なコンピューターサイエンスの専門家やエンジニアを何百人も集めて取り組まなければなりませんでした。カメラや棚を自社で設計・構築するだけでなく、連携する数百ものカメラから集まった映像をつなぎ合わせる機能など、新しいコンピュータービジョンのアルゴリズムを生み出す必要がありました。さらに、そんな複雑な技術が使われていることが見た目にはわからないくらい高性能なテクノロジーでなければならなかったのです。大変でしたが、お客様の反応を見ると報われます。お客様はアマゾンゴーでの買い物を「魔法」のような時間だと評してくれているのです」

アマゾンでは、幹部が率先して企画書を書く

　アマゾンのPR/FAQは、誰が書いてもよく、どのタイミングで会社に提案してもいいことになっています。新しいイノベーションに情熱を持つ個人またはチームが、ぜひ実現したいという熱意を込めてPR/FAQを書き、上長や、実行可否の決裁権限を持つ人に提案していくことになります。

　実際には、年に一度、部門ごとに2〜3年の長期事業計画をまとめるタイミングがあるので、その際に、メンバーのなかにどんなアイデアがあるかを確認して集約するために、PR/FAQを各自が書くというケースが多いです。一方で、突然、天啓のように革新的なアイデアを思いついたのなら、そのような機会を待つ必要もありません。

アマゾンでなくても、「事業アイデアの提案制度」を持つ会社は少なくありません。

　しかし、そのような提案制度を持つ企業において、幹部は多くの場合、現場から上がってきたアイデアを評価する側に回るのではないでしょうか。それらの企業とアマゾンが大きく異なるのは、ベゾスの側近であるシニア・バイス・プレジデント（SVP）クラスの幹部が、自ら積極的にPR/FAQを書き上げて、ベゾスに提案していることです。

　私は、米国のあるSVPから直接、話を聞いたことがあります。その方は、生鮮食品を配送する「アマゾンフレッシュ」や、移動販売サービスの「トレジャートラック」、日用品を専用ボックスでまとめて配送する「アマゾンパントリー」（2021年にサービス終了）など、数々の新サービスを牽引してきた方です。

　いずれの企画も、週末を何回か使ってPR/FAQを書き上げたのだそうです。ベゾスに提案する前に「Sチーム」メンバー何人かのフィードバックを受けて何度か書き直したということでした。

　ベゾスは、それらの提案を受けて議論し、そのうちのいくつかにゴーサインを出しました。その方が提案したPR/FAQをめぐっては、ベゾスとの間でかなり厳しい議論に発展した場面も多かったようですが、それらの議論においても「顧客の満たされないニーズを満たすものか」を問うという点においてブレはなかったということです。

　ゴーサインが出たプロジェクトには、「ヘッドカウント」が与えられます。ヘッドカウントというのは、外資系企業にお勤めの方なら馴染みがある言葉だと思いますが、ある特定の部署やプロジェクト、組織が採用できる人員の数を指します。すなわち「ヘッドカウントが与えられた」ということは、「そのプロジェクトが承認され、推進する権限が与えられた」ことをも意味します。

トップダウンだから「提案することの面白さ」が伝わる

　SVPのようなトップクラスの経営幹部が、自分でPR/FAQを書き、プロジェクト推進の権限を勝ち取り、新しいビジネスを生み出していくのを間近に見ていると、その部下たちにも「自分もやってみよう」というモチベーションが生まれていくものです。

　私自身もその米国のSVPの話を聞いた後、「自分もやってみよう」と思い立ち、2つの新規事業案についてPR/FAQを書き、2つとも実現することができました。

　PR/FAQを実際に書きはじめると、新しいアイデアにワクワクして、周囲の人たちに話したくなってきます。それで「こんなことをやろうと思っているんだ」と周囲の人に話してみると、「面白いね!」「こんなアイデアはどう?」「紹介したい人がいるんだけど、会ってみない?」などと、協力してくれる人たちが次々に現れてきました。

　こうして磨き上げたPR/FAQが、米国本社の会議で審議され、SVPからゴーサインを得ました。

　プロジェクトが正式に立ち上がると、チームメンバーをアサインし、チームを動かしていくことになります。そのメンバーのなかから、「次は自分自身でPR/FAQを書いて面白い新規事業をやりたい」という声が上がったときは、とてもうれしく思いました。

　これがPR/FAQの生み出すアマゾンの企業風土です。新規事業提案が下から上がってくるのを待つのではなく、まず米国本社でSVP職を担う経営幹部が自ら、PR/FAQを書いて、新規事業のアイデアを生み出し、その実現に邁進することの面白さを周囲に自分の姿で伝えていきます。

　経営幹部が自ら、イノベーションを起こす醍醐味を体現するから、その面白さが海外法人をはじめ、各部門のリーダー層にも伝わ

り、さらにそれぞれのチームメンバーにも伝わっていく。その結果、アマゾン全体に「私もPR/FAQを書いて、イノベーションを自ら起こしていくのだ」という起業家マインドが広がっていきます。

　「アマゾンのイノベーション」というと、既存のビジネスを一気に陳腐化するような「破壊的イノベーション」をイメージするかもしれません。しかし、PR/FAQによる企画提案は、革新性の大小で制限されることはありません。もちろん「破壊的イノベーション」が発案されることもありますが、既存ビジネスに磨きをかけ、改善するような「持続的イノベーション」も歓迎されます。重要なことは、顧客を起点として発想されているかどうかであり、PR/FAQのフォーマットに従って検証され、磨かれた企画であれば、その条件を満たすと考えられます。

　なお、アマゾンでは「破壊的イノベーション」「持続的イノベーション」という言葉は一切使用されません。ただ、一般的に「これまでのサービス・製品を陳腐化するような大規模なイノベーション」を「破壊的イノベーション」と呼び、「既存のものを進化・改善するタイプのイノベーション」を「持続的イノベーション」と呼ぶことがあり、読者の方々にはわかりやすいと思います。そこで本書では、このような定義で、この2つの言葉を使います。

イノベーション提案のハードルを下げる

　PR/FAQはよくできた仕組みですが、使ってもらわなければ意味がありません。アマゾンには、誰もが積極的にPR/FAQを書くようになる仕組みがあります。

　まず、ほとんどの社員がPR/FAQを書くトレーニングを受けています。各レベルのリーダーシップ研修の1科目として、半日程度の

プログラムが組まれています。この研修では、最初にPR/FAQの根底にある「ワーキング・バックワード」とはどのような考え方であり、それが顧客起点のイノベーションを起こすためにいかに重要であるかを伝えます。その後、自身のアイデアに基づいたPR/FAQを書いてみるという実践的なカリキュラムになっています。

このような研修は、社員が「企画書を書くスキルを上げる」ことにつながります。

しかし、そもそもPR/FAQが、書くのに高度なスキルを必要としない書式として設計されているのも、見逃せないポイントです。

PR/FAQは、体裁としてはあくまでもプレスリリースですから、分量として長大なものは求められません。プレスリリース(PR)部分だけならば、A4用紙で、概ね1ページから1ページ半程度の長さにまとめることが多く、それにFAQ(想定質問)が加わります。自分のアイデアをある程度、温めてきた人なら、数時間でいったん書き上げられます。その後、何度か推敲して完成させるのが一般的だと思います。

つまり、アマゾンはイノベーション提案の企画フォーマットを簡潔なものにすると同時に、書き方を教えることで、書く側のコストを下げているのです。結果として、イノベーション提案のハードルが下がり、より多くのアイデアが、さまざまな部署の、さまざまな役職のメンバーから提案されるようになっています。

もしアイデアを提案するフォーマットがもっと複雑で、膨大な市場調査データや精緻な売上・利益計画などで何十ページものボリュームを求めるものだったらどうでしょう。おそらく挑戦する人は限られてくるでしょうし、提案されるアイデアの数は大きく減るでしょう。

私はアマゾン以外の会社でも、新しい製品やサービス、プロジェクトが提案される場面を多く見てきました。そのような場面で、ボ

リュームある企画書が提出される場合、アイデアそのものというより、そのアイデアが市場に受け入れられる可能性があるかどうかに重点が置かれるケースが多いように感じます。つまり、アイデアそのものより、市場調査のデータや売上予測などに多くのページを割くということです。そうすると既存市場を前提とした短期的な議論が中心になっていきます。

　しかし、アマゾンのPR/FAQは、市場調査や売上予測の緻密なデータを求めません。これから作り上げようとする市場において、現在のデータはすぐに過去のものになっていきますし、世の中にまだ存在しないものの売れ方を予測しても正確性が乏しいことが多いという認識に立っているからです。そんなことよりも、本当にこの製品やサービスを「顧客が必要としているのか」ということに集中するほうが本質的な議論となる、というのがアマゾンの考え方です。結果としてその方針は、大規模な市場調査や売上予測をする時間やリソースを持たない社員に企画書を書くチャンスを与え、イノベーション提案のハードルを下げることにつながっています。

1人の情熱をチームの力で企画として育てる

　つまりアマゾンは、最初の提案に完成されたアイデアを求めているわけではないのです。ひとたび提案されたPR/FAQは、提案者と提案を受けた側、さらに別の視点を提供できる人も加わって、一緒に議論していくという仕組みです。この議論によってPR/FAQは、より核心を突いた内容に更新されていきます。最初は不完全な提案でも、提案を受けた上長や、提案者とは違ったスキル・視点を持った人々と一緒に磨いていけばいいというスタンスです。さらにいえば、このプロセスは、提案者から起業家的な能力を引き出し、開発

することにもつながっていきます。

　このような仕組みのおかげで、アマゾンでは「情熱」さえあれば、誰もがアイデアを提案することができます。たった一人の情熱があれば提案は可能ですが、その後は、経営層がディスカッションに加わり、チームの力で提案を改善、更新していきます。こうして精度を上げた企画を、ときには提案者が自らリーダーとなって、ビジネスとして立ち上げていくこともできます。このようなチャンスが誰にでもあることを、アマゾンでは多くの社員が認識しています。

　このように、もともとはシリアルアントレプレナーという、天才ともいえる人たちがしてきたことを仕組み化してきたのが、アマゾンの凄みです。実は、これと同様の「ヒット作連発の仕組み」が、米国のアニメ制作の世界にはあります。これについては後ほど、コラム（コラム1：「ブレイントラスト」−ディズニーが「組織」としてヒットアニメーション映画を量産する理由）で取り上げていますので、ご興味のある方はご参照ください。

2

「沈黙から始まる会議」で 「社内政治」を撲滅する

PR/FAQの可否を審議する会議の進め方にも、アマゾンは独特の仕組みを持っています。

そもそも、アマゾンの会議資料には下記のルールがあり、PR/FAQも、これらのルールに従って作成されます。

- **会議資料にパワーポイントを使うのは禁止。**
- **会議資料は、必ず、ワードファイルで1枚、3枚ないし6枚にまとめる**（別途、添付資料を配るのはOK）。
- **箇条書きは禁止。**
- **グラフや図を使うのは禁止。**
- **意見はすべて散文形式で表現する。**

会議冒頭には、長い沈黙の時間が流れます。なぜならワードで作成された会議資料を全員で黙読してから、議論を始めるからです。長いときには1時間近い時間が、黙読に費やされることもあります。

私が初めてそのような会議に参加したのは、米国本社のSVPも参加する四半期の業績レビューミーティングでした。初見の資料を皆が一斉に読みはじめ、静寂のなかに尋常ではない緊張感がありました。その後、私もあるときは会議資料を作成した側として、あるいは資料をレビューする側の人間として、何度も沈黙から始まる会議を経験しましたが、いずれの側に立っても、限られた時間のなかでのまさに真剣勝負で、毎回、背筋が伸びる思いがしました。

「など」を使うのは禁止

箇条書きや図解が禁止されているのは、クリティカルシンキングを育むには散文形式がよいとベゾスが考えているからだ、などと一般には説明されます。

確かに、その側面の効果も大きいです。私自身、パワーポイントでプレゼン資料を作成していたときには、論理的、構造的な明確さに不足するところがあっても、聞き手が理解してくれることを期待しているところがありました。それは結果として、自分自身が十分、論理的、構造的に主張したいことを考え尽くしていなかったということと同義です。

アマゾンのルールに則って、ワードファイルに散文で書くと、次のようなことを深く検討しなくてはならないことに気付きます。

● **自分の提案したいことは要するに何か？**
● **その提案の根拠は何か？**
● **実現性はどの程度あるか？**
● **実現のための方法は、自分が提案している方法以外にないか？**

なぜなら、これらを深く検討しなくては、文章として完成しないからです。

実は「など」という言葉も、アマゾン社内では許されません。「など」に何が入っているのか追求して書くことが要求されます。曖昧さは許されません。

しかし、私はこの方式を実際に体験して、別のメリットも隠されていると感じました。それは会議の前の根回しが不要になり、社内政治が生まれないことです。

社内政治と根回しを不要にする

　アマゾンの会議では、参加者には議題と提案者こそ事前に知らされていますが、提案内容を事前に伝えたり、決済権のある人に事前打診をしたりしないのがルールで、徹底されています。そのため、根回しの余地がないのです。

　日米を問わず、大企業では、会議の前に膨大な根回しが必要になることが多いものです。しかし、根回しが周到な人のアイデアばかりが通るような会社で、イノベーションが起きるものでしょうか。

　根回しを受けて事前に内諾を出してしまった人は、会議中の議論を受けて新しい視点を発見して見解が変わったとしても、意見を翻すことは憚られるでしょう。ましてや、提案者が提案内容を変えるというのはさらに難しいでしょう。会議本来の機能は、参加者がそれぞれ独自の視点から議論を戦わせて、会社の施策をよりよい内容に進化させていくことにあります。しかし、根回しによる社内政治は、そんな会議本来の機能を失わせます。

　さらに決済権者たちの事前内諾を取るプロセスでは、提案内容を万人受けする方向に修正するという事象が多く発生します。そのため会議に上がったときには、もともとの提案にはあった尖った要素がなくなっていることも多いのではないでしょうか。

　アマゾンはそういった根回しや社内政治には無縁です。実際の会議では、提案者が多方面からの意見や情報を受けて提案内容を変えることもよくあります。提案者とその上司の意見が異なるということもよくあります。本音の議論がまっさらな状態で行われます。

「イノベーションサミット」で
イノベーション風土醸成

　アマゾンでは、定期的に「イノベーションサミット」という社内イベントを開催しています。ちなみに、アマゾンには「AWSサミット」というイベントもあり、こちらは、「アマゾン・ウェブ・サービス（AWS）」の顧客など、社外の人を招待するイベントですが、これとは違います。これから説明する「イノベーションサミット」は、社員だけが参加するイベントです。

「見本市」型ではなく、「アウトプット」型

　「イノベーションサミット」の目的は、イノベーションのアイデアを出し合い、高め、実現に近付けることにあります。米国では技術者だけが集まって開催するものもありますし、私が働いていた頃の日本法人では、国内から数百人程度の社員が会社以外の場所（オフサイト）で集まる大規模な「イノベーションサミット」が年1回、開催されていました。

　アマゾン以外の会社にも、社内で起きたイノベーションの成果を共有するイベントはありますし、私も見聞きしたことがあります。

　よくあるのは、イノベーションを生み出した部署やチームの人たちが成果発表するというスタイルです。例えば、年に1回、会社が社内外に大きな展示場を設けて、さまざまな研究開発を手掛ける部署がブースを出し、研究成果を展示し、社内の人たちがそれを見て回

るといったイベントです。いわば社内技術の「見本市」であり、情報の「インプット」を主眼とします。見学する社員にとっては、今までにない知見をインプットする貴重な場ですし、そこで得た知見を、自身の担当する事業に応用するきっかけになることも多く、有意義なイベントだと思います。

しかし、アマゾンの「イノベーションサミット」は、そのような「見本市」型の成果発表会とは、一線を画します。

「イノベーションサミット」が開催される数日間、参加者は日常業務を離れ、普段、所属する部署の垣根からも解放されます。いつもとは違うメンバーとチームを組み、新しいイノベーション提案に挑戦するのです。先ほどのような「見本市」型でなく、「チームビルディング」を踏まえての「アウトプット」を目的とするものです。ほかの人たちの成果をただ「見学」するのではなく、その場で、自分たちが成果を出すことを目的とする「参加」型のイベントであるところに特徴があります。

実際には、次のような段取りで進みます。

1) 参加メンバーがそれぞれ、イノベーションのアイデアを持って集まり、発表する。
2) 全員が発表を終えた後、似たアイデアを持つ人たちとチームを組む。
3) チームごとにディスカッションをして、アイデアをブラッシュアップしてまとめる。
4) チームごとに、アイデアをプレゼンテーションする。
5) マネジメントメンバーが、優れたアイデアを選ぶ。選ばれたアイデアはPR/FAQの形式にまとめ、会社として実行に移すかどうかをジャッジする。

異なる職場の人と「同じアイデア」でつながる

「イノベーションサミット」が1年に1回開催されるというだけで、社員の日常の意識と行動が変わります。私自身、年1回のサミットを意識して、普段から「顧客起点でイノベーションを起こせるようなアイデアはないか」ということを考え続けていました。アイデアを考えることの強い動機付けになっていたのです。

サミット当日は、普段はまったく違う部署で働いているにもかかわらず、自分と似たようなアイデアを温めていたメンバーと出会うことになります。そのことで、私自身、「自分と同じ意見を持つ人が、社内にこんなにいたのか」と、勇気付けられるときもありました。逆に、自分のなかではぼんやりとしていたアイデアを、明確な言葉で表現している人を目の当たりにして圧倒されたり、自分の考えのスケールの小ささを思い知らされたりすることもありました。けれど、それがきっかけとなって、自分のなかから新しいアイデアや発想が出てくることもありました。

そうやって未知の仲間とチームを組んで議論を深め、新しいビジネスや業務改革の提案をまとめ上げ、数日かけてプレゼンテーションまで持っていきます。そうやって練り上げたアイデアのなかから、マネジメントチームの目にとまり、会社として推進するものも出てきます。日常業務から離れてイノベーション提案に没頭するこの数日間は、ダイナミックな体験です。

「イノベーションサミット」に参加すると、イノベーションを起こすのは、技術開発、事業開発や商品企画の担当者だけではないし、事業責任者だけでもないと実感できます。人事でも法務でも営業でも、どんな部署のどんな役割の人であっても、自らの発案でイノベーションを起こす力を持っていることを体感できます。

イノベーションを起こすプロセスを疑似体験

　他人が作ったイノベーションの中身を知るのも貴重な体験だと思いますが、自分自身がイノベーションを生み出すプロセスに身を置けるという意味において、「イノベーションサミット」は優れた仕組みです。

　さらにいえば「イノベーションサミット」を通じて、参加者は、アマゾンという会社が、顧客に価値を提供することを最優先する会社であることも、実感します。ディスカッションの中心には必ず「顧客のために」「普遍的」「潜在的に大規模」という言葉があり、それに比して短期に予測できる売上・利益の議論はわずかです。

　「地球上で最も顧客を大切にする企業になる」というビジョンは、イノベーションを起こし続けるアマゾンの企業風土のカギであり、その定着に貢献しているという意味でも「イノベーションサミット」は、意義深い取り組みです。

「ワンウェイ・ドア」と「ツーウェイ・ドア」で区別する

アマゾンで働いていると、よく投げかけられる問いがあります。こんな問いです。

「それは、ワンウェイ・ドア (one-way door) か、それともツーウェイ・ドア (two-way door) なのか？」

この問いは、ミドル層リーダーの意思決定スピードを上げるのに非常に効果的です。アマゾンでは大小さまざまな議論で、この問いを頻繁に使いますが、イノベーションに関わるプロジェクト推進の可否を意思決定する際にも重要な判断ポイントになります。

引き返せるチャレンジなら、失敗を恐れずに前進していい

ワンウェイ・ドアとは、一方通行のドアであり、ツーウェイ・ドアとは、両方向のドアです。

新しい課題にチャレンジするというのは、未知の領域に足を踏み込むことです。そのような行為を「新しい部屋」に入ることになぞらえた表現です。

まだ誰も実現したことがないものを生み出すのがイノベーションですから、ドアの向こうにどんな世界が待ち受けているのかは、誰にもわかりません。

ただし、ドアには2種類あります。

1つは、ドアを開けて未知の部屋に足を踏み入れたとき、その部

屋が望ましい場所でないとわかったなら、引き返せるドアです。これが「両方向のドア (two-way doors)」です。

もう1つは、ひとたびドアを開けて部屋に入ってしまったら、引き返せないドアです。こちらは「一方通行のドア (one-way doors)」です。

これから挑むイノベーションが、前者の「ツーウェイ・ドア」であれば、事前に十分な調査や分析ができなかったとしても、それを理由に歩みを止める必要はありません。ドアを開けて望ましくない場所ならば、すぐに引き返せばいいのです。現状では、誰もドアの向こうのことを知らないのですから、そのドアを開けて、ドアの向こうの状況を知ることは、大きなアドバンテージになります。

逆に、これから挑むイノベーションが「ワンウェイ・ドア」であるならば、ドアの向こうに待ち構えるものが何であるかを、慎重に予測、検討してからドアを開ける必要があります。

「ツーウェイ・ドア」は、ミドル層マネージャーを勇気付ける

この「両方向のドアと一方通行のドア (two-way doors and one-way doors)」という分類には、社員たち——特に、ミドル層のマネージャーたち——へのベゾスのメッセージがこめられていると思います。

ベゾスは、意思決定できる立場にいる人には、できるかぎりリスクを取って前に進むことを望んでいます。自分自身やSチームのメンバーはもちろんそうしていますが、それ以外のマネージャーたちにも、リスクを取って前進してほしいと願っているのです。

しかし、ミドル層のマネージャーの多くは、リスクを取ることに対して臆病です。

それがなぜかというと、ある特定の決断が「ツーウェイ・ドア」を開く決断であるのか、それとも「ワンウェイ・ドア」を開くものであるかの区別がでてきていないからだ、というのが、ベゾスの考えです。この2つの違いを冷静に判断して、今、目の前にあるのが「ツーウェイ・ドア」だと確信できれば、誰であっても前に進めるはず。失敗してもいつでも引き返せるのだから、躊躇なく前に進めばいいではないかとマネージャーたちの背中を押すのが、ベゾスの狙いです（※4）。

　逆に、目の前にあるのが「ワンウェイ・ドア」であれば、慎重にならなくてはなりません。しかし、現実には、「ワンウェイ・ドア」を踏み越えて失敗するマネージャーより、「ツーウェイ・ドア」の前で臆病になって前進できないマネージャーのほうが多く、企業が発展するうえでの課題となっているのではないでしょうか。

　この考え方は、アマゾンのマネージャー層には深く根付いていて、現実の意思決定の場面でも、「これはツーウェイか、ワンウェイか」という議論が頻繁になされます。そして、「ツーウェイだ」と判断されれば、「スピード重視でリスクを取り、先に進める」という判断が下されます。私自身、さまざまなレベルのミーティングで、この二分法による議論と意思決定を経験しました。

「ツーウェイ・ドア」は、意思決定のスピードを上げる

　この二分法によるシンプルな意思決定は、今では巨大企業となったアマゾンに2つのメリットをもたらしていると思います。

　1つは、創業時の意思決定のスピードに近付けるのに有効なことです。

　逆にいえば、アマゾン創業時にはこんな二分法をメンバーに示す

必要はなかったはずです。なぜなら、ベゾス自身が現場のリーダーたちの近くにいて、決断を下せたからです。その際、ベゾスのなかに「ツーウェイ・ドアか、ワンウェイ・ドアか」という判断基準があったかは不明ですが、起業家精神にあふれ、オーナーシップを持つ創業者が、スピード感を持って日々、決断を下せるなら、その判断基準を周囲に伝える必要はありません。

しかしアマゾンも今や世界有数の巨大企業となりました。世界の従業員数は、2021年3月末時点で127万1000人に達したといいます（※5）。

その規模になってもなお、アマゾンは「スティル・デイ・ワン」の精神を掲げています。どんなに大きな企業になったとしても、今日という日が、起業したばかりの「まだ1日目」であるように、イノベーションに挑み続けるということです。

「スティル・デイ・ワン」を理想に終わらせないためには、起業したばかりだった頃に、ベゾスや幹部たちが実践していた決断のスピードと、イノベーションにチャレンジする姿勢を、誰もが再現可能なものとして仕組みに変えなくてはなりません。そのなかで最も強力な仕組みの1つが、「ツーウェイ・ドアとワンウェイ・ドア」の二分法による意思決定です。

社員の起業家精神を高める、シンプルな判断基準

「ツーウェイ・ドアとワンウェイ・ドア」というシンプルな判断基準がもたらす、もう1つのメリットは、ミドル層のマネージャーに起業家精神を植えつけることです。

アマゾンには「Our Leadership Principles（OLP）」という、16項目からなる世界共通の行動指針があります。直訳すれば「私たちのリーダーシップの原則」となりますが、この16項目は、チームメン

バーを持つマネージャーであるかどうかにかかわらず、全員が発揮すべき行動指針とされています。

　このOLPの冒頭には、アマゾンの「求める人物像」として「Amazonでは、全員がリーダーです」と、明記されています。アマゾンは、ポジションに関係なく全メンバーにリーダーシップを発揮することを求めているのです。

　つまり、ベゾスや「Sチーム」が持つリーダーシップや起業家精神を、全員が持ってください。それが、アマゾンという組織が起業家精神を失わず、イノベーションを起こし続けるために必要なことなのですよ。そんなメッセージだと、私は受け止めています。

　OLPについては、**6**「リーダーシップ原則」で詳述しますが、「ツーウェイ・ワンウェイ」との関連では、次の2つの項目に注目したいと思います。

● Ownership

　リーダーにはオーナーシップが必要です。リーダーは長期的視点で考え、短期的な結果のために、長期的な価値を犠牲にしません。リーダーは自分のチームだけでなく、会社全体のために行動します。リーダーは「それは私の仕事ではありません」とは決して口にしません。

● Are Right, A Lot

　リーダーは多くの場合、正しい判断を行います。優れた判断力と、経験に裏打ちされた直感を備えています。リーダーは多様な考え方を追求し、自らの考えを反証することもいといません。

　つまり、すべての社員に、長期視点で、会社全体のために行動することが期待されます。さらに優れた判断力と、経験に裏打ちされた直感を持っていることも期待されます。全社員に、そのような

リーダーであることを目指せというのは、随分と高いハードルにも思えます。しかし、「後戻りできるなら、失敗を恐れずに前進せよ」という「ツーウェイ・ワンウェイ」のシンプルな判断基準は、このような高い基準を満たす人材であることを実証するチャンスをすべての社員に与えてくれます。なぜならば、この判断基準が極めて使いやすく強力なツールだからです。

「ワンウェイ・ドア」なら、上位層と議論する

　ここまで「ツーウェイ・ワンウェイ」という判断基準の「意義」を書いてきましたが、次に、どのように「運用」されているかです。

　後戻りできる「ツーウェイ・ドア」ならば、失敗を恐れずに前進します。具体的には、そのプロジェクトを担当するリーダーが、与えられたヘッドカウント（人員採用枠）と予算の範囲で、プロジェクトを前進させていってかまいません。

　しかし、後戻りができない「ワンウェイ・ドア」である場合は、それによって予測される事態の重大さにもよりますが、「Sチーム」をはじめとする、より上位の意思決定者とともに議論し、意思決定します。ヘッドカウントや予算といったリソースが、リーダーに与えられた範囲を超えてしまう意思決定も同様に、上位層との議論をへて意思決定します。

　このように「ツーウェイ・ワンウェイ」の場合分けによって、意思決定のハードルを上げ下げし、プロジェクトの進捗のスピードをコントロールするというのが、アマゾンの仕組みです。

　本章では、この仕組みを「普通の社員を起業家集団に育てる」仕組みの1つとして紹介しました。しかし、同時に、次章で紹介する「大企業の『落とし穴』を回避する」仕組みの1つでもあります。

5 「奇妙な会社である」ことを自認する

アマゾンという会社には「自分たちのやり方は変わっている」という強い自負があります。逆にいえば「変わったやり方を否定しない」ばかりか、「変わったやり方を肯定し、推奨し、促進する」のがアマゾンの社風です。

アマゾンはそのような企業風土を、自ら「Amazon's Peculiar Ways（アマゾン流の奇妙な方法）」と呼んでいます。

そのために「ペッキー（PECCY）」というマスコットまで作っています。名前は、「ペキュリアー（peculiar/奇妙な）」という言葉に由来し、アマゾンが、独自のユニークな仕事の進め方やものの考え方を、誇りに思っていることを象徴する存在です。

アマゾン社内には至るところに、ペッキーが描かれた模造紙ほどの大きな紙が貼られています。どんなキャラクターなのか、ご興味がある方は、ネット検索していただければ見られると思いますが、ゆるキャラのような、ユーモラスで愛らしいキャラクターです。

「クレイジーなアイデア」を守る「ゆるキャラ」

PR/FAQを使って提案されるアイデアには、未成熟なものもあれば、クレイジーなものあります。しかし、私の知る限り、どんなクレイジーなアイデアであっても、経営幹部は真面目に検討し、アイデアのエッセンスだけでも何かに生かせないかと考えるように努力し

ていました。

　もし、そこで幹部が眉をひそめて、「あり得ない」とか「もっとよく考えてから企画書を出してください」などと対応すれば、次にその人から独創的なアイデアが出てくることは期待できません。それは、イノベーションの芽を摘むことを意味します。

　アマゾンの危機とは、巨大な資本を持つ誰かが似たようなビジネスモデルで挑んでくることではないはずです。将来、アマゾンが苦境に立つことがあるとすれば、かつてアマゾンがそうだったように、名も知らぬ小さな企業がクレイジーなアイデアを生み出し、それを実現させるために、アマゾンに挑んできたときだと思います。

　そうだとすれば、アマゾンは、今の規模や地位に安住することなく、いつまでも「スティル・デイ・ワン」の精神で、クレイジーなアイデアを出し続けなければなりません。

　だからアマゾンは「どんな変なことを提案されても、私は驚きませんよ」というメッセージを込めて、ペッキーに笑顔を振りまいてもらっているのではないか。アマゾンで働いていた頃、ペッキーの貼り紙の多さに驚きつつ、そんなことを私は考えたものでした。

リーダーシップ原則

　アマゾンは、大規模なイノベーションを継続して創出し続けているという意味において、特別な企業です。そのようなことを可能にしている仕組みの根底には、アマゾンが定めるミッションがあります。まずはアマゾンのミッションステートメントをご一読ください。

"We aim to be Earth's most customer centric company. Our mission is to continually raise the bar of the customer experience by using the internet and technology to help consumers find, discover and buy anything, and empower businesses and content creators to maximize their success."

　英語のままのほうがニュアンスは伝わりやすいかもしれませんが、私なりに、日本語に訳してみました。

「我々は地球上で最も顧客を大切にする企業になることを目指す。我々のミッションは顧客体験のバー（基準）を上げ続けることであり、そのために、インターネットとテクノロジーを使って、消費者があらゆるものを探し、発見し、購入することを助け、企業とコンテンツ・クリエイターが自らの成功を最大化することを支援する」

　地球上で最も顧客を大切にする企業になる——　正直にいえば、私が初めて、このビジョン、ミッションステートメントを目にした

とき、どういう意味かを理解することができませんでした。

　徐々に理解できるようになったのは、ベゾスの社内外での発言を見聞きし、その意味を考えるようになってからです。

　「後世に、顧客中心への変革を起こした企業と思われたい」

　「アマゾンが顧客を大切に扱うことのバー（基準）を引き上げて、他の企業のバーも上がることを望んでいる」

　「これまでの企業とはレベルの異なる次元で顧客のことを大切にしたい」

　「顧客をいつも思考の中心において、顧客のために発明を起こしていく」

ベゾスが求める「顧客中心」とは？

　「顧客中心主義」を掲げる経営者は多くいますが、これらのベゾスの発言からわかるのは、ベゾスが求める「顧客中心」とは、これまでに存在したあらゆる企業を超えた「異次元の水準」にあるということです。

　つまり、高い水準で顧客を中心に据える企業文化を作り上げることで、他の企業の模範となるということです。自分が生み出したアマゾンが先例となり、他の企業を変容させ、「顧客を大切にする」ということについての社会や文化の水準を向上させることまでを望んでいます。本章■で説明した「アマゾンゴー」をきっかけとして、日本のコンビニ大手においてもレジなし店舗開発の動きが出はじめているのはそのいい例と思います。

　アマゾンが他の企業の模範となることで、世界の常識が変わるというのが、ベゾスの目標です。便利なサービスや製品を生み出すのはそのための手段であり、途中経過に過ぎません。

壮大なミッションは「仕組み」を求める

　序章に書いたように、私はベゾスの経営に出会う前、優れた資質を持ち、素晴らしい成果を残したシリアルアントレプレナーの方々にインタビューを重ねました。いずれも非常に魅力的な方でしたが、彼ら彼女らが掲げていた目標とは、「特定の製品やサービスを世に出し、広める」ということの成功でした。

　それと比べても、ベゾスのミッションは壮大です。ベゾス一代で実現することなど不可能で、そのことはベゾス自身も自覚しているはずです。しかも、アマゾンの創業期から存在するミッションです。最初から、一世代では終わらないミッションを設定して会社を起こしたことになります。自分がいなくなった後も、会社がこのミッションに向かって進んでいくことを前提とする発想です。

　地球で一番、顧客を大事にする企業になる――このビジョン、ミッションの実現のためにやるべきことには無限の余地があります。

　このあまりに巨大な目標ゆえに、ベゾスは守りに入ることなく、日々リスクを取って、新たなイノベーションへと挑戦し続けることができたし、アマゾンは、ベゾスという1人の人間の時間を超えて、メンバー全員が共有する企業文化としてその挑戦を持続できているのです。ベゾスとアマゾンのミッションの壮大さが、おのずと「仕組み」を求めるのです。

　起業家のなかでも、社会的な意義や役割を会社設立の目的として掲げ、その実現こそが自らのミッションだと位置付ける人々を「ミショナリー(missionary)」な経営者と呼ぶことがありますが、ベゾスはその最たる存在といっていいでしょう。

　2018年、全社員が参加する会合が米国で開催され、私もオンライ

ンで参加しました。そのとき、アマゾンがある企業に出資した件について、その理由を問う質問が社員から出ました。ベゾスは、こう答えました。

「あの企業の創業者はミショナリーなのでよいよ。将来を期待できると思っている」

その投資先企業が持つ技術や資産について回答すると思っていた私は、なるほどと思わされました。

投資の評価基準となる「ミショナリー」

ベゾスがある企業について投資の是非を判断するときには、その企業が特別な技術や有形無形の資産を持っているかということだけではなく、何をミッションとして自らに課し、いかにしてその実現に向かって突き進んでいるのかを重要な評価のポイントにしているのだということがよく伝わってきました。

ベゾス自身がそのような起業家の典型としてビジネスを成長させてきたということもありますが、何より、ミショナリーなビジョンを設定する会社は、長期的に大きなことを成し遂げる可能性が高いと経験的に知っているということでしょう。

ベゾスは毎年、「株主への手紙 (Letter to Shareholders)」という文章を書きます。「ベゾス・レター」という別名でも知られていますが、2007年のレターには、こんな一説があります。

I'm glad about that because missionaries build better products.

その前段で、ベゾスは自分の語り口は概してミショナリーのように受け止められるということに触れており、これを受けて「それはうれしい」と語った言葉です。「なぜならばミショナリーはよりよい製品を作るから」と理由を述べています。ベゾスが自分自身がミ

ショナリーであるとみなされるのをうれしく思うのと同時に、他の
ミショナリーな人々を高く評価していることがわかります。

　ミッションは、起業家を支える信念というだけでなく、そこで働
く人々や関連パートナー企業に対しても大きな力を及ぼします。

　私自身も経験があります。目の前の目標を達成しようと全力で働
いて成果を出そうとしているとき、ふと自分が今やっていることに
疑問を感じてしまうことが折々にありました。「これって世の中の
ためになっているのか」「お金を得るために、世の中のためにならな
いことをやっているのではないか」「お金のために、何か間違ったこ
とをやってはいないか」と。

　そのときにアマゾンのミッションステートメントを読み返すと、
「いや、これでいい」「自分は世の中にためになることをしようとして
いる」と思えました。今のプロジェクトがどこに向かっていて、
どのように社会に貢献しようとしているのかを確認できました。そ
れがモチベーションを維持し、高めることに寄与したことはいうま
でもありません。

アマゾンの「リーダーシップ原則」

　前述のように、アマゾンには「Our Leadership Principles (OLP)」
という、16項目からなる世界共通の信条があります。直訳すれば
「私たちのリーダーシップ原則」となる、この16項目の行動指針は、
チームメンバーを持つマネージャーであるかどうかにかかわらず、
全社員が発揮すべき行動原則です。

　ただし、最後の2項目は2021年7月、ベゾスがCEOを退任する直前
に付け加えられたもので、従来からある14項目とは性質が異なりま
す。その違いについては後述しますが、本書の目的である「アマゾ

ンが組織的にイノベーションを起こす仕組み」を説き明かすうえ
で、より重要なのは、従来からある14項目だと私は考えます。

　これらのリーダーシップ原則は、本章でここまでに紹介してき
た、イノベーションを起こし続ける仕組みと不可分の関係にありま
す。本書では後ほどのコラムでこの「14原則」を、イノベーション
創出のプロセスに沿う形で整理します。

　その前にまず、アマゾンが提示するOLPを、公式ホームページに
提示されている、そのままの形で読んでいただきたいと思います
（英語で書かれた各原則のカタカナ表記は、原文にはありません）。

求める人物像
Amazonでは、全員がリーダーです。

　Amazonには世界で共通の「Our Leadership Principles」という14項目
からなる信条があります。それは、チームを持つマネージャーであるかど
うかにかかわらず、Amazonでは、全員がリーダーであるという考え方のも
とで、社員一人ひとりが、全ての日々の活動において、常にこの「Our
Leadership Principles」に従って行動するよう心がけています。

「Our Leadership Principles」

● Customer Obsession（カスタマー・オブセッション）

　リーダーはお客様を起点に考え行動します。お客様から信頼を獲得し、
維持していくために全力を尽くします。リーダーは競合にも注意は払いま
すが、何よりもお客様を中心に考えることにこだわります。

● Ownership（オーナーシップ）

リーダーにはオーナーシップが必要です。リーダーは長期的視点で考え、短期的な結果のために、長期的な価値を犠牲にしません。リーダーは自分のチームだけでなく、会社全体のために行動します。リーダーは「それは私の仕事ではありません」とは決して口にしません。

● Invent and Simplify（インベント・アンド・シンプリファイ）

リーダーはチームにイノベーション（革新）とインベンション（創造）を求め、同時に常にシンプルな方法を模索します。リーダーは状況の変化に注意を払い、あらゆる場から新しいアイデアを探しだします。それは、自分たちが生み出したものだけに限りません。私たちは新しいアイデアを実行に移す時、長期間にわたり外部に誤解される可能性があることも受け入れます。

● Are Right, A Lot（アー・ライト、ア・ロット）

リーダーは多くの場合、正しい判断を行います。優れた判断力と、経験に裏打ちされた直感を備えています。リーダーは多様な考え方を追求し、自らの考えを反証することもいといません。

● Learn and Be Curious（ラーン・アンド・ビー・キュリアス）

リーダーは常に学び、自分自身を向上させ続けます。新たな可能性に好奇心を持ち、探求します。

● Hire and Develop the Best
（ハイヤー・アンド・デベロップ・ザ・ベスト）

リーダーはすべての採用や昇進における、評価の基準を引き上げます。優れた才能を持つ人材を見極め、組織全体のために積極的に活用します。リーダー自身が他のリーダーを育成し、コーチングに真剣に取り組みます。私たちはすべての社員がさらに成長するための新しいメカニズムを創り出

します。

● Insist on the Highest Standards
（インシスト・オン・ザ・ハイエスト・スタンダーズ）

リーダーは常に高い水準を追求することにこだわります。多くの人にとり、この水準は高すぎると感じられるかもしれません。リーダーは継続的に求める水準を引き上げ、チームがより品質の高い商品やサービス、プロセスを実現できるように推進します。リーダーは水準を満たさないものは実行せず、問題が起こった際は確実に解決し、再び同じ問題が起きないように改善策を講じます。

● Think Big （シンク・ビッグ）

狭い視野で思考すると、大きな結果を得ることはできません。リーダーは大胆な方針と方向性を示すことによって成果を出します。リーダーはお客様のために従来と異なる新しい視点を持ち、あらゆる可能性を模索します。

● Bias for Action （バイアス・フォー・アクション）

ビジネスではスピードが重要です。多くの意思決定や行動はやり直すことができるため、大がかりな検討を必要としません。計算した上でリスクを取ることに価値があります。

● Frugality （フルーガリティー）

私たちはより少ないリソースでより多くのことを実現します。倹約の精神は創意工夫、自立心、発明を育む源になります。スタッフの人数、予算、固定費は多ければよいというものではありません。

● Earn Trust （アーン・トラスト）

リーダーは注意深く耳を傾け、率直に話し、相手に対し敬意をもって接

します。たとえ気まずい思いをすることがあっても間違いは素直に認め、自分やチームの間違いを正当化しません。リーダーは常に自らを最高水準と比較し、評価します。

● Dive Deep (ダイブ・ディープ)

リーダーは常にすべての業務に気を配り、詳細な点についても把握します。頻繁に現状を確認し、指標と個別の事例が合致していないときには疑問を呈します。リーダーが関わるに値しない業務はありません。

● Have Backbone; Disagree and Commit
(ハブ・バックボーン；ディスアグリー・アンド・コミット)

リーダーは同意できない場合には、敬意をもって異議を唱えなければなりません。たとえそうすることが面倒で労力を要することであっても、例外はありません。リーダーは、信念を持ち、容易にあきらめません。安易に妥協して馴れ合うことはしません。しかし、いざ決定がなされたら、全面的にコミットして取り組みます。

● Deliver Results (デリバー・リザルツ)

リーダーはビジネス上の重要なインプットにフォーカスし、適正な品質で迅速に実行します。たとえ困難なことがあっても、立ち向かい、決して妥協しません。

● Strive to be Earth's Best Employer
(ストライブ・トゥ・ビー・アースズ・ベスト・エンプロイヤー)
※地球最高の雇用主を目指すとする、追加項目。

● Success and Scale Bring Broad Responsibility

（サクセス・アンド・スケール・ブリング・ブロード・レスポンシビリティ）

※成功と規模には広範な責任が伴うとする、追加項目。

　一番最初の**「カスタマー・オブセッション」**は最も大切なリーダーシップ原則です。

　「オブセッション（Obsession）」は、妄想や強迫観念、執着といった強い意味を持ちます。ですから、「カスタマー・オブセッション」とは、「何かに取りつかれたかのように一心に顧客のためを思い、行動する」ことを期待する言葉です。

　アマゾンに入ったとき、私はこの言葉の強烈さに驚きました。

　ただ、正直に振り返ると、「そうはいってもやはり会社の利益あってのことだろう」「いざとなれば経営判断として、顧客よりは会社の利益を選ぶのだろう」と思っていました。顧客満足は最重要だと理念として掲げる企業は少なからずありますが、実際には年間の売上・利益を優先した判断が下されることが多いものです。

　しかし、アマゾンでその後、私は自分の予想が誤っていたことを痛感することになります。私が在籍したおよそ6年の間、アマゾンで、会社の利益のために顧客の満足を劣後させるような経営判断が下されるのを見たことは、ただの一度としてありませんでした。

　リーダーが集まって何らかの重要な意思決定を下す会議において、最優先に考慮されるのは、常に「その決定が顧客にとってプラスになるかどうか」という点でした。例えば、「顧客が低コストで商品を受け取れるようにする」ことと「会社として利益を確保する」ことは、多くの場合、利害が相反します。しかし、アマゾンの会議において「会社としての利益を確保するために、ユーザーが支払うべき対価の水準を上げる」といった、妥協的な決断が下されることは

一度もありませんでした。

　アマゾンでは、「会社の利益を確保する」ことと「顧客を満足させる」ことを同列に扱いません。「顧客を満足させる」ことは別格の最優先事項で、いわば「聖域」です。顧客を満足させることは当然のこととして、その実現方法をまず考える。そこに結論が出た先で、企業としての利益をどう確保するかを考える。

　それらを両立するには、何らかのイノベーションを必要とするのが常でした。例えば、先ほどの「低価格で商品を提供する」と同時に「利益を確保する」ためには、売り上げの規模を拡大してコスト削減する、システム化を大胆に進めてコスト削減する、安い調達先を開拓する、などの長期的な改革が必要になります。

　先ほど、新しく追加された最後の2項目は、従来からある14項目とは少し性質が異なると書きました。私見ではありますが、従来からある14項目は、「具体的な仕事のやり方」や「発揮すべき能力」を示します。それらと比べると、最後の2項目は「地球最高の雇用主になる」「社会への責任を果たす」など、ビジョンや目標に近いように私は感じます。そこで、「再現可能な仕組み」の紹介を目指す本書では、14項目を中心に解説したいと思います。ただ、すべてについて解説すると少々長い話になります。そこで、ここでは要点を指摘するにとどめて、詳細は後ほど、コラムでまとめてお伝えします（コラム3：アマゾンの「リーダーシップ14原則」の分解－イノベーションの5ステップに沿って」）。

採用も人事評価も、リーダーシップ原則が基準

　「OLP」と呼ばれるリーダーシップ原則は、アマゾンの日常業務に溶け込んでいます。

社員を採用する際には、募集をかけるポジションで重要だと思われるリーダーシップ原則が何であるかを、最初に決めます。例えば、こんな具合です。

　「今回、募集するマーケティング担当者は、顧客動向のデータ分析や調査を担います。この業務に強く求められるリーダーシップ原則は、『ダイブ・ディープ』と『ラーン・アンド・ビー・キュリアス』そして『カスタマー・オブセッション』の3つです。ですから、面接に向けて、これら3つに関連する質問を用意し、評価しましょう」

　「今回は、この事業部門を率いるリーダーのポジションの募集になります。顧客ニーズに応じて戦略的に判断することはもちろん、強い責任感を持ってチームをリードすることを求めたいです。ですから、『オーナーシップ』『アー・ライト、ア・ロット』『カスタマー・オブセッション』の3項目を重点的に見ましょう」

　採用だけなく、社員の人事評価も、リーダーシップ原則に基づいてなされます。自分の強みや弱みがどのリーダーシップ原則にあるのかを、チームメンバーや上司からフィードバックを受けるという仕組みです。その結果を踏まえて、次期に重点的に取り組むテーマを決めます。すでに発揮できているリーダーシップ原則は強みとしてさらに伸ばし、期待される水準とギャップがあるリーダーシップ原則があれば、補っていくことになります。そのために何を実施するかの年間計画も立案し、定期的に上司とその進捗をレビューします。

すべての発言に、リーダーシップ原則が引用される

　そもそも日常の会議でのディスカッションにも、リーダーシップ原則が頻繁に登場します。

例えば、あるメンバーが提案した企画に、根拠となる分析が不足していた場合、リーダーは、「今回の提案には『ダイブ・ディープ』が不足しているから、再度、検討してみてほしい」といった言葉使いで、フィードバックします。逆に、リーダーの提案に、顧客の長期的な利益を損なうところがあるとメンバーが感じたなら、「このアイデアには、『カスタマー・オブセッション』の観点に立った検討にまだ不十分なところがあるのではないか」などと、指摘することもあります。

　このように、あらゆる議論において、リーダーシップ原則が引用されるのが、アマゾン社内における議論の特徴です。

　入社した時点では違和感がありました。しかし、毎日このような議論を耳にしていると、自分自身もおのずと、これらのリーダーシップ原則を軸に思考するようになっていきます。そして、周りの人に自分の意見を伝える際にも「カスタマー・オブセッション」や「ダイブ・ディープ」といった、社内の共通言語を使って表現するようになっていきます。

　こうして1年もすれば、何年もアマゾンに在籍している先輩社員と同じ思考スタイル、行動スタイルをとるようになります。まったく同じガイドラインに沿って仕事に取り組んでいるからです。

米国企業で行動指針が根付く理由

　このように、社内共通の行動指針をうまく活用することで成功している企業は、アマゾンだけではありません。米国では多くの企業が定着させ、活用することに成功していて、私が過去に勤務した企業では、日本GEでもうまく機能していました。その定着のために、人事評価、意思決定、行動へのフィードバックに共通の行動指針が

必ず使われるプロセスを作り上げています。

　日本企業でも行動指針を定めている企業は多いと思いますが、会社のさまざまなプロセスにきちんと埋め込んでいる会社は少ないと感じます。

　その背景には、米国の場合、日本企業と比べて働く人たちの人種や宗教、母語などのバックグラウンドが多様であることや、人材の流動性が高く、転職して入社してくる人が常に多くいることなどがあると思います。

　それに対して、日本企業は従来、新卒で入社して定年まで働く人が多かったので、米国に比べれば行動指針の重要性を感じなかったのかもしれません。中途採用が少ないという傾向は最近では薄れてきましたが、それでも日本企業は、今もやはり、米国企業と比べれば、同じ言語を話し、似たような教育、文化的背景を持つ人たちが多く集まっています。そのために、ルールや原則を明示することなく、阿吽の呼吸で仕事を進めることもある程度、可能です。

　日米のやり方には、それぞれによい面、悪い面があると思います。

　阿吽の呼吸が働く日本企業が得意とするのは、突飛な発想よりも持続的な改善により、特定の製品やサービスのクオリティを高めることでしょう。そこに1980年代の日本の繁栄の礎があったと思います。しかし、「イノベーションを起こす」という、現在、直面する課題に対処するには、「多様性を増しつつ、企業を1つの目標に向けて方向付ける」という米国の強みに学ぶ必要があるのではないでしょうか。

［ 参考資料 ］

※1. 「BUSINESS INSIDER」2018年11月19日配信「『いつかアマゾンは潰れる』ジェフ・ベゾス、アマゾンに未来に驚きの発言」

※2. このような継続的な価格引き下げの狙いと効果について、ベゾスは社内外で繰り返し発言しているが、例えば、ベゾスが毎年、株主に向けて書く「Letter to Shareholders」(いわゆる「ベゾス・レター」)の2003年版でも強調されている。

※3. ここに引用したようなベゾスの発言は社内外で何度も繰り返されているが、米国企業が運営するYouTubeチャンネル「EPC Group.net」で公開されているインタビュー「Founder Jeff Bezos discusses Amazon Business Model Mission」などは、ソニーとアマゾンを比較する言及もあり、興味深い。

※4. 例えば「ベゾス・レター」2015年版などに同趣旨の発言がある(具体的には「Invention Machine」の項目)

※5. 「日本経済新聞」2021年7月5日「10の数字でみるAmazon ベゾス氏が変えた世界」

「ブレイントラスト」

ディズニーが「組織」としてヒットアニメーション映画を量産する理由

　本書では、アマゾンが「組織的に連続してイノベーションを起こす仕組み」を説明しています。それ以外にも多くの米国企業において、何かを実現する確率や再現性を高める仕組みがうまく構築されているのを見て、感心することがよくありました。

　そのなかでも特に感心したのは、ディズニー・アニメーション・スタジオに「ブレイントラスト」という仕組みがあるのを知ったときのことです。

　正確にいうと、ディズニーでは「ストーリートラスト」と呼ばれているようです。もともとは、映像制作会社ピクサーがつくった「ブレイントラスト」という仕組みがあり、ピクサーがディズニーに買収された後、その仕組みがディズニーへ移植されて「ストーリートラスト」となりました。ピクサーでは今も「ブレイントラスト」と呼んでいるようです。そこで、ここでは両者をまとめて「ブレイントラスト」と呼ばせていただきます。

　「ブレイントラスト」は「ヒットアニメーション映画を連続して生む確率を高める」ための仕組みです。

　「ブレイントラスト」の具体的な内容はこれからご説明しますが、この事例から私が学んだのは、高い創造性が必要と考えられているアニメーション映画制作においても「ヒット作品を生み出す再現性のある仕組み」が構築できるということです。これを知るまでは、高い創造性は天才クリエイターと呼ばれるような一握りの人々だけが保有しているもので、仕組みなどとは無縁な世界だと思っていま

した。

　アニメーションの世界でさえ仕組み化ができるならば、イノベーション創出においても特定の個人の能力や偶然に期待するのではなく、成功の確率を高める仕組みを構築することができるはずです。

　皆さんもよくご存じのように、ディズニー・アニメーションは、「アナと雪の女王」「塔の上のラプンツェル」「モアナと伝説の海」「シュガー・ラッシュ」「トイ・ストーリー」など、ここに書ききれないほどのヒット映画の数々を次々と生み出しています。

　ディズニー・アニメーションがこれほど多くのヒット映画を生み出せるのはなぜでしょうか？　何か秘密があるのでしょうか？　特定の天才的な監督や脚本家がいるのでしょうか？

　それぞれの作品の監督を調べてみると、特定の監督がヒット作を量産しているのではないことがわかります。例えば「アナと雪の女王」の監督はクリス・バックとジェニファー・リー、「塔の上のラプンツェル」の監督はネイサン・グレノとバイロン・ハワード、「モアナと伝説の海」はロン・クレメンツとジョン・マスカー、「シュガー・ラッシュ」はリッチ・ムーアというように、特定の監督だけがヒット作を生み出しているわけではありません。

　これを可能にしたのは何なのか？

　ディズニー関係者にヒアリングをしたり、書籍（※1）で調べたりしたところ、ピクサーの共同創業者で、2006年にディズニーがピクサーを買収した後、ディズニー・アニメーション・スタジオを率いてきたエド・キャットムルとジョン・ラセターが中心となって、クオリティの高い作品を確率高く生み続ける仕組みをピクサー時代につくり上げていたことがわかりました。

　それが「ブレイントラスト」という作品のレビュー会です。数カ

月に一度、スタジオ内の監督や脚本家が一同に会して、制作中の作品を試験上映します。その後、その作品を担当している監督や脚本家も交えて議論します。議論するのは、「改善すべき箇所」「効果がない箇所」「弱い箇所」「真実味が感じられない箇所」「変えるべきキャラクター」などについてです。

　参加者たちは提案や助言はしますが、どう改善していくかは担当する監督や脚本家に任されます。

　「ブレイントラスト」で議論された作品の監督と脚本家は、自分と同レベルの監督や脚本家から率直な意見を聞く機会を与えられます。人によっては厳しいフィードバックを受けて、その晩は眠れないほどのショックを味わうこともあるでしょう。また同僚からの提案を「それは違う。間違いだ」と決めつけて聞き入れない人もいるでしょう。ただ、それらの葛藤をきちんと消化していけるなら、より多くの人が見て心動かされるクオリティ高い作品に仕上げることが可能になります。なぜなら、担当の監督や脚本家以外の人たちが「改善すべき」「弱い」「面白くない」と思ったということは、劇場で鑑賞する顧客の多くもそう思うはずです。それを公開前に気付かせてもらえる素晴らしいチャンスを与えられたということです。

　エド・キャットムルは「どの映画も、つくり始めは目も当てられないほどの『駄作』だ」と断言します。そして、「ピクサー映画は最初はつまらない。それを面白くする、つまり『駄作を駄作でなくする』のがブレイントラストの仕事」だといいます（※1）。

　作品のレビュー会というと「簡単なことではないか」「どの映画会社でもやっているはずだ」と思う人もいるかもしれません。

　しかし、「ブレイントラスト」に参加して意見するのは、それぞれ一流の監督や脚本家です。レビューを受ける側の監督、脚本家も本来、他人の意見など聞かなくてもレベルの高い作品を作り出せる能

力を持つと思われている人たちです。

　だからこそ質の高い議論ができるとも考えられますが、懸念もあります。才能あるクリエイターばかりが集まって議論したとき、それぞれの自信やエゴが先に立って、どんなにいいアイデアが同僚から提供されてもなかなか受け入れられないこともあるでしょう。それに、ライバルにいいアイデアを提供したくないと思う監督や脚本家がいてもおかしくありません。また、ほかの人が制作している作品に率直な意見をいうのは簡単ではありません。本音をカムフラージュした間接的な表現になり、相手にきちんと伝わらずに終わってしまうこともあるでしょう。

　そのような懸念を解消し、打ち負かしてこの「ブレイントラスト」というレビュー会を機能させているのは、キャットムルの「率直さ、卓越さ、コミュニケーション、独自性、自己評価といったものが重要だと口先で言うのではなく、それがどれほど不快な思いを伴っても、それを有言実行する」（※1）という強い信念でしょう。日頃から、人々のコラボレーションと率直な意見交換によって、よりクリエイティブで品質の高い作品が生まれることを信じ、妥協しなかったからです。

　私は「ブレイントラスト」という仕組みを知るまで、アニメーション映画というのは、一握りの天才監督が1人でリードし、魂を込めて作り上げるものだと思っていました。実際、スタジオジブリの場合は宮崎駿氏、高畑勲氏という2人の天才クリエイターがいて、それぞれが魂を込めた作品作りに何年という単位で集中して取り組んだ結果、素晴らしい作品を世に送り出してきました。

　ジブリの代表作を調べてみると、ほとんどが脚本、監督ともに宮崎駿氏、高畑勲氏が担当しています。例えば「紅の豚」「天空の城ラピュタ」「となりのトトロ」はいずれも原作、脚本、監督ともに宮崎

駿氏、「平成狸合戦ぽんぽこ」も、原作、脚本、監督とも高畑勲氏です。これらはごく一部で、ジブリにはほかにも多くの大ヒット作がありますが、そのほとんどでこの2人が脚本と監督を担当されています。

　私もジブリの作品は大好きですし、両巨匠は天才で、誰にも真似ができない領域にあるのだと思います。そしてジブリは、高いクオリティの作品を生み出す根源を2人の天才に委ねたように思えます。ディズニーとはある意味、対極的かもしれません。

　ピクサー、ディズニーにも、ジョン・ラセターという優秀なクリエイターがいました。彼が「ブレイントラスト」という仕組みに参加することによって、スタジオとして手掛けるすべての作品のクオリティを上げることが可能になりました。さらに、未来の監督、脚本家の育成にもつながっています。ピクサーとディズニーが目指したのは、そのときのリーダーたちが抜けた後も永続するスタジオを作り上げることでした。多くの監督がヒット作を生み出している現状を見ると、その理想が実現できているように思えます。

　アニメーション映画の制作という最もクリエイティブな領域の仕事の1つにも、成功の再現性と永続性を高める仕組みが構築できるのです。それ以外のビジネス領域でイノベーションを創出する確率を高め、再現性を高める仕組みも、各社それぞれに創造していけるのではないか、できて当然ではないかと勇気付けられます。

[参考資料]

※1.『ピクサー流創造するちから─小さな可能性から、大きな価値を生み出す方法』(エド・キャットムル、エイミー・ワラス著、石原薫訳/ダイヤモンド社)

第 2 章

大企業の 「落とし穴」を回避する アマゾンの仕組み・ プラクティス

アマゾンに限らず、企業が成長すれば、陥りがちな落とし穴というものがあります。それを「大企業病」とも呼ぶのでしょう。

大企業でなくても、「現場ではイノベーションの芽が見えているのに、社内のしがらみのために、その芽を育てられない」という歯がゆい場面を経験した方は少なくないと思います。

例えば、数年前、出版業界で働く知人から、こんなぼやきを聞いたことがあります。紙の雑誌の市場規模は年々右肩下がりで、各社とも、代わりにネット媒体を立ち上げています。しかし、ネット媒体から得られる売り上げや利益はいまだ小さく、それに対して紙の雑誌から得られる売り上げは、減少傾向にあるとはいえ、絶対額としては大きい。そこで、現場の人員を増やさないまま、紙の雑誌とネット媒体を併存させることになる。すると1人当たりの業務負荷が増え、記事の質の低下につながり、結果として紙の雑誌もネット媒体も中途半端なものになってしまう……。

これなどは、クレイトン・クリステンセンが『イノベーションのジレンマ』で指摘した、大企業が破壊的イノベーションによって存亡の危機に陥る典型例ではないでしょうか。

まだ売り上げの小さい成長事業に、どこまで投資できるか

私自身も似たような経験があります。

2014年、私はアマゾンでエンターテイメント事業の責任者を務めていました。そのなかにCDやDVDなど「形あるフィジカルな音楽・映像商品」を取り扱う商品カテゴリーが含まれていました。

そのときに、デジタルの音楽カテゴリー責任者が急に退職することになり、音楽については、私がデジタルとフィジカル（CD）の両方のカテゴリーの責任者を務めることになりました。

アマゾンでは通常、デジタルとフィジカルのカテゴリーを同じ人が兼務することはありません。しかし、当時は「プライムミュージック（プライムメンバーが無料で聞けるオンデマンド型デジタル音楽配信）の導入が迫っていたので、後任が決まるまでという条件で、短期ピンチヒッターとして兼務することになりました。

　そのときに初めてデジタル音楽部門の人員採用計画を知って、驚きました。売上規模でいえば当時、フィジカルなCDのほうが、デジタル音楽よりも桁違いに大きかったにもかかわらず、その年に計画された人員採用数は、デジタルのほうが大幅増員で、どちらのビジネスが主力なのかわからないと思うほどでした。それがなぜかといえば、アマゾンでは中長期的な成長を重視するという基本方針が徹底され、それを可能にするために、まだ売り上げの小さいデジタルの音楽カテゴリーを大幅増員する計画になっていたのです。

　それを知ったとき、私は一瞬「なぜ？」と思いました。しかし、次の瞬間、自分の心のなかに、成長が期待されているデジタルよりも、自分が担当してきた既存事業のフィジカルをつい優先しようとする「大企業の落とし穴」があることを発見し、反省しました。

　私にぼやいた知人が働く出版社とアマゾンでは、ビジネスモデルが違うので単純比較はできません。しかし、アマゾンが短期的な利益にとらわれない大胆で長期的な投資をしていることは、こんな話ひとつからでも明らかで、日本の一般的な会社とは随分、差があると感じます。

ベゾスは「イノベーションのジレンマ」を予測していた

　私が入社した2013年には、アマゾンはもう大企業でした。しかし、その時点でアマゾンにはすでに、いわゆる大企業病を回避する

仕組みがありました。私が想像するに、ベゾスは、アマゾンが大企業病のリスクに直面することを予期し、回避する仕組みを事前に作っていたのでしょう。大企業が破壊的イノベーションによって滅びていく法則について書かれたクレイトン・クリステンセンの名著『イノベーションのジレンマ』も読み、大企業のなかでイノベーションを生み続ける方法を研究していたのではないかと想像します。

この会社は、なぜこんな仕組みを事前に作れたのだろう——そんな不思議な感覚を抱いた記憶があります。

その答えはおそらく、ベゾスのモットーである「カスタマー・オブセッション」が本物だったということではないでしょうか。

大企業病とは、要するに「自社の都合を優先する」ことから生まれる病なのだと思います。極論すれば「既存事業を守る」ことや「雇用を守る」ことも「自社の都合」であり、「カスタマー・オブセッション」を大原則として掲げるなら、経営の最優先事項にはなり得ません。本当に既存事業を守り、雇用を守りたいのであれば、顧客視点に立ったイノベーションを起こし続けることにしか、長期的な解はありません。

日本企業、特に日本の大企業には「変化を先送りしたがる」きらいがあるとよくいわれます。しかし、このような問題を抱えるのは、日本企業だけではありません。だからこそベゾスは、大企業病を回避する仕組みを作ったのであり、その仕組みは、あらゆる企業にとって参考になるものです。

本章では、次の6つの問題について、アマゾンがどのような仕組みやプラクティスで対処しているかを、紹介したいと思います。

大企業の
落とし穴 **1** 〉 **新規事業のリーダーが既存事業と
兼務で、社内調整に追われる**

対策 》 **シングル・スレッド・リーダーシップ**

大企業の
落とし穴 **2** 〉 **既存事業が優先され、
新規事業にリソースが回されない**

対策 》 **社内カニバリゼーションを推奨**

大企業の
落とし穴 **3** 〉 **新規事業の失敗が
担当者の「失点」になる**

対策 》 **インプットで評価**

大企業の
落とし穴 **4** 〉 **既存事業の無難な目標設定が
チャレンジを避ける組織文化を作る**

対策 》 **既存事業にもストレッチ目標**

大企業の
落とし穴 **5** 〉 **聖域化した「過去のコア事業」の
幹部が権力を持つ**

対策 》 **「規模」でなく「成長度」で評価**

大企業の
落とし穴 **6** 〉 **ルール優先で社員が指示待ちになる**

対策 》 **全員がリーダー**

新規事業のリーダーが既存事業と兼務で、社内調整に追われる

対策 >> シングル・スレッド・リーダーシップ

　アマゾンが破壊的イノベーションを連続して起こせる理由の1つに、「シングル・スレッド・リーダーシップ」のコンセプトがあります。

　「シングル・スレッド (single-threaded)」というのは、もともとプログラミングの世界で使われる言葉で、「マルチ・スレッド (multi-threaded)」と対になっています。

　スレッドとはプログラムの処理の連なり (単位) を意味する言葉です。枝分かれした複数のスレッドを同時に処理するプログラムを「マルチ・スレッド」方式と呼び、スレッドが枝分かれせず、一度に直線的に処理するプログラムを「シングル・スレッド」方式と呼びます。

アマゾンがこだわる「シングル・スレッド・リーダー」とは?

　アマゾンでは、この「シングル・スレッド」の概念を、リーダーシップのあり方を表現するのに使います。具体的には、重要なイノベーションを牽引するプロジェクトリーダーは、「マルチ・スレッド」ではなく、「シングル・スレッド」でなくてはならないとされています。

この「シングル・スレッド・リーダー」には、2つの意味があります。

　1つには、1人のリーダーがプロジェクトの結果も含めたすべてにオーナーシップを持つということ。つまり、リーダーは、戦略やリソースの使い方など、すべての意思決定権を持つ唯一の存在であるということであり、言い換えれば、別の意思決定ラインを並列して設けることは絶対にあってはならないという意味です。また、プロジェクト進捗においてキーとなる技術などの要素が、そのリーダーにとってコントロールできないものであってはならない。ということも意味します。

　もう1つは、そのプロジェクトのリーダーは、ほかの仕事を掛け持ちせず、自らが持てるリソースの100％を、当該プロジェクトに注ぎ込むということです。たった一つのプロジェクトに朝から晩まで没頭し、全身全霊でそのプロジェクトを推進しなさい、という意味です。

　アマゾンは、なぜこのような原則を設けているのでしょうか。

　大企業がイノベーションを起こそうとするときに障害になるのが、意思決定の複雑さや遅さです。この障害からプロジェクトリーダーを解放するのが、シングル・スレッド・リーダーの原則です。

　自分がすべての意思決定をすることが許され、ほかの業務と兼任することなく、新規事業のプロジェクトを任されるということは、起業家と同じ立場に立てるということです。シングル・スレッド・リーダーシップとは、いわばアマゾンという巨大な企業体のなかに、擬似的な起業家とベンチャー集団を生み出す仕組みです。

　しかも、そんな「アマゾン内ベンチャー」は、本当のスタートアップであれば享受できない恩恵を与えられます。それは、潤沢な資金と人材です。「アマゾン内ベンチャー」のリーダーは、多くの起業家を疲労困憊させる資金調達に奔走する必要はありません。アマゾン

という巨大企業から資金を供与されます。そして優秀な人材確保という、すべての起業家が直面するもう1つの難題も、アマゾン社内から人材をスカウトすることで解決可能です。アマゾンが長年培ってきた技術基盤や顧客基盤に頼ることも許されています。さらに次章で詳述する「Sチーム」をはじめ、新規事業立ち上げの経験豊富な幹部からアドバイスを受けられます。

　つまり、ゼロから立ち上げるスタートアップと企業内ベンチャーの「いいとこどり」であり、これを可能にする重要な仕組みの1つが、シングル・スレッド・リーダーシップです。

なぜ新規事業の責任者を 「兼任」させてしまうのか?

　電子書籍のビジネスをスタートするとき、ベゾスは、そのプロジェクトリーダーとして、それまで紙の書籍の事業責任者を務めていた人物を抜てきしました。その際、紙の書籍のビジネスからは完全に外して、電子書籍のビジネスにフルタイムで専念するように命じました（※1）。

　電子書籍と紙の書籍の販売では、出版社との関係や販売のノウハウなどで共通するところが多くあります。だから、1人のリーダーの下に2つの事業を置くことにもメリットはあったかもしれません。しかし、ベゾスの判断は、電子書籍という新しい市場で、新しい顧客体験をゼロから構築するためには、既存ビジネスとのつながりは断ち切ったほうがいいというものでした。

　この判断の背景には、カニバリゼーションの問題もあったでしょう。紙の書籍と電子書籍の両方を担当すれば、その時点においては会社の稼ぎ頭で、売り上げも利益も大きい紙の書籍のビジネスに、どうしても意識が傾いてしまいます。カニバリゼーションを気にせ

ず、電子書籍の可能性を全力で切り拓くには、プロジェクトリーダーを紙の書籍のビジネスから切り離す必要があると、ベゾスは考えたのだと思います。

　そうであっても、2004年当時、このような決断を下すことには覚悟が必要だったはずです。紙の書籍を販売するアマゾンのビジネスは、まだまだ成長していました。その事業の責任者を任されていた人物といえば、アマゾンのなかでもエースのような存在だったはずです。そのような優秀な人物を、稼ぎ頭のビジネスから完全に外して、兼務を許さない形でゼロから立ち上げる新規事業にアサインする。この覚悟が、アマゾンから破壊的イノベーションがいくつも連続して生まれる土台にあることは間違いありません。

　読者の皆さんに、ここでぜひ自社で行われている新規事業の組織を思い起こしていただければと思います。自社のトップマネジメントが、この新規事業は会社のトッププライオリティとして進めると全社に宣言したとします。

- **そのプロジェクトについて全権を与えられた人の存在が、誰の目にも明らかになっていますか？**
- **そのプロジェクトの責任者は、他部門の同意を得ることなく意思決定できる状況にありますか？**
- **もしも責任者に全権が与えられていたとして、その人は100％の時間をそのプロジェクトのために使える体制になっていますか？**

　上記3つの問いのどれかが「ノー」であるのなら、そのプロジェクトリーダーは、一般的な起業家より不利な状況に追い込まれていることになります。

「2系統のレポーティングライン」がない アマゾンの特異性

アマゾン以外のグローバル企業では、マトリクス組織と呼ばれる組織形態をとることが一般的です。

マトリクス組織は、組織を2軸で分けます。よくある例では、一方の軸に機能を置きます。例えば「販売」「調達」「物流」といった分類です。そして、もう一方に事業（「書籍」「DVD」「家電」など）や地域（「北米」「日本」など）を置きます。

このようなマトリクス組織においてメンバーは、原則として2つの所属と役割を持つことになります。例えば、「書籍の販売（書籍×販売）」であるとか、「日本の物流（日本×物流）」といった具合です。

2つの所属と役割を持つことから、メンバーは2つのレポーティングラインを持つことになります。例えば、「書籍の販売」を担うメンバーは、何か起きれば「書籍」部門の上長と、「販売」部門の上長に、レポートすることが求められます。

マトリクス組織においては大抵、2軸のどちらかが「主」とされ、もう一方が「従」とされます。そして、主軸になる上長へのレポートは「ダイレクトレポーティング」と呼ばれ、従の軸となる上長へのレポートは「ドッテッドレポーティング」と呼びます。

例えば、先ほどの例で「書籍」や「家電」といった販売カテゴリーの分類が「主」とされる組織であれば、「書籍」部門の上長に対する報告が「ダイレクトレポーティング」であり、「販売」部門の上長に対する報告は「ドッテッドレポーティング」です。

余談になるかもしれませんが、従の軸が「ドッテッドレポーティング」と呼ばれるのは、組織図において点線（ドット・ライン）で書き表すことが多いからです。それに対して、主となる「ダイレクトレポーティング」は組織図上、実線で示されます。

外資系の企業にお勤めの方には当たり前のことかもしれませんが、初耳の方には、かなり面倒臭い話だと思えたことでしょう。実際、私自身が経験してきた外資系企業の実務において、ダイレクトレポーティングとドッテッドレポーティングという2系統の報告が求められるのは、スピードを阻害すると感じることが少なからずありました。

私がGEで体感したマトリクス組織の メリットとデメリット

　アマゾンは、グローバル企業としては珍しいことに、マトリクス組織という組織形態をとっていません。したがって、ダイレクトレポーティングとドッテッドレポーティングの2つが求められることもありません。それは、マトリクス組織の持つメリットとデメリットを比較したとき、「イノベーションを推進する」ことを優先するのであれば、デメリットのほうが大きいという判断を下しているからだと思います。

　実際に、私が日本GEで働いていたときの体験からご説明しましょう。

　私は当時、日本の事業開発責任者を務めていました。GEの成長のため、M&A（合併・買収）や戦略提携を推進するという業務です。このときには、日本GEの経営トップにダイレクトレポーティングをすると同時に、アジアの事業開発責任者にドッテッドレポーティングをしていました。GEはグローバル企業ですから、日本における事業開発は、アジアはもちろん、世界各国におけるGEの事業開発戦略と同期する必要があります。ですから、ドッテッドレポーティングが私に課されることには正当な理由があると思いましたし、必要なことだと思っていました。

しかし、周囲を見わたしてみれば、私のみならず、ほとんどの管理職クラスの幹部がレポーティングラインを2つ、ときには3つ以上も持っていました。そのため、何か大きな報告会があると、管理職は事前に関連部署への報告に追われます。そのために費やされる時間や労力といったコストは、決して小さなものではありません。しかも、そのような関連部署への報告と調整のプロセスは、アイデアを改善していくプロセスと見ることもできますが、アイデアの角が取れ、凡庸なものになっていくプロセスであるのも事実です。

私が日本GEに在籍していたときのGEのCEO、ジェフリー・イメルトはイノベーションには大変積極的で「エコイマジネーション」「ヘルシーイマジネーション」などの戦略を次々に打ち出し、推進されていました。私が退職した後の2015年には「デジタル・インダストリアル・カンパニー」という新しい戦略を発表し、「デジタル技術と産業機器の統合と活用」を目指すという方針が示されました。これが結果としてイメルト在任中に成功しなかった理由はさまざまあると思います。ただ、そのうちの1つとして、複雑なマトリクス組織が変革を遅らせ、イメルトの思考のスピードに社員がついていけなかったということがあるのではないかと、私は思っています（※2）。

調整を重ねることのデメリットとメリット

マトリクス組織では、プロジェクトリーダーが意思決定を下す際には、少なくとも2人の上長に報告が必要になり、そこで調整が求められることもよくあります。コミュニケーションコストが上がるのはもちろん、調整の工数が増えることで妥協が生じる可能性も増えます。チェックと調整を重ねることによって、さまざまなリスクが下がるのは確かです。その半面、尖ったアイデアとプロジェクト

推進のスピードが犠牲になることも否定できません。

　アマゾンは、前者のリスクより、後者の犠牲を恐れるのです。

　アマゾンでは、日本市場に限ったプロジェクトでも、米国本社が絡むプロジェクトにおいても、事前に根回しのための報告を求められたり、そのような報告を受けたりした経験は一度もありません。そもそもアマゾンでは、前述の通り、会議にも根回しは一切ありません。社内政治がなく、組織がスピーディーに動けることも、イノベーション創出を後押ししています。

　ここまで、アマゾンがマトリクス組織をあえて選んでいない理由と、そのメリットについて述べてきました。しかし、もちろん、マトリクス組織が適した企業や業界もあります。特に、絶対にミスが許されない医療業界や、安定性が重視されるインフラや金融に関わる業界では、リスクを取ってトライ・アンド・エラーをスピーディーに繰り返すメリットより、一度でも致命的な失敗を犯してしまうことのデメリットのほうが大きいでしょう。

　ただ、現在、多くの日本企業において課題となっている「イノベーションを起こす」ことに対して解決策を求めるなら、イノベーションには失敗がつきものという前提で取り組んでいるアマゾンの発想と仕組みは、大いに参考になるはずです。

既存事業が優先され、新規事業にリソースが回されない

対策 》 **社内カニバリゼーションを推奨**

　新しいビジネスのアイデアがあり、上司に相談したところ「いいアイデアだけど、うちの会社には××事業があって、競合しちゃうからなあ」と難色を示された。比較的、規模の大きな企業に勤めている方には、そんな経験をしたことがある人も少なくないのではないでしょうか。前途有望なビジネスの存在が見えていても、既存のビジネスと「カニバリゼーション（共食い）」を起こすから、踏み込めないというわけです。

　アマゾンはこの点でも徹底しています。新しいビジネスのアイデアが、顧客に今までにない価値を提供し、かつ大きなビジネスになる可能性が大きいと判断したら、たとえそれが稼ぎ頭である既存ビジネスを陳腐化させるものであっても、ためらうことなく前進させます。

電子書籍において日本企業はアマゾンより先行していた

　例えば、アマゾンの電子書籍事業は、まさにそのような存在でした。

　創業から間もない1990年代後半、アマゾンの稼ぎ頭は、書籍やCD、DVDといったメディア商品でした。このジャンルの商品をオ

ンライン販売することの利点は、アイテム数が多く、リアルな小売店ではすべてを置き切れないことにあります。

　特に「ロングテール」と呼ばれる、短期間で大きく売れることはないものの、どうしても欲しいという人が、わざわざ探して買い求めるような商品群の存在が、アマゾンの強みとなりました。売り場面積に限界のあるリアル店舗の場合、回転率の低いロングテールの商品で採算を取ることは困難です。しかし、オンライン販売であれば、在庫を増やすことによるコストアップは、リアル店舗ほどではありません。しかも書籍やCDなどは、商品のサイズが比較的小さく、軽いので郵送コストが抑えられ、その割には単価も高いことから、オンライン販売であれば一定水準の利益が得られたのです。顧客の商品レビューによって販売が伸びやすいのも、オンライン販売と相性がよく、利点でした。

　しかし、やがて、ロングテールの書籍やメディア商品を販売するのにより適した販売形態が浮かび上がります。書籍や音楽、映像をデータとして配信するという販売形態です。

　電子書籍を提供する取り組みは、1990年代からすでに始まっていました。日本では、ソニーが早くからこの分野の開拓に着手し、1990年7月に、液晶ディスプレイを用いた電子ブックプレーヤー「DATA Discman DD-1」を発売。さらに2004年4月には、液晶ディスプレイより消費電力が小さく、目にも優しい「E INKディスプレイ」を採用した電子書籍リーダー「リブリエ」を発売しています。そして1995年11月には、フジオンラインシステムが、日本初の電子書籍ストア「電子書店パピレス」を立ち上げています。アマゾンが電子書籍を発売するより、12年も前のことです。

　この頃から、いずれ書籍が電子化されていくのは、長期的には疑いようのない流れだと誰もが思っていました。しかし、それがいつ本格化するのかを予測できる人がいませんでした。いわば「未来の

『製品・サービス』と『ニーズ』の交点」を見通せない状況です。そのため、多くの企業が参入こそしたものの、本格的な投資ができずにいたのだと思います。

稼ぎ頭をぶっ潰すつもりで、新規事業に取り組め

　そのような状況が日本で10年近く続いていた2004年、ベゾスは電子書籍ビジネスの立ち上げに全力で取り組む決断を下します。稼ぎ頭だった書籍のオンライン販売事業の責任者を、電子書籍の責任者にアサインしたというのは、前述の通りです。このときベゾスは、「紙の書籍の必要性をなくすくらいの気持ちで、電子書籍ビジネスに取り組め」と指示したと社内で伝えられていました。自社の基幹事業を滅ぼすつもりでやれというのですから、ものすごい指示です。

　アマゾンの純利益は、2006年の段階でも1億9000万ドル（209億円）で、余裕のある状況ではありませんでした。それならば、書籍のデジタル化の流れは遅らせ、その間に既存のビジネスが生み出す潤沢な利益を蓄積するほうが合理的ですし、同じ状況に置かれたとき、そのような判断を下す経営者は少なくないはずです。

　しかし、アマゾンでベゾスがやったのは、既存の書籍販売ビジネスは、成長に見合った最低限のリソースで回せるように、オペレーションの効率化を進めることでした。それと同時に、これから伸びるはずの電子書籍のビジネスに人的にも、技術的にもリソースを大きく配分しました。

　データ化の流れは、CDやDVDなどのメディア商品にも押し寄せました。米アップルが2001年10月に初代iPodを発売したのは、1つの転機だったでしょう。その後、モノとしてのCDやDVDを購入し

なくても、インターネット経由でデジタルデータとして音楽や映像をダウンロードするという楽しみ方が広がっていきます。このカテゴリーでもアマゾンは、既存事業とのカニバリゼーションをためらうことなく、ダウンロード型のビジネスを始め、さらにサブスクリプション（定額課金）型の「プライムビデオ」や「プライムミュージック」といったサービスを投入し、強力に育てています。

　既存ビジネスとのカニバリゼーションを恐れて手を緩めるのではなく、むしろ既存ビジネスを滅ぼそうという勢いで、新規事業を成長させようとするのがアマゾンです。その姿勢が揺るがないから、イノベーションが起き続けるのです。

カニバリを恐れない原点は 「カスタマー・オブセッション」

　なぜ、アマゾンはカニバリゼーションを恐れないのか。

　その原点は「カスタマー・オブセッション」にあります。顧客が何を選ぶかの選択権は、サービスや製品を提供する企業の側になく、顧客にあるからです。

　新規事業を立ち上げて実際にカニバリゼーションが起きたとき、既存ビジネスが脅かされるかどうかを決めるのは、企業ではありません。顧客がどちらのサービス・製品を選択するかによって決まります。「カスタマー・オブセッション」を、リーダーシップ原則（OLP）の筆頭に掲げるアマゾンにしてみれば、顧客にとってより使いやすいサービスであれば、一刻も早く導入するのが正義です。その結果、社内の既存事業が脅かされるというのなら、その現実を受け入れるしかありません。

　実際、電子書籍市場が立ち上がっていく過程でアマゾンが選んだのは、既存事業である紙の書籍販売のオペレーションを、徹底して

効率化すること。そして、紙の書籍の売上減少をただ受け入れるのではなく、「書籍のセレクションの継続した拡大」、「欠品の継続的な最小化」といった基本を徹底すること。さらに「プリント・オン・デマンド」という、オンラインで受注した本をアマゾンが一冊単位で印刷して販売するといったイノベーションを起こし、成長に向けた努力を継続することでした。こうした紙の書籍におけるイノベーションが受け入れられるかも、最後は顧客の判断です。

電気自動車の議論から 「顧客」が抜け落ちている

　現在、カニバリゼーションから生まれる大きな課題に直面しているのが、自動車業界です。

　これまで主流だったガソリン自動車は、中長期的には電気自動車（EV）に置き換わることが予想されます。GMは2035年、ボルボは2030年までにガソリン車の販売を停止し、電気自動車に切り換えると宣言しています。こうした海外勢の動きと比べると、日本の自動車メーカーは、ガソリン車をEVに置き換えることにあまり積極的でないように見えます。

　その理由に耳を傾けると、例えば「EVは本当に環境に優しいのか」といった議論もあります。EVを動かす電気の供給源となる発電所がもしも石炭火力発電であったらどうか。発電所から排出される二酸化炭素を加味した場合、ガソリン車のほうがトータルでは二酸化炭素排出量が少ない可能性がある、ということです。また「EVへの転換を一気に進めたら、雇用が守れない。今いる社員を守るためにはガソリン車の製造・販売を当面、継続する必要がある」といった主張も耳にします。

　これらは大変重要でよい議論であり、行われるべき議論だと思い

ます。ただ残念なのは「顧客がどちらを選択するか」が議論されているのを聞いたことがほぼないことです。顧客の存在が議論の中心に入っていないのです。

もし海外においてガソリン自動車の製造が全面的にストップし、EVがスタンダートになり、なおかつ日本の国民の多くがEVを選択した場合、日本の自動車メーカーが何を主張しても流れは止まらないのではないでしょうか。

1980年代の音楽業界に、「LPレコードのほうが音がいいからCDは売れない」と主張していた人たちがいたのを思い出します。今でこそLPレコードの復権が話題になったりしていますが、1990年代に顧客が選んだのはCDでした。もちろんCDと自動車では関与している労働者数、事業規模、産業の裾野も大きく異なるので意思決定の複雑さは段違いだとは思いますが、顧客に購買の選択権があることは変わりません。

自動車業界は日本経済にとっては中核となる大事な業界です。この先、顧客の選択基準が大きく変化する流れが生まれたとしても、十分に対応できる準備があることを信じています。

カニバリを恐れていては
新興企業に市場を奪われる

冒頭に紹介した出版業界に勤める知人のぼやきでいえば、ネット媒体の売り上げが今は小さいとはいえ、仮に、その事業の成長性が確信できているのであれば、そこに経営資源を集中投下すべきでしょう。そうでなければ、ネット媒体を専業にする新興企業が先に市場を奪っていくはずです。そのためにも、昔からある事業、すなわち紙の雑誌のオペレーションは極限まで効率化して、経営リソースを成長分野に回す。その際、ネット媒体の責任者には、エース級

の人材を選び、「紙の雑誌を潰す覚悟でやれ！」と、経営トップが指示する……。アマゾンを真似るなら、こんな流れになるのでしょう。

　実際にベゾスが2013年にワシントン・ポストを買収すると「デジタルファースト」を掲げ、一気呵成にデジタル化の改革を推進しました。その結果、4年でそれまでの赤字体質を脱し、黒字化を果たしました。その間には、デジタル化のための技術者の採用はもちろん、ワシントンという限られた地域のニーズに対応するだけでなく、米国全土、さらには世界中の読者ニーズに対応できる報道人員への先行投資も大胆に実行されました。記事をデジタル化すれば、読者はどこからでも読めます。その特性を生かし、情報の発信対象をワシントンという重要ではあるものの一都市に過ぎない地域から、米国全土、世界へと飛躍的に拡大した結果、広告収入などが増え、黒字化に至ったのです（※3）。

　顧客にとってより使いやすいサービスが提供できるのであれば、稼ぎ頭のビジネスが小さくなるのを恐れる時間の余裕はないというのが、アマゾンの考え方です。なぜならカニバリゼーションを恐れ、新しいサービスや製品を提供することを躊躇したり、新しいサービスや製品の品質をあえて落としたりするようなことをアマゾンがすれば、既存事業というしがらみのない新たな挑戦者が、よりよいサービスを提供して、顧客を奪われることになります。

　私がアマゾンに在籍した間、「既存事業から今、生まれている利益を守る」だとか、そのために「新規事業の投資額を抑える」といった発想に触れたことは、一度もありませんでした。

新規事業の失敗が
担当者の「失点」になる

対策 〉〉〉 インプットで評価

　大企業がイノベーションを起こそうと試みるときに、大きな障害となるものの1つが、「リスクへの恐れ」です。

　破壊的イノベーションにチャレンジすることには、常にリスクが伴います。すでにある市場を成長させていく持続的イノベーションと異なり、破壊的イノベーションとは、まだ誰も見たことのない市場をゼロから創出しようという試みです。それゆえ、事前の市場調査などで、その成否を予測することなどまず不可能です。トライした新規事業の多くは失敗に終わります。それでもトライし続けることにより、たった1つでも成功が得られれば、数々の失敗による損失を補ってあまりある成果が得られるというのが、破壊的イノベーションです。

　アマゾンはこれまでに、数々のイノベーションを連続して起こしてきましたが、その影に、成功の数を遙かに上回る多くの失敗があることは、ベゾスも認めるところです。

「ファイアフォン」の大失敗を、
どう評価すべきか?

　私がアマゾンに入った翌年の2014年、米国本社で世界各国から幹部クラスの社員が集まるリーダーシップミーティングがあり、私も

参加しました。その打ち上げのパーティの会場で、1人のシニア・バイス・プレジデント（SVP）が発売したばかりの「ファイアフォン」を見せてくれました。当時、話題になっていたアマゾン製のスマートフォンです。

彼は、他社製のスマートフォンを取り出すと、そこからSIMカードを抜き出し、ファイアフォンに入れ替え、「これからは、このスマホを使うのだ！」と高々と掲げて、皆に見せました。

私もそのとき、手に取って見せてもらいましたが、当時私が持っていたiPhone4よりも画面が縦に少し長く、3次元の画像表示や物体認識ができるという先進機能もついていて、「これはすごい。早く日本でもリリースされないか」と、ワクワクしたものです。しかし、結果的には米国での販売が伸びず、海外に展開する以前に米国で販売中止になりました。年間1億7800万ドル（約195億8000万円）もの償却を余儀なくされたといわれています（※4）。

このファイアフォンの開発でも当然、PR/FAQが作成され、それを基にプロジェクトメンバーが、これならば顧客を満足させられるという自信が持てるまで、議論を尽くして世に問うたはずです。それでもなお、顧客が本当に受け入れてくれるかどうかは、最後までわかりません。どれほどの努力を尽くしても、破壊的イノベーションに絶対成功するという保証はないのです。

アマゾンの凄みは、これだけ大きな失敗をしても、挑戦をやめずに続けることです。

ファイアフォンは失敗しましたが、アマゾンでは、その後も、電子デバイスの開発が続けられました。その結果、ファイアフォンの失敗も教訓に、人工知能（AI）を活用したバーチャルアシスタント「アレクサ」を搭載したスマートスピーカー「エコー」が発売され、ヒットしました（※4）。

こうして数多くの失敗から、数少ない成功が生まれたなら、その

分野への投資を加速的に増やすというのが、アマゾンのやり方です。第一世代の「エコー」が成功を収めると、「エコードット」「エコーショー」「エコースポット」「エコースタジオ」「エコーオート」など、後継機種を矢継ぎ早に市場導入していきました。うまくいきはじめたものに集中投資する「ダブルダウン」の典型例です。

イノベーションへの挑戦と失敗は「切り離せない双子」である

　破壊的イノベーションと失敗のリスクは、切っても切り離すことのできない「双子（ツイン）」だと、ベゾスは表現しています。ベゾスが毎年、株主向けに発表している「ベゾス・レター」の2015年版に、こんな記述があります。

＊ ＊ ＊

……failure and invention are inseparable twins. To invent you have to experiment, and if you know in advance that it's going to work, it's not an experiment. Most large organizations embrace the idea of invention, but are not willing to suffer the string of failed experiments necessary to get there.

＊ ＊ ＊

Given a ten percent chance of a 100 times payoff, you should take that bet every time. But you're still going to be wrong nine times out of ten.

＊ ＊ ＊

日本語にすれば、こんな趣旨です。

> 失敗と発明は切り離せない双子 (twins) です。発明するためには実験しなければなりません。成功すると事前にわかっているなら、それは実験ではありません。ほとんどの大企業は発明という概念を受け入れはするものの、そこに到達するために必要な失敗に終わる実験の連続に対しては寛容でありません

> 10%の確率で100倍のリターンが期待できる賭けがあるなら、毎回、賭け続けなくてはなりません。しかし、賭ければ10回のうち9回は失敗なのです

　ベゾスはこれと同様の発言を社内外で何度も繰り返しています。それほどまでに、リスクを取ってイノベーション創出に挑むことを重要視しています。

「1勝9敗」を許容するためには 仕組みが必要だ

　第1章で詳述したPR/FAQをはじめ、アマゾンには優れた企画を生む仕組みがあります。PR/FAQを基にチームで議論を尽くすことで、3〜5年後という未来の「製品・サービス」と「ニーズ」の交点を探っていくと、「そこに顧客は必ずいる」という確信をメンバーは得ることができます。しかも、その製品・サービスを他社でなく、ほかでもないアマゾンが手掛けることで、顧客のメリットを最大化できるかどうかも判断します。それでもなお、現実が想定と異なり、失敗

に終わる事業は多くあります。

このリスクに、アマゾンはどう対処しているのでしょうか。そこにも、今の日本企業にとって示唆となる仕組みがあります。

プロジェクトの失敗と人事評価を分離する

新規事業を生み出すために「リスクを取る」というとき、そこには2つの側面があります。

1つは、会社として、一定の損失を許容するという側面。

もう1つは、新規事業の担当者となった社員個人の評価という側面です。

ベゾスが指摘するように、破壊的イノベーションを生み出すことが、「10％の確率で100倍のリターンが得られる」という賭けだと考えたとき、大企業であれば、会社として賭けに出られる回数は比較的多いと思います。その結果、規模の大きい成功が1つ出れば、そのほかの多くの失敗の損失を埋める以上のリターンを得ることができます。

しかし、失敗に終わったプロジェクトを担っていた個人としては、どうでしょう。1人の人が一度に担当できるプロジェクトの数は限られています。会社と違って、「賭けに出る回数を増やして、どれかが成功すればいい」というスタンスは取りにくいはずです。特にアマゾンのように、新規事業の責任者は、他の事業と兼任しない「シングル・スレッド・リーダー」を原則とするのであればなおさらです。

となると、会社としてはリスクをリターンが上回って万々歳でも、失敗したプロジェクトを担当した多くの個人は浮かばれず、次のチャンスすらもらえないということになりかねません。

しかし、アマゾンではそんな心配をして尻込みする必要はありません。

　イノベーションに挑むプロジェクトのリーダーやメンバーは、そのプロジェクトの「結果」によって、マイナス評価を受けないような仕組みになっているからです。

　イノベーションに挑むプロジェクトメンバーの評価は、「結果の成否」ではなく、プロジェクトを進める「プロセスにおける貢献」、すなわち「どのようにプロジェクトを進めたか」に重きを置かれています。

　アマゾンの人事評価では「アウトプット」と「インプット」を分けて考えます。

　「アウトプット」とは、担当した事業から生み出される売り上げや利益、キャッシュフローなどの結果を指します。それに対して「インプット」とは、アウトプットを生み出すために準備したさまざまなリソースです。例えば、電子商取引（EC）ビジネスを担当する社員ならば、「ラインナップの商品数、価格、調達量」だとか「配送時間」「制作した商品ページ」などが、インプットに当たります。

　そして、私たちがコントロールできるのはインプットであり、アウトプットとは結果に過ぎない、というのがアマゾンの基本的な考え方です。従って、日々チェックし、改善の対象とするのは、インプットの指標であり、人事評価の基準となるのも、主にインプットへの貢献度です。

　人事評価において、アウトプットよりインプットを重視するというのは、既存業務のオペレーションだけでなく、イノベーションに挑むプロジェクトでも貫かれる原則です。最終的にイノベーションの創出に成功して、大きな売り上げや利益をもたらせば、もちろん一定の高い評価が受けられます。しかし、失敗したからといって、それだけで低い評価を受けることはなく、しっかりしたインプット

をしていれば、正当に評価されます。

　結果として失敗に終わったプロジェクトに参加したメンバーを評価する際の基準は、例えば、次のようなものです。

- PR/FAQを適切に用いて、**顧客視点でアイデアを深掘り**できたか
- プロジェクトメンバーとして**優秀な人材を社内外から採用**できたか
- PR/FAQに基づいて商品やサービスの**クオリティを十分に高める**ことができたか
- **適切なマーケティング手法を選び**、実施できたか
- 開発やマーケティングにおける**施策の執行はタイムリー**であったか

　たとえ「アウトプット」に恵まれなかったとしても、このような評価基準により、適切なプロセスを踏んで優れた「インプット」を積み上げていたとみなされれば、高い評価が得られます。逆にいえば、「インプット」に対する評価が低ければ、たまたま高い「アウトプット」が得られたとしても、評価は低くなることもあります。

　プロジェクトとしては失敗に終わっても、インプットが優れていたならば、リーダーとメンバーは最高の仕事をしたが、何かほかのコントロールできない要因があって成功しなかったと判断します。したがって、別の機会にイノベーション創出にチャレンジすれば、高い水準のインプットを生み出す「再現性を備えている」ので、再度、チャンスを与えるに値する人材であると結論づけられます。

　逆に、高いアウトプットを出したプロジェクトであっても、インプットの水準が低ければ、その成功は外的要因による幸運がもたらしたものである可能性が高く、「再現性を備えていない」と評価されます。

皆さんの周りでも大きな成果を出したプロジェクトのなかに、どう見ても担当した人のやり方が優れていたというより、偶然にも恵まれ、たまたまホームランが出ただけと思うようなケースがあるでしょう。そういうケースを適切に評価する仕組みが、アマゾンにはありました。

　アマゾンでは成功したプロジェクトがあったときに、担当者がどのような貢献をしたのかを、「インプット」で評価することにより可視化します。その結果、たまたまの成功なのか、再現性がある成功だったのかを判断します。

　もしも再現性のあるやり方でホームランを打っていれば、最高の評価が得られます。そして、たまたまでもホームランを打てば、短期的な報酬が増えます。また、再現性のある優れたやり方をしているのにホームランにつながらなかった場合も評価は上がり、次のチャンスが与えられます。

　アマゾンは、このような評価手法をとることで、プロジェクトそのものの成否と切り離して、イノベーションの源泉となる人材の適性を見極めようとしています。このような評価手法が、失敗を恐れずに挑戦するモチベーションを社員のなかに生み、高めていることはいうまでもありません。また、新製品や新サービスに挑むプロジェクトに手を挙げるメンバーを増やすことにもつながっています。

　もちろん、最初から「失敗していい」と安易に考える人を許容するわけではありません。そのような姿勢では、インプットの質も量も上がるはずがないので当然、高い評価は得られません。「絶対に成功させるぞ」という気概と情熱を持ち、献身的な尽力をもってしてもなお、失敗することのほうが多いのがイノベーションへの挑戦であり、その結果として敗れたとしても、それだけをもって減点はしない、ということです。

既存事業の無難な目標設定がチャレンジを避ける組織文化を作る

対策 >> 既存事業にもストレッチ目標

　新規事業が生まれない、育たないという悩みを多く聞きます。そんなとき、新規事業について考える前に、通常業務の目標設定を見直してみてはいかがでしょうか。

　例えば、総務部門などバックオフィスで働く方から、こんな嘆きを耳にすることがあります。「うちの部署は、完璧に仕事をして『当たり前』で、ちょっとでもミスをすれば叩かれる。誰からも褒められなければ、感謝もされない、割に合わない仕事だ」などと。

　そういう会社では、総務部門を「今まで通りに仕事をすればいい職場」「現状維持で十分な職場」と、捉えているのでしょう。しかし、本当にそうなのでしょうか。DX（デジタルトランスフォーメーション）の必要性が叫ばれている今なら、「業務効率5割アップ」など、挑戦的な目標を掲げることも可能で、達成すれば、それを賞賛する人も現れるでしょう。

　総務だけではありません。会社中のあらゆる業務部門において、高い目標を掲げることは可能であり、それこそがイノベーションの強力な源泉となります。

　アマゾンには、そのような仕組みがありました。

どんな部門の目標にも
「小さなイノベーション」を組み込む

アマゾンでは年初に、各事業部門でその年に目標とする「オペレーションプラン」というものを策定します。「売り上げ」や「利益」「商品アイテム数の豊富さ」「インベントリー(在庫)の適正さ」など、多くの指標を設定します。

それらの数字を見ていて感じるのは、いずれの部署でも、掲げられる目標設定が高いということです。個人としての目標設定もそうですが、部署としての目標にも「今までのやり方を繰り返す」だけでは到底、達成できない水準のターゲットが設定されます。

だからといって、どう頑張っても絶対に達成できないような夢物語のようなターゲットでなく、小さくとも何らかの「イノベーション」を起こせれば達成できるような水準が設定されます。

ここでいう「小さなイノベーション」とは、例えば、新しいシステムの導入による自動化や新しい仕入れ先の開拓、斬新な新商品の追加といったレベルのことです。こういった「実現可能性が一定程度あるチャレンジ」の効果を計画に織り込めば、目標とする数値はかなり高くなります。

通常業務におけるこのような高い目標設定を当たり前のように見ていると、新しい製品やサービスを開発するプロジェクトに配属されたときにも、特に並外れて「難しい業務」を担当することになったという気持ちにはなりません。破壊的イノベーションを担うプロジェクトのリーダーやメンバーに選ばれれば、誇らしくはありますが、難易度で考えれば、既存のビジネスで持続的イノベーションを起こしていくのと比べて、どちらのほうが難しいということはないとさえ私は感じていました。ただ、困難に見舞われる場所やタイミング、困難の種類が違うだけだ——アマゾンで働くようになってか

ら、私はそんな感覚を持つようになりました。

　そのような感覚を持つと、新規事業に挑戦することで「リスクが増える」という感覚もなくなっていきます。既存事業においても、新規事業に挑戦するのと負けず劣らず、チャレンジングな目標が設定されるわけですから、リスクは同等という感覚です。

GE、シスコ、ソニーも実践していた 「ストレッチターゲット」

　すべての社員が高い目標設定を持つということは、イノベーションのハードルを下げるだけでなく、人材を鍛えるという意味でも重要だと思います。

　いわゆる「ストレッチターゲット（ストレッチ目標）」の考え方です。かつて私が働いた日本GEでもシスコシステムズでも、「ストレッチターゲット」が設定されていました。例えば、今年、最低限達成すべき目標が「前年比105％」だとしたら、それとは別に「前年比130％」といったストレッチターゲットが設定されます。そして高い評価を得るには「前年比105％」では不十分で、「前年比130％」のストレッチターゲットを目指さなければなりません。ストレッチターゲットは、今までのオペレーションの延長線上では届かないように設定されます。従って、持続的イノベーションであっても、何らかのイノベーションを起こさなくては高い評価は得られません。そのような目標が毎年、全社員に課されるので、結果として全社員が常にイノベーションの種を考え続けることになるわけです。

　もちろん、イノベーティブなアイデアを毎年思いついて、実現するなどということができるはずはなく、ストレッチターゲットを達成できない年も少なくありません。しかし、達成できない可能性がありながらも毎年、イノベーションを意識して仕事を続けるのと、

これまでのやり方で達成可能な目標をクリアするだけで満足して働き続けるのでは、長期間経過すると組織としての成果も、そこで働く1人ひとりの力量も大きく違ってきます。

「1991年のソニー」で掲げた 「前年比20％増」の意味

　私が働いていた頃のソニーには、同様にストレッチターゲットのマインドがあったように思います。

　あれは1991年のことでした。私が当時、所属していた国内のある事業部門で「売上高を前年比20％増やす」という事業計画を作りました。バブル経済が弾けた直後で、どこの企業も前年比20％プラスどころか前年水準をどう維持するかに頭を悩ませていた時期です。そんななかで「前年比20％増」という目標設定が出てきたのです。

　しかし、その事業部門のなかに「さすがに無理でしょう」などと言い出す社員はいませんでした。みんなで「何か方法はないか」と考えられるかぎりの策を出し合った記憶が鮮明に残っています。結果として「前年比20％増」は達成できませんでした。それでも、過去の延長線上では描けない高い目標を掲げ、そこに向かって前向きにアイデアを出し合って挑んだことには、将来に向けての意味があったと思います。

　それと同じ年のことです。重厚長大な事業を手掛ける日本の老舗大企業で、経営企画を担当していた友人と話す機会がありました。その会社ではバブル崩壊後の現実に即し、「対前年マイナス」の事業計画を立てているということでした。その友人に、私の部署では「前年比20％」という目標を掲げているのだと話したところ、「一事業部門の話とはいえ、ソニーはすごい会社だ」と、大変驚いていたのを覚えています。

年率5%の成長があれば、15年で能力は2倍になる

　もちろん、アマゾンの社員全員が、はじめから「自分もイノベーションを起こして、何か新しい価値を顧客のために生み出そう」と前向きに考えているわけではありません。「今の事業環境を考えれば、こんな高いターゲットの設定はおかしい、自分が過去に働いていた会社ではこのような目標設定はしなかった」と主張する社員もいます。

　アマゾンでは、どんな意見であっても言葉にして主張することは自由であり、歓迎されますが、私自身が見ていて、アマゾンのような挑戦することのリスクが低い組織に所属しながら、挑戦してみないのは「もったいないな」と感じることはありました。そういう人たちのなかにも、アマゾンのリーダーシップ原則（OLP）を深く知ったり、イノベーションにチャレンジする周囲の同僚の姿を見たり、コーチングを受けたりすることにより、徐々に変わっていく人も多かったと覚えています。

　イノベーションを起こさなくては達成できないような高い目標に挑むことには、能力開発における複利効果があります。1年で5%の能力アップがあれば、15年で今の2倍の能力が身につくはずです。この複利効果は、個人にも組織にも働きます。ストレッチターゲットを全社員が持ってチャレンジすることで、能力開発につなげていけば、複利効果が効いて、数年間で個人も会社も別次元に強い存在に生まれ変わっていきます。

　社員がチャレンジすることには前述の通り、失敗することで低い評価を受ける個人としてのリスクがあります。しかし、アマゾンではやはり前述の通り、「アウトプット」だけでなく「インプット」も評価される仕組みで、そのリスクを限定的なものにしています。

聖域化した「過去のコア事業」の幹部が権力を持つ

対策 ≫ 「規模」でなく「成長度」で評価

　アマゾンの事業規模が拡大するにつれて、社員数も急激に増え、「2020年に世界全体で従業員を50万人も新規採用した」(※5) といったニュースも流れます。

　しかし、それぞれの事業部門の人員が増え続けているわけではありません。既存のビジネスにおいてはむしろ、絶え間ないシステム化、効率化によって、事業規模が成長しても、規模に比例した人員増はせず、筋肉質の組織に育てることに力を入れています。そこで浮いた人的リソースを、顧客に新たな価値を提供する次なるイノベーション創出に振り向けるというのが、アマゾンの基本方針です。

テクノロジーで効率化し、人員を新規事業に振り向ける

　例えば、「インベントリーマネージャー」と「サイトマーチャンダイザー」の業務を例に、説明しましょう。アマゾンの「インベントリーマネージャー」というのは、商品の仕入れと管理を担当します。「サイトマーチャンダイザー」というのは、商品の販売サイトをデザインするメンバーです。これらの仕事については、ソフトウエアで代行する部分をどんどん増やし、省人化する取り組みが全社的にハイスピードで推し進められています。もちろん顧客へのサービス水

準を下げず、むしろ高めるという前提を守ってのことです。

　こうして省力化を進めると、インベントリーマネージャーやサイトマーチャンダイザーの人員に余剰が生じます。そのような人々に、アマゾンはトレーニングプログラムを提供して、アマゾンのなかでこれまでとは異なる新しい役割を担うことを求めます。社内オペレーションの変革と並行して、メンバー1人ひとりも自己変革を遂げるということです。

　どんな部門であれ、アマゾンで一定期間、働いた人であれば、アマゾンのリーダーシップ原則 (OLP) について一定の教育を受け、身につけています。そのようなアマゾニアンには新たな顧客ニーズを満たすため、新しい成長領域で活躍してもらおうということです。

新規事業のスタートはメンバー集めから

　そもそも、新規事業においてアマゾンが外部から人材を募集するのは、PR/FAQ の形で書かれた企画書が承認され、新しいプロジェクトが立ち上がったタイミングであることが多いです。

　アマゾンで、PR/FAQ の形で提案されたプロジェクトが承認されたとき、最初にやることは、そのビジネスを牽引するリーダーの選定です。社内から選ばれることもあれば、社外から採用されることもあります。その後、リーダーに選ばれた人が中心となって、やはり社内外からメンバーを集めます。

　アマゾンの各国のサイトにアクセスしていただければ、「採用情報」が一覧できるページがあります。一度、ご覧になっていただければ、募集されているポジションの数と種類の豊富さにきっと驚かれると思います。「データサイエンティスト」に「エコノミスト」、「公共政策マネージャー」といった具合です。イノベーションの推進

により、ビジネス領域が拡大するにつれて、求める人材の種類も数も右肩上がりに増加しています。

　では、新規事業が立ち上がったときに、そのリーダーやメンバーをどのように選ぶのかというと、社内から選ぶ場合も、社外から採用する場合も、手続きとしてはあまり変わりません。

　新規事業のリーダーを社内から選ぶ場合、これまでの仕事で実績があり、かつ、その実践手法に再現性があると認められた人が候補となります。アマゾンでは、過去の仕事のアウトプット以上に、インプットが評価対象になるというのは、すでに説明した通りです。さらに16項目のリーダーシップ原則（OLP）のうち、当該プロジェクトで特に重要になる項目に強みがあるかどうかが重視されます。

アマゾンに定期的な人事異動の仕組みはない

　このようにして「この新規プロジェクトのリーダーにふさわしい」と選ばれた人が社内人材である場合は大抵、既存の事業で責任ある立場を任されています。それでも新規プロジェクトを率いるポジションに移ることを打診されたら、応じる人が多数を占めます。

　そもそも新しいことに挑戦したくてアマゾンに入社する人が多いということもありますし、アマゾンでは新規事業に挑戦して失敗しても、それだけでマイナスの評価を受けることはないという安心感も、チャレンジ精神を後押しします。さらに、このクラスの人材であれば、アマゾンがリーダーとなる人材に求める資質を十分に理解しています。それはイノベーション創出に挑み続けることです。成功するかどうかわからない、むしろ失敗する可能性のほうが高いイノベーションに挑戦する姿勢をリーダーが見せる。そのことでメンバーにもイノベーションに挑む意識を植えつけ、育む。それが、ア

マゾンにおけるリーダーの重要な役割の1つです。

アマゾンには定期的な人事異動の仕組みはありません。新規プロジェクトのリーダーやメンバーになる場合、たとえ上層部から指名を受けてのことだとしても、社内公募に応募する形を取ります。その際、入社前の職歴や入社後の実績をまとめた履歴書を提出し、このプロジェクトに関連する組織のマネージャーや人事スタッフなどの面接を受けます。このような選考手続きは、社外から応募する場合も、基本的に同じです。過去の職歴と関係者による面接を通じて、該当する業務で重視されるリーダーシップ原則 (OLP) に強みがあるかを判断します。情実や社内政治が働く余地はありません。

採用や異動に関する説明が長くなりましたが、私がここで強調したいのは、アマゾンの社員数は増えているとはいえ、既存事業は極力、効率化を進めて、肥大化を防いでいるということです。言葉を換えれば、「これまでの成長に貢献した既存事業だからといって特別扱いはしない」ということであり、「聖域がない」ともいえます。

かつてのコア事業が、聖域になっていないか?

日本の大企業では、人員計画というものが、事業計画から予想される売り上げと経費、利益から逆算して、「雇用を維持することが可能な人数」として割り出されていることが多いように感じます。

また、会社を長年支えてきたことが誰の目にも明らかなコア事業がある場合、その事業部門が聖域となり、効率化などがしにくくなるといったことも、よく見聞きします。役員の多くがコア事業の出身なので、コア事業の成長が止まるどころか、コア事業の売り上げや利益が減少傾向にあることが明白になっても、経営陣が「コア事業の弱体化」という現実を直視するのが難しい。そのために、全盛

期の頃と同規模の人員をコア事業に配置する。その結果、新たなイノベーションを起こすことに人的リソースを振り向けられない。そんな悪循環が起きているという嘆きを多く聞きます。

　アマゾンでは、そのような事態は起きていません。どれほど売り上げと利益を稼いでいる部門であっても、イノベーションの創出や成長が鈍化してきたと判断されれば、業務効率化を図ります。そこから生じた人員は、次なるイノベーションの創出や発展が期待される事業に移されます。

　私自身もマネージャーとして、多くの優秀なメンバーが異動していくのを見送りました。アマゾンで、エンターテイメントメディア事業本部長を務めていたときに扱っていたのは、CDやDVD、ソフトウエア、ビデオゲームなど。当時は高収益で会社のコアビジネスでありながら、中長期的には市場が成熟に向かうことが見えている商品群でした。そのような事業分野に優秀なメンバーがいれば、どんどん新しい成長領域に異動させていくのがアマゾンという会社です。

　そのような人事異動が繰り返された結果、どうしてもメンバーが不足してしまったときには、外部から採用をします。そして採用した人を、アマゾンのリーダーシップ原則 (OLP) を備えたアマゾニアンに育て上げていきます。そのアマゾニアンもまたやがて、新しいイノベーション創出に参画して、キャリアを重ねていくことになります。

　このようなアマゾンの人材育成のスパイラルは、日本の大企業とは対照的です。アマゾンでは、既存事業で経験を積んでアマゾニアンとして育った社員は、どんどん新しい事業領域に移され、イノベーション創出を担います。その結果、空いたポストがあれば、新たに採用をかけ、次のアマゾニアンを育てます。社内で人材を流動させつつ、その質を高めていく仕組みができています。

　もちろんアマゾンにも、ある特定のカテゴリーで働くのが大好き

で、一生その部門で働きたいという人たちもいました。そういう働き方が否定されるわけではありません。ただ、そのような働き方を選ぶ人が少数であることも事実です。

「絶対値」より「成長率」

　アマゾンも創業から四半世紀以上が経ち、それなりの歴史を持つ企業となりました。しかし、日本の大企業に見られるような、特定のコア事業に関わる人だけがエリート扱いされて、昇進が早いといった既得権益は存在しません。

　私の見るところ、アマゾンでは、社員の会社への貢献度を評価する際に、マネージしている部門の売り上げや利益の「絶対値の大きさ」より「成長率の大きさ」を重視しています。担当する事業が売上高1000億円の事業で、翌年の売上高が1000億円のままであれば価値を生み出していない。一方、売上高10億円の事業を20億円に伸ばすのは、「10億円」の伸びであると同時に「100%」の伸びです。どちらがより高く評価されるかといえば、「成長のペースが継続される」という前提を置くならば、アマゾンでは後者だろうと思います。

　読者の方々のなかにはもしかすると、「売上高1000億円を維持した人」と「売上高10億円を20億円に伸ばした人」であれば、後者を高く評価するのは当たり前ではないかと思う方もいるかもしれません。しかし、日本企業において、特に聖域化した既存事業を担当している場合、前者のほうが権力を持ち、評価も高くなるのが常でしょう。

　アマゾンに話を戻せば、売上高10億円の事業を20億円に伸ばした人には、その成長のプロセスを加速させる、再現性ある仕組みを作ることが求められます。詳しくは後述（コラム4：アマゾン「弾み車」のパ

ワー――『ビジョナリー・カンパニー』に学ぶ）しますが、経営学者ジム・コリンズが提唱する「弾み車（フライホイール）」を手に入れるということです。その弾み車を回し続けることで、事業を何十倍、何百倍にも育てていくことが期待されます

　例えば、先ほど挙げたような「売上高1000億のビジネスを現状維持させているマネージャー」が「優秀な人である」と評価される場合、アマゾンでは「売上高10億円のビジネスのマネージャー」に異動させ、事業を大きくして会社に貢献することを期待されます。担当する事業の売上高が1000億円であれ1兆円であれ、現状を維持し続けるだけでは評価されません。

　アマゾンにおいては、ビジネスの現状維持より、既存ビジネスの進化や新しい事業の成長のほうが重視され、その方針が人員配置という形で明確に表現されています。

　イノベーションの推進において、人員をはじめとするリソースの配置は重要な問題です。経営学者のピーター・ドラッカーも次のような言葉で指摘しています。

「イノベーションが必然であって、大きな利益が必然である分野、すなわち、イノベーションの機会がすでに存在する分野において、資源の最適化にとどまることほどリスクの大きなことはない。論理的にいって、企業家精神こそ最もリスクが小さい。」（『イノベーションと企業家精神』/上田惇生訳/ダイヤモンド社）

　日本の大企業がイノベーション推進に本気で取り組むのであれば、既存事業に偏ったリソースの分配に大胆にメスを入れなければならないでしょう。そのためにはデジタル化も大前提になりますが、アマゾンにおける人材の採用と教育、配置の仕組みは、そんな日本企業の課題に、大いに示唆を与えてくれるはずです。

ルール優先で社員が指示待ちになる

対策 ≫ 全員がリーダー

　企業が大きくなっていくと、さまざまなプロセスやルールが確立されていきます。社員の数も数十人から数百人、数千人、数万人という規模になってくると、各人が思いついたやり方で仕事を進めるというのは非効率です。そこで守るべきルールやプロセスを作るというのは必要なことです。

　しかし、ルールやプロセスを作ることには弊害もあります。

　まず、ルールやプロセスが定められている以上、その中身は「正しい」と思い込む人が増えていきます。つまり、「なぜそのルールが存在するのか？」「そのプロセスでやる必要が本当にあるのか？」「もっといいやり方はないのか？」といったことを考える機会が減少していきます。

　次の段階として、ルールやプロセスに従うことそのものが目的になっていき、新たな提案をすることにリスクを感じて受け身になる社員が増えてきます。

かけ声だけで終わらせないために

　Amazonでは、全員がリーダーです。——アマゾンの「リーダーシップ原則（OLP）」の冒頭には、こう書かれています。人の指示を

待つのでなく、自分自身の考えでアマゾンの掲げるリーダーシップ原則 (OLP) を日々、発揮して行動することを期待する言葉です。

この「全員がリーダー」という考え方が、アマゾンでは浸透していることが、指示待ちだったり、ルールを絶対視したりする社員が増えるという、大企業が陥りがちな落とし穴に対する抑止効果として機能しています。

もちろん「全員がリーダーです」と文章に書いただけでは、実効性はありません。日頃から、チームリーダーがメンバーにとって意見を出しやすいような会議の進め方をしたり、誰かがリーダーシップを発揮したら皆の前で紹介したりと、「全員がリーダー」を実現するための活動が、現場で日々、多くなされています。

会社としての取り組みとしては、リーダーシップ原則の各項目に関連して素晴らしい活動をした社員を、定期的にチーム単位や本部単位で表彰することもしています。

こうした取り組みは、日本でも実践されている企業が多くあると思います。ただ、それらとアマゾンが少し違うとすると、会社全体として「全員がリーダー」をはじめとするリーダーシップ原則の優先度が高く設定され、定着のための取り組みが継続的に実施されているということでしょう。

娘の授業参観で初めて納得できた 「全員がリーダー」の意味

そもそも「全員がリーダー」という考え方に違和感を抱く方も多いと思います。全員がリーダーになれるわけがないと。チームメンバーを持ってこそリーダーなのではないかと。

私もアマゾンのOLPを初めて読んだときには、どういう意味かとなかなか納得できませんでした。腹落ちするまでには時間がかかり

ました。次にお話しする事例に触れて納得がいった次第です。

　私が小学生の娘の授業参観にいったときの話です。版画彫刻の授業でした。昭和生まれの私には、版画彫刻では必ず誰かが彫刻刀で怪我をして、手を押さえながら保健室に駆け込むという記憶がありました。今でもそんなことがあるのかと思って授業参観にいってみると、今の学校では万全の対策が取られていました。

　版画板が滑ると怪我をしやすいということで、版画板を固定する作業用の台が用意されていました。また、彫刻刀の先端には、万一のときにも怪我をしにくい安全カバーがはめられ、グリップも握りやすく、転がりにくいものに改良されていました。怪我のリスクはほぼゼロと感じましたし、実際、怪我をする生徒などいませんでした。

　しかし、大変なのはそれらの片付けです。授業が終わると生徒たちは彫刻刀、版画板、作業用の台の3つを片付ける必要がありました。それぞれに片付ける場所が違うので面倒です。

　ほとんどの生徒たちは1人で3つを手にして、3つの置き場所を回って片付け、その後、小さなほうきで机の上を掃除していました。

　生徒たちはその授業を、4人1組で1つの島になって受けていました。ある男の子が、そのことに目をつけて、同じ島のほかの3人にある提案をしたようです。せっかく4人いるのだから、「彫刻刀を片付ける人」「版画板を片付ける人」「作業用の台を片付ける人」「机を掃除する人」に分けて作業をすればいいということのようでした。実際、その島では、4人が手分けして片付け、結果としてほかのチームより効率よく早く片付けを終えていました。

　たまたまそのチームに私の娘がいたので後から聞くと、その男の子はそのチームのリーダーであったわけではなく、自発的に提案して、皆もいい案だと思ったので従ったということでした。

　これは「自分に従うべきメンバー」を持った「リーダー」でなくて

も、誰もがリーダーを担える可能性を持っていて、リーダーシップをいつでも発揮できるチャンスがあるという一例です。

　そして想像してみてください、あなたが管理職でチームを持っていたとします。この男の子のようなリーダーシップを発揮する人が、チームメンバーに1人もいない場合とたくさんいる場合で、その部門の業績や生産性にどれくらいの差が出るでしょうか？

[参考資料]

※1. 『ジェフ・ベゾス 果てなき野望』(ブラッド・ストーン著、井口耕二訳/日経BP)
※2. 『GE変化の経営』(熊谷昭彦著/ダイヤモンド社)
※3. この間の経緯は多く報道されているが、主に下記2つの記事を参照した
　　・米オンラインメディア「INSIDER」2016年5月15日「How Amazon CEO Jeff Bezos reinvented The Washington Post, the 140-year-old newspaper he bought for $250 million」
　　・「ニューズウィーク日本版」2020年10月23日「不可能と思われた「DX」にワシントンポスト紙が成功した理由」
※4. 『ベゾス・レター:アマゾンに学ぶ14ヵ条の成長原則』(スティーブ&カレン・アンダーソン著、加藤今日子訳/すばる舎)
※5. 「日本経済新聞(電子版)」2021年6月24日「[FT]アマゾン「時給15ドル」、全米の実質的な最低賃金に」

「ミショナリー」とは何かを
具体例に学ぶ

イーロン・マスクと幸之助氏、井深氏、そして平成ベンチャー

　アマゾンがイノベーションを起こし続ける「仕組み」を持つのは、創業者ベゾスの掲げるミッション、ビジョンが壮大であるから。第1章で、そう説明しました。自分一代では到底、実現できないようなミッション、ビジョンがあるから、自分がいなくなった後も、その実現に向けて、イノベーションを起こし続ける組織を作らなければならないという強烈なモチベーションを持ち、その実現に邁進しているということです。

　壮大なミッションを掲げる経営者はもちろん、ベゾス1人ではありません。

■　ベゾスとマスクが宇宙を目指す理由

　ベゾスと同時代の人でいえば、イーロン・マスクがいます。マスクが創業したテスラは、電気自動車（EV）の製造販売だけを目的にする会社ではありません。「持続可能なエネルギー社会への移行を加速する」というミッションを持っています。テスラの本質は「自動車メーカー」ではなく、「二酸化炭素の排出削減による環境問題の解決を目的とする組織」です。EVの製造は、そのような課題解決に必要なパーツの1つに過ぎません。テスラは実際、太陽光発電や家庭用蓄電システムのビジネスも進めています。EVでトップシェアになったとしても、既存の自動車メーカーのシェアを奪ったとしても、そこが終着点ではないのです。アマゾンと同じく、こちらもマ

スク一代では終わらないミッションでしょう。

　マスクは、スペースXという宇宙開発の会社を2002年に設立し、2020年にはNASAと共同で有人宇宙飛行を成功させています、一方、ベゾスも2000年にブルーオリジンという宇宙開発の会社を設立しています。マスクもベゾスも、地球の自然環境はいつか人類が居住するには困難なものとなると予想しています。そして、その危機が現実のものとなるのがずっと先のことであったとしても、将来に備え、宇宙への移住で人類を救うことを可能にするのが、今の世代の責務であると考えています。それをミッションに会社を設立しています。

　そもそもベゾスは、まだ高校生だった1982年、地元の新聞の取材に、こう答えていたそうです。

　「地球は有限です。世界経済と人口が今後も成長していくには、宇宙に行くしかありません」

　それから37年後の2019年、メディア向けのイベントでこう語っています（※1）。

　「わたしたちは、地球を救うために宇宙に行かなければいけません」「いまの世代にできることは、宇宙への道を切り開くことです」「世界のエネルギー需要は年間3％ほどの比率で増えています。大したことない数字かもしれません。でもこのままいくと500年後には、地球の表面を太陽光パネルで覆い尽くさないと供給が間に合わない計算になります。そんなの無理に決まっているでしょう」（※1）

　現代を代表する2人の起業家が、ともに数百年後の人類のために宇宙船を打ち上げ、宇宙開発に取り組んでいるのは偶然ではないでしょう。彼らにとって大事なのは、今この瞬間の人々の関心やニーズに応えることだけではありません。人類社会があまねく抱える大きな課題を解決することにこそ関心があり、そのためのミッションを掲げているのです。その意味ではベゾスとマスクにとって、宇宙開発もECサイトやEVの開発も同じなのかもしれません。

ベゾス、マスクといえば、世界有数の大金持ちとして知られます。米国の経済誌「フォーブス」が2021年4月に発表した世界長者番付によると、資産額1位はベゾス、2位がマスクです。しかし、それは彼らがお金持ちを目指した結果ではありません。彼らが取り組もうとする課題、いわば彼らのミッションがあまりに壮大で、そこに存在する満たされないニーズが巨大なので、成功したときに得られるリターンも莫大になるということです。

　ミッションのためでなく、事業に成功してお金持ちになることを目的にしていたら、「短期的な利益を犠牲にしても長期的視点で顧客の利益を追求する」とか「既存の高収益事業とのカニバリゼーションも恐れない」というようなことはできなかったでしょう。そしてその結果、後発企業に敗れるか、オンライン書店やEVの会社の1つにとどまっていたのではないでしょうか。

■　戦後のソニー、松下と平成生まれのベンチャー

　戦後に成長を遂げた日本企業にも、スケールの大きな創業者が掲げた壮大なミッションがあったことは、忘れるべきではないでしょう。

　例えば、松下電器産業（現・パナソニック）創業者、松下幸之助氏の「水道哲学」です。1932年、大阪・堂島の中央電気倶楽部で開催された、松下電器具製作所（当時）の第1回創業記念式の社主告示において、幸之助は、このように説きました。

　「産業人の使命は貴重なる生活物資を、水道の水のごとく無尽蔵たらしめること」（※2）

　「水道哲学」とは、このスピーチに由来します。良質の生活物資を水道の水のように安価に一般大衆に行きわたらせて、生活を豊かにするのだというミッションステートメントと捉えられます。

　ソニーの創業者である井深大氏が1946年に起草した東京通信工

業（当時）の「設立趣意書」もまた、ビジョナリーなミッションステートメントとして捉えられます。

会社設立の目的

一、真面目なる技術者の技能を、最高度に発揮せしむべき自由闊達にして愉快なる理想工場の建設

一、日本再建、文化向上に対する技術面、生産面よりの活発なる活動

一、戦時中、各方面に非常に進歩したる技術の国民生活内への即事応用

一、諸大学、研究所等の研究成果のうち、最も国民生活に応用価値を有する優秀なるものの迅速なる製品、商品化

一、無線通信機類の日常生活への浸透化、並びに家庭電化の促進

一、戦災通信網の復旧作業に対する積極的参加、並びに必要なる技術の提供

一、新時代にふさわしき優秀ラヂオセットの製作・普及、並びにラヂオサービスの徹底化

一、国民科学知識の実際的啓蒙活動

　日本の技術者の技能を最高に発揮させるイノベーティブな環境を備えた「理想工場」を作り上げるのだ。それによって敗戦後の日本の国民生活に必要な製品を供給し、日本再建、文化向上に貢献していこうという趣旨だと、私は理解しています。

　どちらのミッションも、そのスケールと社会的意義の大きさにおいて、ベゾスやマスクの掲げるものに負けていません。戦後の日本

において人々の衣食住の基盤を整備することは、現代において宇宙を目指すことに匹敵する大きな挑戦だったはずです。太平洋戦争前後の日本から両社が育ち、世界的企業になっていったのには、時代を捉えた正しいビジネスを、正しいタイミングで始めたという側面ももちろんあります。しかし、それは偶然によるものでなく、大きなミッションを設定した起業家とそれに共感して集まった仲間たちが、その実現のために数々のイノベーションを起こしていった結果であったと思います。

　今の日本にも、世の中を劇的に変革しようというミッション、ビジョンを設定して、その実現に向かって邁進される起業家の方々が増えています。また、それを支えるベンチャーキャピタルも、本物の起業家を見極める力をつけてきています。これまで起業後進国といわれてきた日本ですが、今まさに新しい起業文化が育まれつつあるのを見るにつけ、近い将来、世の中にまったく新しい価値を生み出し、新たに世界に羽ばたく企業が日本から出てくるのではないかと楽しみになります。

　参考までに一部ですが、私が注目する具体例を挙げます。いずれも平成に設立され、すでに株式上場に成功されている企業で、そのミッションやビジョンを各社ホームページから引用します。(株式会社ビズリーチに関しては、ホールディング会社のビジョナル株式会社が上場会社となっています)。

株式会社ビズリーチ

すべての人が「自分の可能性」を信じられる社会をつくる

freee株式会社

スモールビジネスを、世界の主役に。

株式会社メルカリ

新たな価値を生みだす世界的なマーケットプレイスを創る

「限りある資源を循環させ、より豊かな社会をつくりたい」

ラクスル株式会社

仕組みを変えれば、世界はもっと良くなる

私たちは、現在の大企業を中心とした産業構造から、シェアリングプラットフォームを中心に据え換えることにより、お金を払う企業と製品やサービスを提供する企業を直接プラットフォームを通じて結びつけ、取引コストが低いより効率的な産業構造にアップデートできると信じています。

　どの会社も注目を集めるベンチャーだけあって、すばらしいミッション、ビジョンだと思います。それと同時に、戦後日本で成長を遂げたベンチャー企業のミッションからの大きな変遷を感じます。
　戦後日本は国の再建と衣食住の充足が大きな課題でしたし、それ

が実現できるかどうかわからないと思えるくらいに大きな課題だったのだと思います。そして、当時のベンチャー各社のミッションの根底には、国民が生きていくためにクオリティのいいモノやサービスを安く行きわたらせるという目的がありました。

　今注目されている平成生まれのベンチャーのミッション、ビジョンは、過去に先人たちが整備した社会・生活基盤を土台に、次の段階への発展を目指すものとなっています。

　先ほどの4社に関していえば、個人と資源の尊重が共通して根底にあります。戦後の世界では大企業が大量生産・大量供給することにより、モノやサービスが手に入りやすくなった反面、作りすぎの無駄が生じ、個人が尊重されにくくなったことは否定できません。その状況に対して、平成生まれのベンチャーは、個人やスモールビジネスがよりいきいきと活躍できて、資源の無駄使いのない新しい社会を実現すべく、ミッション、ビジョンも設定されています。

　これら4社に限らず、成長している企業は、社会課題を解決し、社会の価値観を変えてしまったりするほどのミッション、ビジョンを設定しています。その実現には、創業者とそのミッション、ビジョンに共感して集まってくる仲間たちが、数々の大規模なイノベーションを連続して起こしていくことが欠かせません。そしてアマゾンには本書で紹介する通り、それを可能にするメカニズムが存在します。

[参考資料]

※1. 雑誌『WIRED』日本版VOL.35(2019年12月発行)
※2. PHP研究所「松下幸之助.com」

第 3 章

経営幹部
「Sチーム」の
果たす役割

これまで、アマゾンの「イノベーションを生み出すメカニズム」を2つの側面から見てきました。

　第1章では、PR/FAQというユニークな企画書をはじめ、「普通の社員」たちを「起業家集団」に変える仕組みを紹介しました。

　第2章では、大企業でイノベーションが生まれにくくなる理由と、それを防ぐためにアマゾンが用意している仕組みを紹介しました。

　日本企業がこれらのうち、第1章で紹介した仕組みを導入するハードルは比較的低いと思います。例えば、PR/FAQなどは企画書の書式ですから、少しトレーニングするだけですぐに導入できるでしょう。導入すれば、普通の社員たちが互いに議論を重ねることで、「新しい製品・サービスを開発する時間軸」と「市場が形成される時間軸」の交差点を見極められるようになります。それと同時に「自分たちが企画しているものが、顧客が本当に望む製品・サービスなのか」も、チームを組んで議論しながら確認できます。その利点の大きさは、導入すればすぐに気付いていただけると思います。

　第2章で紹介した、大企業が陥りがちな「落とし穴」は、実際には中堅・中小企業でも少なからず起きている事象だと思います。これを防ぐアマゾンの仕組みを導入しようとすれば、どんな企業であれ、抵抗にあうことが予測されます。抵抗を受ける理由としては、聖域化した既存のコア事業の存在や、守りに入りがちな企業文化、社内政治の問題などが考えられます。しかし、それらを乗り越えて導入できれば、すぐに目に見える変化を実感できるはずです。

　では、これらの仕組みを日本企業が導入し、使いこなせれば、どんな会社でもアマゾンのように、破壊的なイノベーションを生み出せるようになるのでしょうか。

　集団としての起業家能力は間違いなく上がるはずです。個々の社員の能力だけに頼ることなく新規事業の創出に取り組むことで、会社からイノベーションが生み出される確率は確実に上がるでしょう。

しかしながら、その水準はアマゾンと比べればまだ十分とはいえないだろう、というのが、先ほどの問いに対する私の答えです。

まだ1つ、欠けているピースがあるのです。

「普通の会社」には、ベンチャーにはないスケールがある

ここまでに紹介した仕組みを使えば、大企業はもちろん、一定の規模と社歴を持つ「普通の会社」でも、伸び盛りのベンチャー企業と同じレベルのスピード感と独創的なアイデアが生まれてきます。

一方で、一定の規模と社歴を持つ「普通の会社」には、若いベンチャー企業にはない強みがあります。それは、ブランド、既存技術、顧客基盤、ヒト・モノ・カネといった経営資源において、はるかに恵まれていることです。社内起業家たるプロジェクトチームが、これらの強みを生かせるようにするのが最後のピースです。

この最後のピースを埋めることができれば、立ち上がったばかりのベンチャー企業よりも、はるかに恵まれた条件でイノベーション創出に取り組める「アマゾン・イノベーション・メカニズム」が社内に完成します。式で表せば、次のように表現できるでしょう。

アマゾン「イノベーション量産の方程式」

$$\text{ベンチャー起業家の環境} \times \text{大企業のスケール} - \text{大企業の落とし穴} = \text{最高のイノベーション創出環境}$$

第1章で紹介した「普通の社員」たちを「起業家集団」に変える仕組みが作り出すのが、【ベンチャー起業家の環境】です。そして、第2章では、【大企業の落とし穴】を防ぐ仕組みを紹介しました。本章のテーマは、「アマゾンのイノベーション量産の方程式」を完成させる最後のピースである【大企業のスケール】です。

アマゾンは、今や世界トップクラスの大企業ですが、一定の規模と社歴を持つ「普通の会社」にも、若く小さなベンチャー企業では持ち得ないスケールがあり、強みがあります。アマゾンが「大企業のスケール」をいかにしてイノベーション創出の武器に変えているのか。その仕組みに学べば、多くの日本企業においても【最高のイノベーション創出環境】が生み出せるはずです。

大企業のスケールを与え、仕組みに魂を入れるのは、経営幹部

アマゾンは、大企業となった今のスケールをイノベーション創出に生かす仕組みを多く備えています。これらの仕組みを動かすのが、アマゾン幹部の重要な役割となります。

特に中心となるのが「Sチーム」と呼ばれる経営幹部であり、シニア・バイス・プレジデント (SVP) の職位にある各事業責任者を中心に、社員によるイノベーション創出を支援しています。

「Sチーム」は、若くしてベゾスに見出された、ベゾスの側近をコアとします。ベゾスに鍛えられた彼ら彼女らが、本書でこれまでに見てきたイノベーションを起こす数々の仕組みを日々回し、息を吹き込み、日々進化させています。「Sチーム」の役割なくして、アマゾンのイノベーションはあり得ません。

経営幹部「Sチーム」が埋める最後のピースは、大きく分けて3種類から構成され、さらに細かく見ると13の仕組みとプラクティス

(習慣行動) に分かれます。具体的には、以下の通りです。

1 〉 **大企業のスケールを社内起業家に与える**
　　　　仕組み・プラクティス

(1) 破壊的イノベーションを担う「Sチーム」と「Sチームゴール」

(2) 経営幹部が新規事業立ち上げの「経験者」

(3) 新しい技術やスキルの獲得を恐れない

(4) 「数値」と「判断」の両立

(5) 「掛け算」の買収

2 〉 **イノベーションに適した環境を育む**
　　　　仕組み・プラクティス

(1) 創造性を高めるオフィス環境

(2) 多様性を推進する「アフィニティ・グループ」

(3) 「リーダーシップ原則」＊

3 〉 **メカニズムに魂を吹き込む**
　　　　仕組み・プラクティス

(1) ハンズオンで率先垂範する

(2) インスティテューショナル・イエス (Institutional Yes)

(3) ミショナリーとして本能に逆らう意思決定

(4) 仕組みを進化させ続ける

(5) イノベーションの重要性を全社に継続発信する

　これらの内容を本章では紹介します。ただし、**2**の「(3) リーダーシップ原則」(＊)は第1章で詳述したので本章では割愛します。

1

大企業のスケールを社内起業家に 与える仕組み・プラクティス

1-(1) 破壊的イノベーションを担う 「Sチーム」と「Sチームゴール」

PR/FAQで提案したプロジェクトが承認されると、ヘッドカウント（人員採用枠）が与えられ、着手が承認されます。同時に、予算も配分されます。

これらのプロジェクトには、既存のビジネスを改善する「持続的イノベーション」もあれば、既存事業を一気に陳腐化させるほどのインパクトがある「破壊的イノベーション」も存在します。

「破壊的イノベーションの種」は 「Sチーム」がフォロー

いずれの場合でも、提案されたプロジェクトが、顧客と会社に大きなインパクトを与えると判断された場合、「Sチーム」が継続的にその進捗をレビューすることになります。その際、「Sチームゴール」と呼ばれる四半期単位の目標が設定され、その達成に向けたサポートをSチームが提供します。

「破壊的イノベーション」であればもちろん、「Sチームゴール」が設定されますが、「持続的イノベーション」でも、顧客と会社への貢

献が大きければ、「Sチームゴール」の対象となります。

　Sチームに加わっているメンバーが誰なのか、アマゾンは公表していませんが。米国のテック系ニュースサイト「GeekWire」の報道（※1）によると、2020年夏時点においては26人で構成されていたとされます。そのメンバーはベゾスに加えて、ワールドワイド・コンシューマー部門を担うジェフ・ウィルキー（すでに退任）のほか、アマゾン・ウェブ・サービス（AWS）やデバイス事業、人材開発、広告、財務、総務、人事など、あらゆる部門の責任者で構成されているようです。

　Sチームは四半期に一度集まり、さまざまなテーマについて、全社的な視点で議論しています。そのなかの重要なテーマの1つに、大規模なイノベーションとして期待される新規事業に設定されたSチームゴールのレビューもあります。

　Sチームはアマゾン全体の方向性を決める意思決定を下す集団なので、そのメンバーにレビューされるプロジェクトになるということは、会社で最も優先順位の高いプロジェクトの1つだと認められたことになります。Sチームによるレビューでは、経営幹部からアドバイスやフィードバックを得られるほか、不足するリソースがあれば依頼することも可能です（もちろん、必ず応諾されるわけではありません）。

　このような形でアマゾンは、必要なタイミングで大企業のスケールを生かし、ベンチャー企業単体では不可能な人材や技術、資金をプロジェクト推進のために投資しています。Sチームが一同に集まって決めるので「あの人はいいといったが、私は反対」といったことを後からいうことは許されません。大企業が陥りがちな社内政治は排除されます。

　ここには、アマゾンのリーダーシップ原則の1項目である「ハブ・バックボーン；ディスアグリー・アンド・コミット（Have Backbone;

Disagree and Commit)」が発揮されます。すなわち、「リーダーは同意できない場合には、敬意をもって異議を唱えなければなりません。たとえそうすることが面倒で労力を要することであっても、例外はありません。リーダーは、信念を持ち、容易にあきらめません。安易に妥協して馴れ合うことはしません。しかし、いざ決定がなされたら、全面的にコミットして取り組みます」ということです。

「Sチームゴール」になると、社内の視線が一変する

　一般社員の間でも、Sチームゴールは会社にとって重要で優先順位が高いということは周知され、定着しています。「Sチームゴール」に関係する協力の依頼があれば、誰もができるかぎりの協力を惜しみません。

　私もSチームゴールが設定されたプロジェクトに関わったことがあります。プロジェクトの内容について詳細を明かすことはできないのですが、どちらかといえば「持続的イノベーション」に関わるものでした。

　具体的には、それまで手動で工数が多くかかっていて、なおかつ精度が低かった作業を、ソフトウエアと機械学習を使って完全自動化するというものでした。従来からシステム化はされていましたが、難易度が高い業務だったので、手作業で補う部分がかなり残っていたのです。そのために多くの工数が必要でしたし、作業精度も担当者のスキルレベルに左右されていました。

　これを完全自動化するという目標が示されたとき、長年、この業務に関わっていた人たちは皆、「正直、無理ではないか」「そんなことができている会社はない」という反応を示しました。

　しかし、もし自動化されてスピードと精度が上がれば、顧客に

とっても社員にとってもメリットがあることは誰もが認めていました。それを実現するためにプロジェクトチームが発足し、Sチームゴールが設定され、多くの人員や予算が投入されたのです。

　Sチームゴールが設定された途端、関係者の姿勢が変わりました。「正直、無理ではないか」という反応を示していた人たちも、「どうすれば変えられるか」を前向きに考えはじめ、プロジェクトメンバーはもちろん、そうでない人も、この業務に関わる人たちすべての人の意識が1つにまとまっていきました。その後は、私の想像をはるかに超えるスピードで、新しいシステムの開発と導入が進みました。それは「Sチームゴールを設定した目標については、アマゾンの経営層は本気でどんな手段を使ってでもやりきる」ということを全社員が知っているからです。

　このとき私は、Sチームゴールが設定されることの威力を目の当たりにしました。最優先に取り組む意義があると経営層が判断したプロジェクトについては、会社のあらゆるリソースを集めて実行していく。これが新規事業であれば「社内起業家に大企業のスケールを与える」ということであり、Sチームゴールもまた、そのために設計された仕組みの1つといっていいでしょう。

　ちなみに、PR/FAQを通じて承認されるプロジェクトには、Sチームゴールを設定するほどの規模ではないまでも、事業の発展にとって重要なものもあります。それらについても、四半期ごとのゴールが設定され、Sチームではなく、プロジェクトの規模に応じた経営層から継続的なサポートが得られる仕組みになっています。こちらも四半期ごとにレビューがあることは同じです。

経営幹部が
新規事業立ち上げの「経験者」

　PR/FAQでゴーサインが出たプロジェクトには、リーダーがアサインされ、プロジェクトチームが組まれます。リーダーは、PR/FAQを書いた発案者とは限らず、新規事業のリーダーには社内外から選りすぐった優秀な人物が選ばれます。

　特にインパクトの大きいプロジェクトと判断されれば、その後、チームが立てた計画の進捗状況を、四半期ごとに「Sチーム」をはじめとする経営幹部がチェックし、進捗状況によっては追加投資を受けたり、逆にプロジェクト中止が決まったりします。その際、経営幹部は課題を指摘するだけでなく、解決策について助言し、チームメンバーと多くの議論を交わします。

「新規事業担当者の孤立」を防ぐ

　新規事業のプロジェクトチームを立ち上げ、リーダーをアサインして投資額を決めたら、あとはすべてリーダー任せ……。日本企業で働く方から、そんなぼやきを聞くことがあります。他の経営幹部は無関心で、新規事業担当者が孤立してしまうということです。

　しかし、アマゾンではそういうことは起きません。Sチームをはじめとする経営幹部も新規事業にオーナーシップを持ち、定期的なレビューだけでなく、常日頃から「彼ら彼女らのプロジェクトを成功させるために、自分に何か貢献できることがないか？」と自問自答し、積極的に関わっています。

　アマゾンでは、新規事業のプロジェクトメンバーを継続支援する

ことが、経営幹部の重要な役割として認識されています。Sチームのメンバーであれば、自分の担当外でもSチームゴールに組み入れられた新規事業のプロジェクトは一通り把握しています。それらのプロジェクトのなかに、自分が助言できること、貢献できることがあれば、積極的に行動を起こします。

　私自身もSチームゴールではないあるプロジェクトに関わっていたときに、Sチームのメンバーの1人から「必要なことがあればいつでもいってくれ。米国側からできるかぎりサポートするから」という言葉をいただいたことがありました。その方は私とは違う事業部門に属する方でしたが、それでも支援を申し出てくれたことを大変心強く感じたと同時に、これがアマゾンで多くのイノベーションが連続して起きる1つの要因だなと実感しました。

　アマゾンでは大小含めて数多くの新規事業プロジェクトが常時、走っています。それらすべてについて、Sチームをはじめ、忙しい経営幹部が、あれこれと気にかけ、フォローするというのは難しいように思えます。にもかかわらず、アマゾンの経営幹部がそれを実践できているのは、彼ら彼女らの多くが、小さなビジネスを自分自身で数千億円、数兆円の売り上げを生む規模に育てる経験を重ねているからだと思います。かつて自分が苦労したからこそ、今、新しいビジネスを生み出そうと挑戦するリーダーたちに、適切な言葉でアドバイスを与え、フォローすることができるのでしょう。そして小さな前進ですらたやすくないことも熟知しています。だからこそ小さな前進であっても、成長率の大きさが賞賛の対象となります。このように、プロジェクトチームの小さな一歩にも経営幹部が注目し、コメントを加えることが、多くの企業で起きている「新規事業担当者の孤立」を防いでいます。

　そんな経営幹部のなかでも、新規事業立ち上げのプロセスを最も熟知しているのが、創業者ベゾスです。

1-(3)　新しい技術やスキルの獲得を恐れない

　PR/FAQを評価する際に最も重視されるのが「顧客はそのアイデアの実現を本当に強く望んでいるのか」です。英語では「Would customers love it?」と表現されます。本書では、アマゾンの「カスタマー・オブセッション」について、繰り返し触れてきましたから、ここまで読んでくださった皆さんにとっては、あまり驚きはないかもしれません。

　しかし、そうやって「顧客起点」にこだわってアイデアを募ると、自社の競争力の源泉となっている有形無形の強みであるスキルや資産、いわゆる「コア・コンピタンス」から距離のあるアイデアが出てくることがあります。「距離がある」どころか、未踏の離れ小島にあるようなアイデアが出てくることさえあります。

　そういう新規事業のアイデアが出てきたとき、「実現可能性の低さ」や「予測の困難さ」「投資規模の大きさ」を理由に排除されるということは、多くの企業で起きていると思います。

「飛び地」進出のアイデアを、奨励する

　しかし、アマゾンでは「顧客はそのアイデアの実現を、本当に強く望んでいるか？」「普遍的なニーズか？」という条件を満たせば、自分たちが持たないスキルや能力を必要とするプロジェクトであっても前向きに検討します。

　今まで自社が知らなかった分野、いわば「飛び地」の領域のアイデアに挑むことに、アマゾンは積極的です。実際、これまでの主力

事業にこだわることなく「飛び地」にどんどん進出し、新しい技術、人材やオペレーション能力を獲得していきました。こうした新しい技術やスキルの獲得によって、破壊的イノベーションを連続して生み出してきたのが、アマゾンの歴史でもあります。

その代表例が、クラウド事業の「アマゾン・ウェブ・サービス（AWS）」であり、電子書籍リーダーの「キンドル」でしょう。

クラウドサービスはもともと、アマゾンにとっては創業の事業である電子商取引（EC）に必要なインフラで、アマゾンはユーザーの立場に立っていました。今まで外部から調達していたインフラを自社で開発して、外部ユーザーに売るというのですから、今までの事業とかなり乖離のある「飛び地」です。しかし、このサービスは「顧客にとって強いニーズがある」「ほかにそのサービスを提供できる有力な会社はない」「一時的な市場でなく長期的な市場になる」という確信に基づき、今までの事業との乖離を果敢な投資で埋めていきました。その結果、巨大なビジネスに成長したのです。

「顧客のための技術獲得」が成長を加速する

電子書籍も同様です。もともとアマゾンは、ECサイト上で「紙の書籍」を販売していました。紙の書籍と電子書籍は、顧客の視点に立てば「書籍を読む」という共通の体験です。だからこそ、よりよい顧客体験を提供することを重視するアマゾンは、長期ビジョンとして「これまでに印刷されたすべての本を60秒未満で読めるようにする」ことを掲げ、電子書籍市場に参入しました。そのビジョン実現のためにハードウエアの開発を決断したのは、アマゾンにしてみれば当然の帰結だったかもしれません。

しかし、書籍を作り、販売する側に立てば、紙と電子では、やるべ

きことにはかなりの乖離があります。しかも、電子書籍リーダー「キンドル」をアマゾンが発売したのは2007年11月、ECサイトにおける紙の書籍の販売が、まだ大きく成長していた時期です。既存事業とのカニバリゼーションを考えれば、躊躇してもおかしくありません。

　それでもあえて「飛び地」に出ていき、「キンドル」を製造することで、アマゾンは「電子デバイスを製造する」という技術を獲得しました。それまでハードウエアを設計・開発したことはなく、社内にその能力を持つ技術者はいませんでした。そこで多くのハードウエアエンジニアを採用して開発を始めたのです。ここで獲得した技術や人材が、その後、人工知能「アレクサ」を搭載したスマートスピーカー「エコー」やタブレット端末「ファイア」、ネット動画をテレビに配信する「ファイアTVスティック」などの製品群を生んでいくことを可能にしました。

　アマゾンの「ファイア」は、2020年第3四半期の出荷台数が540万台を超え、タブレット端末市場において、アップル、サムスンに次ぐ世界シェア3位の位置につけるまでに成長しています（※2）。

　「キンドル」や「エコー」の販売台数について、アマゾンは公表していませんが、タブレット端末と同規模か、それ以上の成功を収めていると思われます。

　また、これらの電子機器によって、顧客体験は確実に向上します。「キンドル」や「ファイア」があれば、アマゾンの電子書籍やプライムビデオが楽しみやすくなるのはもちろん、「エコー」に搭載されているアレクサ機能によって、プライムミュージックといったサービスの利便性も高まります。こうして顧客の満足度を向上させ、顧客ロイヤリティーを高めています。

　これらの成功の原点は「顧客はそのアイデアの実現を本当に強く望んでいるのか？（Would customers love it?）」というシンプルな問い

です。この問いから出発して、不足するものがあれば、果敢に「飛び地」に進出し、新しい能力を身につけていく。この循環によって、アマゾンは事業領域を広げてきました。もし自分たちが保有する技術やスキルの活用を原点に新規事業を構想することにフォーカスしていれば、新しい技術やスキルを獲得することはなかったでしょう。そうであればアマゾンは、今でもECビジネスだけの会社にとどまっていたはずです。

「飛び地に出ていく勇気」を吹き込む

　このような歴史を持つアマゾンにおいて、PR/FAQをレビューする幹部には、「飛び地に出ていくのを恐れることはない」と、プロジェクトリーダーを勇気付ける役割も期待されています。特に、破壊的イノベーションを担うSチームには、強く求められる姿勢です。

　日本企業にも、その気になれば「飛び地」に出ていくのも無謀ではないだけのリソースを持つ会社は少なからずあると思います。そのような会社が、既存の技術やスキル、資産で可能な範囲に限定してイノベーションに挑戦しているのでは、新しい人材や能力を獲得することはできません。

　短期的にはそれで問題はないかもしれません。しかし、顧客起点で発想した新規事業のアイデアに、普遍性や潜在的な市場規模の大きさ、顧客の強い願望や自社が挑戦することによる顧客へのベネフィットが十分にあると確信が持てたのなら、それが自社にとっては未知の新しい技術やスキル、資産の獲得を必要とするものであっても、挑戦することを前向きに考えるべきです。

　長期的な企業の成長においては、そういった挑戦によって自分たちの能力を拡大することが重要です。

「数値」と「判断」の両立

　本書はアマゾンのイノベーティブな部分に焦点を当てていますが、いうまでもなくアマゾンも新規事業ばかりに取り組んでいるわけではありません。

　アマゾンには、既存ビジネスにおいて緻密にPDCAを回し、高い水準の結果を出し続けているというもう1つの顔があります。

エグゼキューション力とイノベーション力は、相反しやすい

　アマゾンに限らず、あらゆる会社には、新しい発想を重視して「イノベーション」を起こす側面と、既存の事業を確実に執行していく「エグゼキューション」の側面があります。

　私がかつて働いた会社でいえば、GEは、エグゼキューションに非常に長けた会社でした。緻密に仕事を進めるという組織能力においては飛び抜けた力がありました。品質マネジメントシステム「シックスシグマ」の導入を推進し、その入門的資格である「グリーンベルト」の資格を持つ社員が多数いました。そのため、あらゆる部門において、業務プロセスを図に起こして改善を進めることができました。また統計分析に基づくエグゼキューション能力のすごさも実感しました。

　日本GEに入社したばかりのときには、品質マネジメント専門の社員が、コンサルタントのように社内に多く配置されているのかと勘違いしたほどです。しかし、実際には営業や総務、経理など各部署の社員が、コンサルタント顔負けの品質マネジメントのスキルを

持っていたのです。そこがGEの最大の強みだったと思います。

　一方で、新しい発想を具現化する力には課題があったという印象が残っています。GEはイノベーション創出にも積極的に取り組んでいました。しかし、そこからなかなか画期的な事業が出てこなかったのには、新規事業の進退の評価も数値分析から判断していたことが関係しているように思います。GEにおける数値分析の結果は、多くの関係者が合意できるものでした。一方で、まったく新しい発想から出てきたアイデアのなかには、数値による検討が進むうちに消えていくものが多くありました。

　逆の例を挙げれば、私が勤めていた頃のソニーは、新しい発想を具現化する力は優れていましたが、既存事業のエグゼキューション力にはGEなどと比べて課題があったかもしれません。

「1万分の1」の精度でPDCAを回す

　アマゾンで働いて驚いたのは、イノベーション力とエグゼキューション力がともに強いということでした。この2つの力を両立できる仕組みが存在したのです。エグゼキューション力は、ベゾスがもともと苦手としていたと自認する能力であり、同僚に学んだと語っています（このエピソードは本章で後ほど、あらためて紹介します）。学んだ相手とは、エグゼキューションに強みのあったコンシューマー部門の責任者、ジェフ・ウィルキーではないでしょうか（2021年3月をもって退任）。

　アマゾンがイノベーションを起こす仕組みについては詳述してきたので、ここではアマゾンのエグゼキューションの力について簡単に説明します。

　例えば、オンライン販売では、価格、商品の品揃え、タイムリーな

配送など、ビジネスの成否を左右する要素について数値目標を設定
し、それぞれをビップス単位（1/100 パーセント＝1万分の1/「ベーシスポイ
ント（bp）」とも呼ばれる）の精度で計測して計画対比で分析してい
ます。計画と実績に差があれば、原因を徹底究明してリカバリーす
るという取り組みを続けています。

　要するに「ビップス単位でPDCAサイクルを回す」ということで
す。PDCA自体は多くの会社が実践していることですが、アマゾン
では、数値目標を設定する項目も水準も非常に細かく、精緻です。

　先ほど、GEはエグゼキューション力が強い会社だったと書きま
した。そのGEですら、経営レベルの議論ではそこまでの精度は要求
していませんでした（金融部門の現場では使われていましたし、機器の製造
開発部門などでもビップス単位での目標設定をしていたかもしれません）。言葉
を換えれば、アマゾンでは経営レベルにおいて、現場で使われてい
る緻密な精度を経営指標として、そのまま使った議論がなされてい
るということです。

　その理由は2つあったと思います。

　1つには、経営幹部のために生データを要約する間接部門がアマ
ゾンには存在しません。だから、経営幹部に渡されるデータが、生
データをスプレッドシートで直接出力しただけのものなのです。

　もう1つの理由は、経営レベルのメンバーであっても事業の細部
まで理解して判断することが期待されているからです。小さな数値
の変化であっても、そこに何か大きな異変やトレンドが隠されてい
ないかを見抜く能力を持っていることが、事業リーダーの1つの重
要な能力だとされているのです。

　今や大企業になったアマゾンにおいて、計画と1％のずれが生じ
るという事態は、例えば、在庫管理においても、配送品質において
も、あらゆる場面で絶対額として非常に大きなものとなります。ア
マゾンは、スケールメリットの発揮によって顧客体験を高めること

を基本方針とします。そのようなアマゾンにおいて、ビップス単位の数値管理は、ミッションの実現のために絶対不可欠です。

アマゾンの業務全体に占める割合としては、上記のような数値ベースの判断のウエイトのほうが圧倒的に大きいです。現実の業務では、エグゼキューション力が問われる場面のほうが多いのです。

「顧客が本当に求めるもの」は、数字だけでは判断できない

一方でアマゾンでは、数値分析とは異なる、判断をベースとする意思決定も下されます。特に、イノベーションに関連する案件では数値ベースの判断だけで意思決定することはほとんどありません。イノベーションにおいては、短期的には計算上、成り立たないと思われる事業であっても、「顧客が本当に必要としている」なら、長期的に大きなリターンが得られる可能性があるものとして検討し、判断を下します。

すなわち、「顧客が本当に必要としている」という判断を優先して、数値ベースの判断ではゴーサインが出せない事業でもゴーサインを出し、推進する意思決定が下される案件があるということです。人は一般に、短期的に予測されるロスを重んじる傾向があり、長期的な大きなリターンを軽視してしまいがちです。また長期的なリターンを求める意思決定は、リターンが予測であって確実でないという理由から、避けられる傾向もあります。

ですから、長期的に大きなリターンが得られる可能性が高くなる選択肢が存在するとしても、それを実際に選択するのは簡単ではありません。特にリスクを取って成功した体験を持たない組織ほど難しくなります。そのような組織では、長期的に大きなリターンが得られる可能性のある選択肢に初めて直面する事態に備え、意思決定

の検討項目に許容可能な失敗の大きさを組み入れる必要があります。

このようなケースで「顧客が本当に欲する」という判断が正しかった場合、数値ベースの判断では決断できないだけに、他社の参入は少なく、競合がいない大きなイノベーションが実現することがあります。AWSのクラウド事業も当初、競合企業の参入は少なく、その間にアマゾンが市場を確立していきました。

「数値ベースの判断では不可能な成功例」を積み上げる

アマゾンも基本的には、GEのように数字で追い込んで意思決定を下すのを得意にしている会社です。しかし、それが難しい場面があることも理解しています。実際、アマゾンの「リーダーシップ原則（OLP）」には、「フルーガリティー（Frugality/倹約）」や「ダイブ・ディープ（Dive Deep）」のようなエグゼキューション力との関係が強いものもあれば、「シンク・ビッグ（Think Big）」のようなイノベーション力に深く関わるものもあります。

アマゾンの幹部には、数値ベースの意思決定と、仮説と判断をベースとする意思決定の両立が求められています。どのような場面でどちらを優先すべきかを学び、若きアマゾニアンたちに伝えていくことも幹部の大切な役割です。

もちろん、これを会社に定着させるのは簡単ではありません。「数値分析だけでなく、判断に基づく意思決定がイノベーションのためには必要だ」と書面やルールに残したところで、長い年月が経てば風化していくリスクがあります。風化させないために、Sチームのような経営幹部が判断に基づく意思決定を実践し、その成功例を社内に示し続けるということが欠かせません。

1-(5) 「掛け算」の買収

　ここまで紹介してきた、アマゾンがイノベーションを起こし続ける仕組みは、アマゾン「内部」からアイデアを生み、育てる仕組みでした。

　しかし、アマゾンがカバーする市場はいずれも、世界中の企業が注目し、新規参入が凄まじいスピードで相次いでいる分野です。電子商取引（EC）に電子書籍、クラウドコンピューティング、AIを搭載したアシスタントデバイス……。これらの分野においては、いかにアマゾンが新しいアイデアを生み、育てるのに優れたメカニズムを持った会社であるとしても、自社発のイノベーションだけで先頭を走り続けることはできません。

　そこで必要になるのが「外部」からイノベーションを取り込むという手法です。

　アマゾンによるベンチャー企業への投資は、アマゾン自身が積極的にリリースしないために大きなニュースにならないケースも多く、その重要性に比して、注目する人が少ないように感じます。しかし、アマゾンはかなり早い時期から今に至るまで、ベンチャー企業に対する出資や買収を旺盛に重ねています。

　アマゾンは1997年7月に株式を上場しましたが、その翌年から、上場で調達した資金を活用し、活発な買収を始めています。1998年には、同業のオンライン書店を手掛ける英国の「ブックページズ」やドイツの「テレバッハ」などを買収し、1999年には、ウェブデータの収集・調査を手掛ける米「アレクサ・インターネット」を傘下に収めました。

　話題を集めたものとしては、2017年の食品スーパー・米「ホール

フーズ・マーケット」の買収がありますが、これらに加えて、直近では2021年に買収した3Dグラフィック技術を開発するフィンランドの「Umbra」など、これまでに買収した企業の総数は、ネット上の情報からざっと数えるだけでもすでに100を超えると思われます。

　これらの買収には、特定のサービスの獲得を目的としたものもあれば、その会社が保有する技術や人材の獲得を目的とする場合もあります。例えば、オーディオブックの「オーディブル」や、ゲーム実況配信サービスの「トゥイッチ」などは、サービスそのものの獲得を目指した買収の色彩が強いでしょう。一方でロボットベンチャーの「キバ・システムズ」などは、技術開発力を高く評価した買収と考えられ、アマゾンが「内部」からイノベーションを生む力を強化する効果も期待されているようです。

企業買収の本質は「奪い取る」ことか?

　日本ではそもそも買収というと、資金力で技術と人材を「奪い取る」というネガティブなイメージを持たれている人が多いと感じます。

　しかし、果たして本当にそうでしょうか。

　アマゾンもそうですし、アマゾンに入る前に私が働いていたシスコシステムズも、M&Aを果敢に実行して成長した企業です。しかし、これらの会社は、何かを「奪い取る」ことを第一義に買収に臨んでいたわけではありません。これらの会社で実際に働いた経験を持つ者として、ぜひお伝えしたいと思うことです。

　アマゾンもシスコシステムズも「顧客に提供する価値を最大化する」という目的に立脚する活動として、買収を推し進めていました。顧客に最高の体験を提供するには、自分たちが持つ技術やサービス

に固執してはいけない。顧客が望む、より優れた技術やサービスを導入するために、必要なリソースを持つ企業を買収し、外部からイノベーションを導入しよう——。そんな発想です。オープンイノベーションの一環と理解いただくのがいいと思います。

　顧客の立場に立てば、さまざまなメリットを持つ複数のサービスが、複数の会社から提供されているのを自力で組み合わせて利用するよりも、すべてのメリットを持つ1つのサービスにまとめ上げてもらったほうがありがたいはずです。最終的にどの製品、どのサービスを選ぶかの選択権は、顧客にあります。そして顧客にとって、製品やサービスを提供する会社の資本構成などどうでもいいことです。

　アマゾンやシスコシステムズにとっての買収は、ベゾスのいうところの「カスタマー・オブセッション」に基づいた戦略として、選ばれていました。

無名のベンチャーが持つ破壊力を注視する

　買収に踏み込むかどうかは別としても、企業は常に、自社が関わる業界で新たな破壊的イノベーションが起きはじめていないか、注視している必要があります。

　このとき、新たな破壊的イノベーションを起こしはじめているのが大企業であれば比較的、気付きやすいですが、無名の起業家やベンチャー企業によって小さく始まり、それが顧客の支持を急速に集めつつあるような場合は見逃しやすいものです。気付いたときには新興勢力がその市場をしっかりと固めてしまっていて、大企業ですら後追いの自社開発で同じことをやろうとしても、とても追いつけないということは少なからずあります。

このようなことが起きて後手に回るのを防ぐため、企業は常に、新たに台頭する起業家やベンチャー企業の動きにアンテナを張る必要があります。優れたベンチャーが出てきて、その取り組みが顧客にとって重要だと判断すれば、その技術力や人材を自社に取り込むことも考えるべきです。

この点で参考になると思うのが、全盛期のシスコシステムズの戦略です。

シスコシステムズの「Ａ＆Ｄ」戦略

シスコシステムズは、ネットワーク機器の製造販売を手掛ける会社です。1984年、米国カリフォルニア州サンフランシスコで設立され、1990年代に急成長しました。私が入社した1999年頃には、その急成長ぶりが、サンフランシスコの名所である「ゴールデンゲートブリッジのロープのように右肩上がり」と形容されるほどで、2000年3月には時価総額が5000億ドルを突破し、世界一にもなりました（※3）。

そんな時期に私は、米国本社サンノゼの事業開発部門に在籍し、ベンチャー企業への投資や大企業との戦略提携を進める仕事に従事しました。

このときにわかったのは、1990年代以降のシスコシステムズの急成長が、ある1つの「仕組み」の上に実現していた、ということです。

それが「A&D（アクイジション・アンド・デベロップメント）」です。M&A（合併・買収）による獲得（アクイジション）と、自社による開発（デベロップメント）を組み合わせて、ネットワーク機器の分野において隙間なく製品ポートフォリオを作り上げる、という仕組みです。

シスコシステムズはもともと、データ転送に用いるルーターを製

造販売する会社として立ち上がりました。ルーターは、インターネットのネットワークのインフラとなる機器の1つですが、インフラとなり得る機器はほかにも多くありました。

シスコシステムズの出発点も「顧客満足」にあった

　シスコシステムズは当初から、ルーターという特定の技術に基づく機器やサービスを提供するのではなく、ネットワークのインフラに必要な機器やサービスを網羅的に提供することを目指していました。目的を「顧客の利便性」に置いたという意味では、ベゾスと共通するところがあり、この姿勢は今も変わっていないはずです。

　私が在籍していたときのCEO（最高経営責任者）は、ジョン・チェンバースでした。彼が当時、よく使っていた言葉に「No religion in Technology」というものがあります。直訳すれば、「技術に宗教はない」ですが、その意味するところは「技術を選択するのは顧客であり、自分たちの技術に固執するな」ということです。例えば、自分が今、開発している技術があるが、似た機能を持つよりよい技術を開発している会社が別にあり、顧客もそれを選んだとします。その場合、自社の技術は捨てて、よりよい技術を開発している会社を買う、というのが、シスコシステムズの考え方です。そのほうが顧客のメリットが大きいからであり、あくまで顧客起点の発想です。

　当時、シスコシステムズがインターネットのトラフィック（通信量）の拡大を追い風に変えて、ビジネスを急拡大できたのは、「顧客への提供価値を最重要視する」という基本姿勢がぶれなかったことが大きいと思います。そのような土台の上に、内外の力を集めてイノベーションを起こす仕組みを構築したからです。さらに、その仕組みを壮大な規模とスピード感を維持しながら、継続的に運用でき

ていたからです。仕組みのあり方は後述する通り、アマゾンとはかなり違いますが、顧客を起点に考えるという基本は共通です。

顧客満足を重視したら 「選択と集中」は選べない

　話を少し戻せば、シスコシステムズが目指したのは「ネットワークのインフラに必要な機器やサービスを網羅的に提供する」ことでした。それには、広範な領域の技術をカバーする必要があります。しかも、勃興期にあった当時のネットワーク技術の進化は非常に早く、大小無数の企業が競争優位を獲得するため、全速力で開発を進めていました。シスコシステムズが設定した目標は、かなりハードルが高いものでした。

　「ドッグイヤー」というのは、この頃のインターネット業界で生まれた言葉です。「シリコンバレーの企業は、ドッグイヤーで生きている」などといった形で使われていました。犬の寿命は人間の7分の1だから、7倍のスピードで人生を生きていることになります。シリコンバレーのインターネット業界で働くということは、人間でありながらも、そんな犬のようなスピード感のなかにいるというのが、そもそもの意味です。

　シスコシステムズに入社して私が目の当たりにした先輩たちは、まさに、普通の人の7倍くらいのスピードで仕事を進めていて、私も慣れるまでは、日々、そのスピード感に圧倒されていました。

　従来の7倍のスピードで進化する業界において、広範な技術を網羅的にカバーしなければ、自分たちのビジョンは実現しない——。それが、シスコシステムズが直面した課題でした。

　逆にいえば、自社が得意とする分野に経営資源を集中する「選択と集中」を選ばなかったということです。シスコシステムズは、自

社がもともと得意であるか苦手であるかとは関係なく、「ネットワークのインフラ構築」という「顧客の課題」に関わる機器やサービスをすべて網羅するという道を選んだわけです。ある種の「プラットフォーム戦略」とも呼べるでしょう。

市場をマトリクス化し、自社の技術をマッピング

そして、このようなプラットフォーム戦略を実現するための具体的手段が「A&D」という仕組みでした、自社によるイノベーション創出に全力で取り組みながらも、それだけでは不足する部分には、外部からイノベーションを導入するという手法です。

具体的には、次の3つのステップを踏みます。

第1のステップとして、市場の地図を作ります。イメージとしては、縦軸に製品セグメント、横軸に市場セグメントを設定し、機器やサービスをマッピングしていきます。製品セグメントとしては、スイッチ、ルーターに加えて、ネットワークマネジメントソフト、セキュリティソフトなどがあります。一方、市場セグメントには、通信キャリア向け、大企業向け、中小企業向け、一般家庭向けなど、こちらも多岐にわたります。この2軸を掛け合わせてマトリクスにすると、自社がカバーすべき広範な領域の全体像が見えてきます。

第2のステップとして、最初のステップで作ったマトリクスに、自社が保有する、あるいは開発している機器やサービスをプロットします。当然、空白地帯が出てきます。

第3のステップとして、空白地帯をどう埋めるかを考えます。その際には、次の4つの選択肢があります。

(1) 自社開発

(2) ベンチャー企業へのマイノリティ投資（多数派を占めない投資）

(3) ベンチャー企業の買収

(4) 大企業との戦略提携、部門買収

　最優先するのは「(1) 自社開発」です。しかし、自社開発ではスピードが不十分であったり、性能が不足したりすると判断した場合、社外のベンチャー企業から優れた技術を買い取り、自社のポートフォリオに追加する (2) (3) の選択肢が選ばれ、推進されます。(4) も取り組みはありましたが、あまり成功例はなかったと記憶しています。

出資の判断で最重要視された「経営者との相性」

　提携したり、出資、買収をしたりする候補企業の情報は、さまざまな方法で集められます。営業担当者が取引先から聞いてくることもあれば、リサーチで浮かび上がることもありました。

　ユニークな技術を持つ有望なベンチャーを見つけたときには、持ち分20％未満の「(2) マイノリティ投資」から始めて、信頼関係を構築しつつ、その会社から破壊的イノベーションにつながる技術が出てこないか、注視していました。

　一方、はじめからベンチャー企業の「(3) 買収」に進むケースも多く見てきました。その際のスピード感にも凄まじいものがありました。買収完了後、2週間以内に業務の統合作業を終え、その段階でIDカードや社内ネットワークも共通化されます。そして、数カ月のうちに買収先の製品がシスコシステムズの製品としてグローバルに販売されるに至ります。

　このような買収は、ベンチャー企業にとってもメリットがありま

す。自力で発売にこぎつけようとしたら、資金調達や販路開拓に何年も時間がかかるところを、わずか数カ月で大きな売り上げを生み出すところまで前進できます。シスコシステムズはすでに世界中に強力な販売網を持ち、自社製品の機器をつなぐ「Cisco IOS」というソフトウエアに組み込まれれば、単独の機器として売り出すより付加価値を高められます。「IOS」とは「Internetwork Operating System」の略で、ネットワーク機器のシームレスな統合を可能にするソフトウエアです。

　また、企業の買収価格には、買収後に期待される成長も加味されるのが通例でした。

　つまり、買収する側のシスコシステムズと、買収される側のベンチャーがウィンウィンの関係を作ることは決して夢物語などではなく、現実的に可能なシナリオです。

　シスコシステムズで投資先や買収先を選定する際には、技術の優劣ももちろんですが、それより何より、そのベンチャー企業の経営者とシスコシステムズとの相性が重視されました。買収後に、シスコシステムズのビジョンやミッションに向かってともに走っていけるかという視点でした。

　だからなのでしょう、買収された起業家たちの多くは、シスコシステムズのなかで事業部門の長として働き続けていました。私もそうした事業部門長に何人かお会いしましたが、さすが一国一城を築いただけあってカリスマ性を備えた魅力的な人物が多いと感じました。いずれも自分たちが生み出した製品を成長させるために、十分な知力と胆力を備えている人ばかりだったと思います。

　そういう人たちが自分の会社を売ってもシスコシステムズにとどまったのは、ビジョンに共感したからだと思います。シスコシステムズが掲げるビジョンとは、「Changing the way we work, live, play and learn（人々の働き方、生活、娯楽、学習のあり方を変える）」です、この

ビジョンに共感し、インターネットで世の中を変えていこうという気概にあふれた起業家たちが、シスコシステムズにとどまったことは、会社にとって、買収によってもたらされた技術以上の資産になっていたと思います。

シスコシステムズですら、大企業病と無縁でなかった

　その後、ITバブルは弾け、その少し後に、私はシスコシステムズから日本GEに移りました。その後の報道などを見ると、チェンバースは、これまでのようなルーターやスイッチなどのハード中心のソリューション提供から、サービス分野でのソリューション提供に移行する必要があると考えたようです。そのための組織として「カウンシル・アンド・ボード」という取り組みを始めました。シニア・バイス・プレジデント（SVP）やバイス・プレジデント（VP）といった幹部クラスが、会社横断的に参加する組織で、大きな市場を新しく開拓するイノベーションを目的としていました。

　しかし、残念ながら、この取り組みから大きな成功が生まれることはなかったようです。その理由として1つには、それぞれのプロジェクトのリーダーが現業との兼務であったために、強いオーナーシップとスピード感を発揮して取り組むのが難しかったこと。もう1つは、「カウンシル・アンド・ボード」が会社横断的な組織であったこともまた、オーナーシップとスピード感を阻害したということのようです（※4）。

　かつてのシスコシステムズのように輝いていた組織であっても、企業規模が大きくなれば、大企業の陥りがちな落とし穴を回避するのは難しいのです。それがわかっているからこそ、ベゾスは「いつかアマゾンは潰れる」「我々は、常に『デイ・ワン』にいなければな

らない」といった言葉で、社員を鼓舞するのでしょう。

顧客起点で掛け算になるM&A

　話が少し脇道に逸れましたが、イノベーションのためのM&Aは、米国企業と比べたとき、日本企業が苦手とするところであり、米国企業に学ぶ余地が大きい分野と感じます。大事なことは、顧客中心に考えること。顧客が求めるものがあり、その顧客のニーズに応えたいと考えたとき、自社のリソースとスピード感に不足があると感じるなら、それを補完するためにM&Aを検討する、という考え方です。その際、製品や技術だけでなく、自社のビジョンに賛同する起業家や技術者を仲間に引き入れることも重要な目的となります。

　アマゾンが実践している買収は、買収先の売り上げや利益を足しただけの成長を目的としたものではありません。買収した企業の技術や人材を取り入れて自社の力と掛け合わせ、何十倍、何百倍、何千倍もの大きなものにするための買収です。言い換えれば「足し算」の買収ではなく「掛け算」になる買収です。日本企業に米国のGAFAなどと対等のスピードで競争する気持ちがあるなら、こういった掛け算になるテクノロジー企業の買収をしないという選択肢はないでしょう。

　掛け算を可能にする手法は買収だけでなく、戦略提携に始まり、マイノリティ投資などさまざまなものがあります。そのような経営戦略を使い分け、実践することは、多くの日本企業がイノベーションを起こすうえで補強すべき能力の一つだと思います。

2 イノベーションに適した環境を育む仕組み・プラクティス

2-(1) 創造性を高めるオフィス環境

　第1章で紹介した仕組みのうち、PR/FAQは、イノベーション創出の「様式」であり、「イノベーションサミット」は、イノベーション創出の「場」です。これらに加えて、アマゾンがイノベーション創出のためにこだわるのが「環境」です。

愛犬と出勤、「出会いの場」があるオフィス

　アマゾンの米国オフィスでは、自分が飼っている犬をオフィスに連れてくることが許されています。シアトルの本社で、ベゾスも執務する「デイ・ワン (Day1)」ビルはドッグランも備えられ、愛犬家にとってはたまらない環境です。

　本社には、「スフィア (The spheres)」という3個の巨大なガラスドームを連結したオフィスがあり、そのなかには30を超える国々の亜熱帯地域から集めた4万以上の植物が育成されています。さながらジャングルのような空間のところどころに椅子やテーブルが置かれ、社員は好きなところに座って仕事ができます。室温は22度、湿

度は60%に保たれており、快適です。私も米国に出張したときに何度か利用しましたが、都会にいるのに森のなかにいるような居心地で、リラックスしながら仕事に集中することができました。いつもと違った環境で新しいアイデアを考えるのにはうってつけだと思います。

　シアトルの本社以外でも、社員は自席で執務する必要はありません。オフィスにはさまざまなタイプの共有スペースがあり、気分に合わせて場所を選んで仕事できます。快適な共有スペースには、他部署の人との出会いや意見交換を促進する働きもあります。このようなさまざまなユニークなオフィス環境がストレスを低下させ、クリエイティブなアイデアを浮かびやすくし、それが結果としてイノベーション促進につながっていると感じました。

　創造性を高めるオフィス環境にこだわる経営者は、ベゾスばかりではありません。なかでも有名なのは、アップル創業者のスティーブ・ジョブズでしょう。アニメ映画制作のピクサー本社ビルを建てるときには、どうすれば人々が出会い、話すことを促進できるかという視点から、動線にこだわって設計したということです。『ピクサー流 創造する力』（エド・キャットムル、エイミー・ワラス著、石原薫訳／ダイヤモンド社）には、こう記されています。

　「結局スティーブは、アトリウム（著者注記：中央大広間）をまたぐアーチ形の鉄橋から試写室の椅子まで、新社屋のあらゆるディテールを取り仕切った。…（中略）…建物に入るときに社員同士が顔を合わせるよう、入り口を一カ所だけにした。会議室、トイレ、メールルーム、三つの劇場、ゲームエリア、食事エリアのすべてが建物の中心に位置するアトリウムにある……こうしたことすべてが人の交流につながった。一日中、何かの拍子に誰かと行き合うため、コミュニケーションが自然に生まれ、偶然人と出会う確率も増す。建物内に活気があふれているのが感じられる」

多様性を推進する「アフィニティ・グループ」

　職場にダイバーシティ（多様性）があり、なおかつ多様な人々がインクルージョン（包摂）されている「環境」が、新しい発想を生み出すうえでは不可欠です。均質的な人々ばかりが集まる環境で生み出される発想には、創造性に欠けたり、ある属性の顧客にとって不便や不満が生じる要素があることを見落としたりしがちです。

　多様性には、さまざまな切り口があります。性別、人種、民族、宗教、教育、キャリア、スキル……。これらさまざまな要素において多様な属性を持った人材を集めることを、アマゾンは重視します。しかし、ダイバーシティに富んだ人材が社内に豊富にそろっていても、それぞれが仲間同士で集まっていて、分離された状態にあるのでは、アイデアに多様性は生まれません。そこで必要なのが互いの違いを受け入れ、ともに成長すること。それがインクルージョン（包摂）です。

　つまり、ダイバーシティがあり、かつインクルージョンを保った状態で意見を出し合う環境が望ましいということです。

　このような考え方はアマゾン独自のものではありませんが、イノベーション創出には極めて重要であり、アマゾンも積極的に取り組んでいます。

　そのための仕組みの1つが、「アフィニティ・グループ（affinity group）」です。アフィニティは「類似性」を意味する言葉で、「アフィニティ・グループ」とは、類似するバックグラウンドを持つ人たちの交流の場です。例えば、「技術職の女性」という類似性のある人たちが定期的に集まって会合を持ち、同じ属性の人たちがより働きやすくするための提案をまとめたレポートを提出したり、採用に助言

をしたりしています。2021年現在、13のグループがありますが、例えば、次のようなものがあります。(※5)

- **Amazon People with Disabilities (AmazonPWD)**：身心に障害を持つ社員や顧客を支援するためのグループ
- **Amazon Women in Engineering (AWE)**：技術職にある女性やノンバイナリー(自分の男女を特定しない人)のためのグループ
- **Asians@Amazon**：アジア系の社員の採用やネットワーキングを支援するグループ
- **Black Employee Network (BEN)**：黒人の採用やエンパワーなどを支援するグループ
- **Body Positive Peers (BPP)**：さまざまな体型の顧客や社員を包摂することを目的とするグループ
- **Families@Amazon**：介護に携わる人たちの支援を目的とするグループ
- **Glamazon**：LGBTQの人々のコミュニティや機会について社員が学ぶことを目的とするグループ
- **Indigenous@Amazon**：先住民族の社員たちが出会えるようにするグループ
- **Latinos@Amazon**：ヒスパニック系やラテン系の社員たちがコミュニティを形成し、採用や教育、能力開発することなどを目的とするグループ
- **Mental Health and Well-Being (MHW)**：メンタルヘルスについての自覚と相互理解を深め、社員の心身の幸福を高めることを目的とするグループ

3

メカニズムに
魂を吹き込む仕組み・プラクティス

3-(1)　ハンズオンで率先垂範する

　アマゾンの幹部には、積極的にPR/FAQを書くことが求められますし、実際、自発的に書く人が多くいます。

　アマゾンのリーダーにとってアイデアの創出とは、チームメンバーに「提案を求める」だけでなく、常日頃からアンテナを張りめぐらして「自らも探す」べきものです。そのために、常に顧客が求める価値について考え続け、社内外から情報を吸収し、他のチームメンバーとともに斬新な視点を探そうという意欲を持って、仕事に取り組みます。

　その狙いは、2つあります。

　1つには、リーダーが挑戦する姿勢を見せることで、チームメンバーがそれを見習い、積極的にPR/FAQを書くようになるということです。

　もう1つは、チームメンバーから提案されたアイデアの価値を正しく評価する力を育み、維持するためです。リーダー自身が日頃から内外にアンテナを張って、顧客が求める価値について考えていなければ、チームメンバーのアイデアが、顧客の体験価値を高めるものであるかどうかの判断を、的確に下すことができなくなってしま

います。これを避けることも、チームリーダーが自らPR/FAQを積極的に書く理由です。

　Sチームのメンバーも、例外ではありません。幹部のなかでトップクラスに位置する彼ら彼女らも、積極的にPR/FAQを書いてきましたし、今後も書くことが期待されています。

　ベゾス自身が新しいアイデアにあふれ、その実現を強力に推進する能力を持つイノベーターであることは、疑うべくもないでしょう。さらに、その後を継いだ新しいCEOのアンディ・ジャシーもかつて、「アマゾン・ウェブ・サービス（AWS）」のPR/FAQを自ら書き、新規事業として立ち上げた人物です。この事業が、今では、アマゾンの営業利益の約60％を生み出すまでに育ったのは、既述の通りです。

苦手意識があっても、チャレンジを続ける

　読者の皆さんの会社ではいかがでしょうか。「うちの幹部に、自分で企画書を書くほどアイデアや意気込みのある人はいない」と嘆息する向きもあるのではないかと思います。そもそも、新しい企画を提案するのが得意なタイプと、苦手なタイプの人がいるのも事実です。

　そこはアマゾンも例外でなく、幹部全員が、イノベーションの企画力に長けた人ばかりというわけではありません。既存事業を緻密に執行するのに長けたタイプの人もいて、PR/FAQをどれくらい書けるかといえば、幹部クラスでも個人差はありました。

　しかし、アマゾンの幹部がすごいのは、「自分は、イノベーションの創出よりも、既存事業の執行に強い」と思っている人でも、イノベーションの創出を決してあきらめないところです。イノベーショ

ンの創出が苦手なら、既存事業の執行に特化するという選択肢もあるでしょう。しかし、そのような道を選ばず、苦手なはずのイノベーション創出の力を高める努力を続けます。

逆に、既存事業の執行力に苦手意識がある幹部も、そこを克服しようと努力します。第1章で紹介した「イノベーションサミット」などは、そんな幹部たちが、自分の苦手分野にチャレンジし、克服する場としても、うまく機能していたと感じます。

ベゾスも、苦手分野を克服してきた

なぜ幹部たちがそのような意欲を持てるのかと考えると、ベゾス自身が率先垂範で示してきたからだと感じます。

2017年に株主に送った手紙に、ベゾスは次のように記しました。私なりに訳して引用します。

"

私がアマゾンを創業したとき、私は発明、カスタマーケア、そして（ありがたいことに）採用に関して高い基準を持っていました。しかし、私はオペレーション・プロセスには高い基準を持っていませんでした。つまり、問題を再発させない方法、欠陥を根本から排除する方法、プロセスの検査方法などです。私はそのすべてについて高い基準を学び、開発しなければなりませんでした（同僚たちが私のチューターでした）

* * *

When I started Amazon, I had high standards on inventing, on customer care, and (thankfully) on hiring. But I didn't have high standards on operational process: how to keep fixed problems fixed, how to eliminate defects at the root, how to inspect processes, and much more. I had to learn and develop high standards on all of that (my colleagues were my tutors).

"

　つまり、ベゾス自身、当初はオペレーションに苦手意識があったことを告白したうえで、それを同僚から学び、克服したのだというのです。苦手分野を苦手なままにしないという姿勢をベゾスが率先垂範で示すので、幹部もおのずとそうなっていくのだと思います。

　私にも思い当たることがあります。アマゾンに入社してすぐに米国のシアトル本社でリーダーシップ研修に参加しました。その講師の1人に創業時からベゾスとともに働いてきた幹部がいて、その人自身が、ベゾスから「これは絶対読むべきだ」と薦められた本で、みんなにも読んでほしいと手渡された本がありました。それが『THE GOAL』でした。

　邦訳された『ザ・ゴール ― 企業の究極の目的とは何か』(エリヤフ・ゴールドラット著、三本木亮訳/ダイヤモンド社)も日本でベストセラーになっていましたが、私自身はこのとき、初めて原書で読みました。読んでみると、工場の業務改善がテーマで、「なぜこの本を、特に大切な本としてベゾスが薦めるのか?」という疑問が残りました。

　しかし、後に、先ほど紹介した2017年の「ベゾス・レター」を読み、ベゾスが自分の弱点であるオペレーション・プロセスの勉強のために読んでいた本であり、その意味でベゾスにとって大切な意味を持つ1冊だったのだろうと腑に落ちました。

インスティテューショナル・イエス （Institutional Yes）

　「ハーバード・ビジネス・レビュー」のインタビューでベゾスは、編集者から「あなたにとって、最大の戦略的失敗とはどのようなものか？（What would you say has been the nature of your biggest strategic mistakes?）」と問われ、こう答えています（※6）。

　「大きな失敗の多くは、取りかかって失敗するより、機会を見逃した失敗によるものだと思う（I think most big errors are errors of omission rather than errors of commission）」

　イノベーションを多く生み出すには、多くの実験をスタートさせる必要があります。そして、イノベーションを生むための実験を数多くスタートさせるうえでの課題は「提案されるアイデアの数が少ない」ことではなく、アイデアが提案されたとき、「意思決定者が実験にゴーサインを出せる回数が少ない」ことにあると考えているということです。

　この課題を解決するコツを、記事のなかでベゾスは紹介しています。それは、「いいアイデアだな」と思ったとき、次のような問いかけをすることだといいます。

　「なぜやらないの？（Why not?）」

　その質問をすることにより、実験の数を最大化することができるとベゾスは考えます。その理由は「なぜやらないの？（Why not?）」というリーダーの問いに対する人々の反応はこうなるからです。

　「やります。やれる方法を考えます」

　ベゾスの言葉をそのまま使えば、「People say, "We're going to do this. We're going to figure out a way"」ということです。そして「それこそが『インスティテューショナル・イエス（組織的な肯定）』であ

る(That's the institutional yes)」と結論づけています。

　上司に「なぜやらないのか?」といわれて、「やります!」と部下が答えるというのはどうかと思う方もいるかもしれません。

　私のこの話に対する理解は以下の通りです。

　まず前提として、もともと提案者は自分でもいい提案だと思っていたのです。しかし、実現には大きな困難が伴うので躊躇していた。そこにベゾスやSチームなどから「なぜやらないの?」と問われたことで、「そういってもらえるのなら」と勇気付けられ、「やります、やれる方法を考えます」と答えた、ということでしょう。

　アマゾンではこうやって、いいアイデアを持ちながらも、実行をためらうメンバーの背中をリーダーたちが押すことで、実験の数を増やす方向にもっていきます。

　つまり、ここで重要なのは「いいアイデア」を提案するメンバーがいたら、その背中を押し、前進させるということを、ベゾスはもちろん、アマゾンで意思決定する権限を持つあらゆる人がやるということです。「圧力をかける」のではなく「背中を押す」のです。もちろん「これはいいアイデアだ」と思ったときにだけ背中を押すのです。

　このインタビューに限らず、ベゾスは「インスティテューショナル・イエス」という独自の概念を、いいアイデアを見逃さないための方策として繰り返し強調しています。

経営幹部は「楽観主義」の体現者であるべきだ

　この言葉に象徴されるように、アマゾンには「大きなポテンシャルが感じられるが、リスクが高かったり、実現が難しそうに思えたりするアイデア」が提案されたとき、否定する方向にできるだけ向

かわないようにする企業文化と仕組みがあります。

　例えば、第1章で紹介した、PR/FAQ作成のプロセスで、ひたすら「顧客のニーズ」にフォーカスすることには、「できない理由」を探さない方向に議論を向かわせる働きがあります。また、「ツーウェイ・ドアとワンウェイ・ドア」の判断基準にも、チャレンジを促進する機能があります。先ほどの「なぜやらないの？（Why not?）」の質問も同様で、「インスティテューショナル・イエス」を実現するための仕組みです。

　これらの仕組みによって、アマゾンは大企業になってもなお、イノベーションの機会が、組織的な手続きのなかで摩耗していくことを防げているのです。

　Sチームのメンバーには、「インスティテューショナル・イエス」を体現するかのような、楽観主義があふれています。

　新しい企画というのは、10個挑戦して、2、3個でも成功すればまだいいほうで、失敗することのほうがはるかに多い。けれど、たった1つ成功すれば、すべての失敗を帳消しにしてあまりあるほどのリターンが得られるのだから、どんどん挑戦しようよ——そんなメッセージを、言葉から、態度から常に発信しています。

　実際、Sチームのメンバーは、数々の失敗をものともせずに「アマゾン・ウェブ・サービス（AWS）」や「アマゾン・プライム」「キンドル」「エコー」などの成功をものにしてきたのです。そんな彼ら彼女らは、「インスティテューショナル・イエス」の伝道師でもあります。

　アマゾンで、幹部が「いいな」と思ったアイデアをどんどん前に進めていけるのには、大事な前提があります。それは、どんなプロジェクトもスモール・スタートするということです。はじめから大きな投資をするのでなく、小さな投資から始めます。プロジェクトチームの人数も最初は少なく、まず実現可能性を調査し、プロジェ

クトの計画を立てます。ベンチャー企業が成長のフェーズに合わせ
て資金調達をし、採用をしていくのと同様です。どれほど期待され
ている新事業であっても、リソースは段階的に投入していきます。

　そして次の段階に進むかどうかの判断は随時なされるので、多く
のアイデアを並行して実験することができます。そこから成功しは
じめたものが出てきたときには、アマゾンのスケールを生かした大
規模な投資で成長を加速していきます。

企業内新規事業だからこそ「インスティテューショナル・イエス」

　「インスティテューショナル・イエス」が必要な理由を、ベン
チャー企業と企業内新規事業との対比で考えてみます。

　独立したベンチャー企業であれば、1つのベンチャーキャピタル
(VC)に出資を断られたところで、ほかにもVCは多くあるので、ほか
に打診してチャレンジを続けることは可能です。あるVCと別のVC
とで判断が分かれるケースは当然あります。しかし、企業内の新規
事業の場合、最初に提案した意思決定者に断られた後、同じアイデ
アを別の意思決定者に打診するというのは現実的ではありません。

　だとすると、実験の数を増やすためには、「いいな」「可能性があ
る」と思った提案は一度の議論でNGの決定をするのでなく、なる
べくゴーサインを出して進める方向に持っていくか、議論を重ねて
改善することで可能性を探るのが得策ではないでしょうか。そのと
きに、多方面からの視点を取り入れて議論できるのは、一定の規模
を持つ企業の強みになり得るでしょう。

ミショナリーとして
本能に逆らう意思決定

　日本企業は「持続的イノベーション」には優れているが、「破壊的イノベーション」を苦手とする。そんなイメージをお持ちの方は多いと思います。

　繰り返しになりますが、「持続的イノベーション」とは、既存の製品・サービスの延長線上にあるイノベーションです。一方、既存の製品・サービスとは別次元の発想から生まれるのが「破壊的イノベーション」で、既存の製品・サービスそのものの存在価値を一気に失わせてしまうほどの破壊力を持ちます。

「iモード」は「iPhone」になれなかった

　「破壊的イノベーション」の好例は、2007年に発売されたiPhoneでしょう。iPhoneが登場するまで、携帯電話の中核的な価値は「通話」にあり、「メール」機能の比重も高まっていたとはいえ、携帯電話市場の勢力図を一変させるほどの影響力は持ちませんでした。

　そこにiPhoneが登場します。iPhoneの何が画期的だったかといえば、携帯電話に「さまざまな機能を持つアプリをダウンロード」する機能を加えたことでした。さまざまな開発者が有償・無償のアプリを公開し、それをユーザーがダウンロードして楽しむ。いわばiPhoneは、アプリ販売のプラットフォームとなったわけです。

　今や、そのプラットフォームは、SNSを介したコミュニケーションや情報収集から、スケジュール管理、健康管理、資産マネジメントに、エンターテイメントコンテンツのサブスクリプションまで、

オンラインを介して提供されるあらゆるサービスの窓口として機能しています。

　大成功を収めたiPhoneには、アンドロイドをベースとした後続のライバルが多く現れましたが、「スマートフォン」という新しい市場を生み出し、従来の「携帯電話」の存在価値をほとんど失わせてしまったという意味で、まさに破壊的イノベーションだったといえるでしょう。

　しかし、歴史を振り返れば、iPhoneのような「破壊的イノベーション」を、日本企業が起こす可能性もありました。iPhoneが発売される8年も前、1999年にNTTドコモが「iモード」を立ち上げました。携帯電話を介してインターネットを利用できるサービスで、ある意味、スマートフォンの先駆けです。しかし、「iモード」は、日本では人気を集めたものの、グローバル展開には至りませんでした。

東芝インバーターエアコンの衝撃

　一方、「持続的イノベーション」においては、日本企業の実績は素晴らしく、グローバルに成功している技術が多くあります。例えば、東芝が世界に先駆けて1980年代に発売した、家庭用インバーターエアコンは、その好例です。

　従来の家庭用エアコンでは、エアコンの心臓部といえるコンプレッサー(圧縮機)を動かすモーターは、「オン／オフ」を切り替えることしかできませんでした。しかし、東芝の新しいエアコンは、インバーターを使うことで、コンプレッサーの動きを細かく調整することを可能にしました。その結果、電気代の大幅な削減と、室温調整の機能向上が実現しました。時代が求める省エネのニーズにも応えた家庭用インバーターエアコンは、以降、エアコン市場の世界標

準となっていきます。

　なぜ、持続的イノベーションに長けた日本から、破壊的イノベーションが生まれないのでしょうか。

　破壊的イノベーションのアイデアは、どんな企業でも多くの場合、社員の頭のなかにはあると思います。それらのアイデアを企業として実験に進めるには、大きな関門が2つあります。

　第1に、社員の頭のなかにあるアイデアを提案の形にして評価の土俵に上げるという関門。

　第2に、せっかく上がってきた素晴らしい提案を見逃さずにゴーサインを出し、次の段階へ進めるという関門です。

　第1の関門を乗り越える解決策としては、第1章、第2章でお話しした仕組みが活用できます。

　そこでここでは、いかにして素晴らしい提案を見逃さないようにするかについてお話します。つまり、かつての「ウォークマン」のような破壊的イノベーションの芽を、日本企業がしっかりと育てていくにはどうしたらいいのか、ということです。

ソニー創業者が「ウォークマン」で見せた目利き力

　そもそも日本企業に、そのような目利きができる経営者や経営幹部が登場することを、期待してはいけないのか。

　そんなことはないと思います。

　「破壊的イノベーションの芽を拾った経営者」の事例として、私が真っ先に想起するのは、ソニー創業者の盛田昭夫氏が「ウォークマン」の開発にゴーサインを出したエピソードです。

　ソニー社内でよく語られていた話です。

　現場から上がってきた提案は「録音機能がない代わりに、とこと

ん小さくしたテープレコーダー」でした。試作機が作られたとき、管理職の多くは反対したそうです。それを盛田氏が「これはいい！」といって押し切り、製品化に至りました。

　このときの盛田氏の決断は、この小型テープレコーダーを「持続的イノベーション」として捉えず、「破壊的イノベーション」であることを看破した、と説明できます。

　テープレコーダーの小型化を「持ち運びの利便性を上げる」だけの「持続的イノベーション」として捉えれば、録音機能がないウォークマンは、不完全なだけの製品に見えてしまいます。

　しかし、小型化されたテープレコーダーにヘッドフォンをつけることで「家の外でも、歩きながら音楽が聴ける」という、新しい顧客体験を生む製品だと、盛田氏は考えました。つまり、「破壊的イノベーション」の可能性を秘めた提案だと見抜いたわけです。

　このような判断を下した盛田氏は、常に新しい事象やアイデアにアンテナを張り続けていました。新製品について、開発者から直接、説明を受けることもよくありました。私のソニー時代の同僚も、入社3年目のときに直接、会長室に呼ばれて新製品の説明をしたことがありました。盛田氏からいろいろな質問を受けた後、「忙しいのに、わざわざ説明に来てくれてありがとう」とねぎらわれて感激したと、興奮気味に話していたのを思い出します。

信頼するナンバー2の反対を押し切ったベゾスの決断

　アマゾンにも、ベゾスが他の経営幹部の反対を押し切って、新規事業にゴーサインを出したケースがあります。

　例えば、電子書籍リーダー「キンドル」がそうでした。「キンドル」プロジェクトの推進の可否を決断する役員会議において、ECビジ

ネスの責任者だったジェフ・ウィルキーは、次のような言葉で強く反対したといいます。

「我々はソフトウエア会社であって、ハードウエア会社ではない（We're a software company, not a hardware company）」

製造業の能力がない会社が、電子デバイスの開発を推進することで、さまざまな形で代償を払うことになると予測し、強く反対したのです。この役員会議でさまざまな議論が交わされた後、ベゾスは最終的に次のように述べ、プロジェクトを推進すると宣言しました。

「我々は今、（ウィルキーから）いわれたよりはうまくやれると私は思う。だが同時に、今、指摘されたようなさまざまな困難が起こる可能性も認めよう。それでも我々はやる（Well, I think we'll do better than that, but I'm willing to concede that all those things might happen, and we're still gonna do it）」（※7）

ウィルキーはECビジネス成功の功労者で、ベゾスやほかの役員たちからも信頼され、ベゾスに次ぐアマゾンのナンバー2の立場にあると目されていた人です。そしてマサチューセッツ工科大学（MIT）で、MBA（経営学修士号）と工学修士号を同時に取得する「Leaders for Manufacturing program」を修了していて、製造業には見識がありました。そのような人物から強い反対にあっても「やる」という決断を経営トップが下したことが、アマゾンの大きなターニングポイントになりました。もしここでやらないという決断をしていたら「キンドル」だけでなく、そこで蓄積されたハード技術を活用して開発された「エコー」や「ファイア」も生まれていませんでした。

このときのベゾスの決断には、盛田氏のウォークマンの決断と共通するものがあります。

このように破壊的イノベーションの背後には、そのシーズを見逃

さない経営トップの「目利き」の力があるものです。

　だからといって、破壊的イノベーションを生むには、盛田氏やベゾスのような天才的に目利きに長けた人の出現を待つしかない、という主張を、本書の結論にするつもりはありません。

　そこで次に、決して天才ではない経営トップや経営幹部が目利きの力を高め、組織の力にする方法について考えたいと思います。

「目利きの天才」の判断基準とは?

　ここからは私の推測になりますが、盛田氏とベゾスはそれぞれの製品開発にゴーサインを出すにあたって、次のような判断要因に重きを置いて決断したのだと思います。

ベゾスの「キンドル」のケース

- 「キンドル」によって「これまでに印刷されたすべての本が60秒未満で読めるようになる」というまったく新しい読書体験を提供できる。
- 上記のような読書体験を提供できれば、顧客は「キンドル」を手放せなくなり、普遍的なニーズが表面化する。
- ほかの会社が「キンドル」を作るより、自分たちが開発したほうが、顧客の使いやすさや顧客が必要とする機能を深く考えることができるので、顧客にとっていい製品になる。

盛田氏の「ウォークマン」のケース

- 「外で音楽を聴く」という新しい顧客体験を可能にする製品だ。
- 自分自身も強く欲しいと思う。
- このような顧客体験を実現する製品が提供できれば、顧客は手放せなくなり、普遍的なニーズが表面化する。

● 自分たちが開発しなければ、ほかの会社からは出てこないアイデアだ。

　2人とも、新しい顧客体験の価値を確信したうえで、「自分たちがやらなければ、誰も実現できない」「自分たちがまだ表面化していない、この普遍的ニーズを具現化するのだ」という強い気持ちがあって決断したのではないかと思います。つまり、これをやることが我々のミッションだと思うくらいのミショナリーの領域に入っていたともいえます。

　何がこのような決断を可能にしたのかといえば「顧客中心」の徹底ということに集約されると思います。

　ただし、2人のやり方は違います。

　盛田氏は自分自身が顧客になったつもりで、「自分だったら本当に欲しいか？」という視点から、あらゆる新製品の提案を見ていました。日頃から自社の新製品を手に取り、若手の設計者から話を聞くことでその感覚を研ぎ澄ましていました。それと同時に新しい文化の流れにも積極的に触れることで、今後は家の外でも音楽を楽しみたいという人たちが増えてくるだろうと予見する鋭さも備えていました。60歳をすぎられた盛田氏が流行しつつあったウインドサーフィンを体験されたという記事を社内報で読んだのを覚えています。「ウォークマン」にゴーサインを出した「目利き」の力の源は、盛田氏自身の研ぎ澄まされた感覚にあったと思います。

　ベゾスの場合は、本書で第1章から説明してきたPR/FAQに基づくディスカッションという仕組みがあります。「目利き」の力の根底に、研ぎ澄まされた感覚があることは盛田氏と共通ですが、さらに組織的にイノベーションに取り組む仕組みが働いているところにアマゾンの強みがあります。

　アマゾンではさまざまなPR/FAQについて、「普遍的なニーズがあるか？」「長期的に大きな規模に成長するか？」「自分たちがやるこ

とが顧客のためになるか？」「顧客はその製品・サービスを本当に好きになるか？」といったことを、自分たちが納得できるまで議論します。日頃からさまざまなPR/FAQをレビューし、そこで議論を繰り返すことにより、全社員の感覚が研ぎ澄まされていきます。

「目利き」に必要な「本能に逆らう判断」

天才ではない経営トップや経営幹部であっても、PR/FAQに基づいたレビュー・議論を重ねていけば徐々に高い確信を持って、目の前のアイデアが取り組むべき新規事業かどうかの判断ができるようになっていきます。

ただし、その判断結果は確実な成功を保証するものではありません。そのため、この段階で尻込みする経営トップも多いと思います。盛田氏とベゾスは2人とも創業者としてイノベーションを積み重ねながら会社を成長させてきた経営者です。それゆえ、大胆な意思決定に対するハードルが、他の経営者より低かったという側面があることは否定できません。

ベゾスは、これからのアマゾンの経営幹部も自分と同じように決断を下せるように、判断の仕方や背景、考え方について社内外に繰り返し発信して伝えています。詳しくは第4章で紹介しますが、大きくは以下の2つの考え方です。

○「失敗と発明は分かつことのできない双子だ」
　 —— failure and invention are inseparable twins
○「理解されないことを恐れてはいけない」
　 —— willing to be misunderstood

いずれもベゾス自身の言葉ですが、前者は「新規事業に失敗はつきもので避けられない」ことを意味します。後者は「数値ベースの計算では短期的に損失となるようなプロジェクトであっても、長期的に大きなリターンが期待できるものに挑戦する」ということです。

　このような「失敗のリスクを恐れず、短期的利益を犠牲にして長期的な大きなリターンを目指す意思決定」は、人間の本能的な判断傾向に逆らう決断です。人はどうしても短期的なリターンに重きを置いてしまう「現在バイアス」の傾向があります。また大きなリターンがある可能性があっても、リターンが確実でなく、リスクの残る選択を嫌う「リスクアバース」の傾向もあります。これらの傾向は、人間が本能的に持つものです。

　つまり、破壊的イノベーションの芽を見逃さない目利きの最終判断においては、人間の本能に反する決断を下すことが要求されます。ですから、多くの場合は尻込みしてしまいます。それに逆らって前に進んでいくという決断が経営トップには期待されるということを、これらのメッセージは伝えています。ベゾスはそれを「ボールド・ベット（Bold bet/大胆な賭け）」とも表現しています。

天才でなくても目利きができるようになる

　このような「失敗のリスクを恐れず、短期的利益を犠牲にして長期的な大きなリターンを目指す意思決定」はベゾスの神髄です。イノベーションにつながる事業提案の可否を判断する立場に立つ人にとって、大いに活用すべきガイドラインです。

　「ウォークマン」にゴーサインを出した盛田氏も、「キンドル」への反対を押し切ったベゾスも、どの程度、意識的であったかはわかりませんが、本能に逆らった意思決定ができていたのだと思いま

す。

　多くの提案のなかから、どの新規事業に取り組むべきかを見抜く力は、第1章、第2章で紹介した仕組みやプラクティスで高めていけます。その結果として、新規事業の提案のなかから「これは自分たちが絶対やるべきプロジェクトだ」というものを、高い確信を持って判断できるようになります。「これをやるのが自分たちのミッションだ」というレベルの確信を持てるようになるはずです。

　その次の段階で必要となるのが、本能に逆らった意思決定です。このとき、判断基準となり、考え方のガイドラインとなるのが、先ほどの「失敗のリスクを恐れず、短期的利益を犠牲にして長期的な大きなリターンを目指す意思決定」です。

　最初のうちは、小さな規模での意思決定から経験を積んでいけばいいのです。小さな規模で経験を摘むことにより、徐々に大きな規模の意思決定も可能になります。

　結果として1人の天才に頼るのではなく、組織として破壊的イノベーショの素晴らしいアイデアを見逃すことが少なくなり、破壊的イノベーションを創造する組織として進化し続けることが可能になると、私は考えています。

　本当にこれが正しいかの証明は、ベゾスの後を継いだアマゾンの現CEOのアンディ・ジャシーが破壊的イノベーションを生み出すのを待たなくてはなりません。しかし、その準備ができていると判断したからこそ、ベゾスは退任したのだと私は考えます。

仕組みを進化させ続ける

PR/FAQや「リーダーシップ原則 (OLP)」を筆頭とする、アマゾンがイノベーションを起こす仕組みは、創業時からそろっていたものではありません。ベゾスと「Sチーム」のメンバーたちが、その時々の会社の課題に応じて、徐々に作り上げてきたものです。

しかも、これらの仕組みを「より良い方法が発見されたら改訂する」ことを前提に作っているところが、アマゾンの特徴です。

アマゾンの「リーダーシップ原則」について、第1章で紹介しました。これらには実は、次のような前置きが置かれていました (現在は文面が改訂されていますが、私の在籍時のものを引用します。下線は著者注記)。

* * *

リーダーシップ・プリンシプル

チームを持つマネージャーであるかどうかにかかわらず、Amazonでは全員がリーダーです。さらに良い考えが出てくるまでは、私たちのリーダーシップ・プリンシプルは以下の通りです。リーダーとして行動しましょう。

Our Leadership Principles

Whether you are an individual contributor or a manager of a large team, you are an Amazon leader. These are our leadership principles, unless you know better ones. Please be a leader.

* * *

注目していただきたいのは「unless you know better ones」という表現です。

日本語でいえば「さらに良い考えが出てくるまでは、私たちのリーダーシップ・プリンシプルは以下の通りです」という表現のなかの「さらに良い考えが出てくるまでは」の部分です。

つまり、「さらに良い考えが出てくる」ことがあれば、今まで大事にしてきた原則であっても変える、ということです。

しつこいほど繰り返される 「さらに良い考えが出てこなければ」

アマゾンでは、チーム別に「テネッツ (Tenets)」と呼ばれる「組織信条」も作成されます。「なぜこのチームは存在するのか？」「何を目的として活動するのか？」「顧客は誰なのか？」などを明確にするため、組織ごとに定めます。このテネッツにも、「さらに良い考えが出てこなければ (unless you know better ones)」という断り書きが添えられていました。

しつこいほどに繰り返される「さらに良い考えが出てこなければ」というフレーズからは、アマゾンが「古いやり方を変えることを辞さない」だけでなく、「新しいアイデアが社員から出る」ことを期待していることがひしひしと伝わってきます。実際に私もこの言葉を見て「これは固定されたルールや規範ではなく、自分の意見が求められているのだな」と感じました。そして「これはすでに決められたことだから」という受け身の気持ちがなくなる感覚を覚えました。

このようなアイデアやチャレンジを引き出すよう、社員に働きかけるのがSチームメンバーの重要な役割です。

「働きかける」というのは、実際にはSチームの自問自答でもあり

ます。彼ら彼女らも常に「よりよい仕組みにできないか？」「今の仕組みが想定通りに効果を発揮しているのか？」などを自分に問いかけています。

　その1つの実例が2021年に追加された2つのOLPです。アマゾンも大企業になり、社会や従業員への責任が大きくなりました。そのような責任を自覚し、それを果たすための行動規範として、以下の2つが追加されました。

● Strive to be Earth's Best Employer

　リーダーは、職場環境をより安全に、より生産的に、より実力が発揮しやすく、より多様かつ公正にするべく、日々取り組みます。リーダーは共感を持ち、自ら仕事を楽しみ、そして誰もが仕事を楽しめるようにします。リーダーは自分自身に問いかけます。私の同僚は成長しているか？　十分な裁量を与えられているか？　彼らは次に進む準備ができているか？　リーダーは、社員個人の成功に対し（それがAmazonであっても、他の場所であっても）、ビジョンと責任を持ちます。

● Success and Scale Bring Broad Responsibility

　Amazonはガレージで創業して以来、成長を遂げてきました。現在、私たちの規模は大きく、世界に影響力を持ち、そしていまだに、完璧には程遠い存在です。私たちは、自分たちの行動がもたらす二次的な影響にも、謙虚で思慮深くありたいと思います。私たちは、社会、地球、そして未来の世代のために、日々成長し続ける必要があります。一日のはじめに、お客様、社員、パートナー企業、そして社会全体のために、より良いものを作り、より良い行動を取り、より良い企業になるという決意を新たにします。そして、明日はもっと良くできると信じて一日を終えます。リーダーは消費する以上に創造し、常に物事をより良い方向へと導きます。

この2つは、ベゾスが退任する少し前に付け加えたものです。ベゾスもまた「unless you know better ones」を自らに問い続けていたのでしょう。

　これらは仕組みを進化させ続けている例のいくつかに過ぎません。この本で紹介している「アマゾン・メカニズム」そのものが進化し続けています。私が在籍した2013年からの6年間でも、新しく追加されたり、改良されたりした仕組みが多くありました。仕組みやルールを進化させ続けるのも経営幹部の大きな役割です。

イノベーションの重要性を
全社に継続発信する

　ベゾスが、社内外に繰り返し発信しているメッセージがいくつか
あります。顧客のために発明することの重要性、イノベーションと
は顧客への価値提供のために起こすべきものである、それが自分た
ちの役割であり、アマゾンのDNAとすべき考え方だ……。

　そんなベゾスの言葉を、ベゾスに代わって社内で伝え続けるのも、
Sチームをはじめとする幹部の役割です。ベゾスのメッセージをS
チームメンバーが繰り返し、さらに現場に近いマネージャーが繰り
返すうち、ベゾスの言葉は社内の隅々まで、全メンバーの意識のなか
に浸透していきます。アマゾンには毎日のように新しい社員が入社
し、彼ら彼女らへのメッセージの発信は途絶えることがありません。

　ベゾスが社内外に向けて繰り返し発信する重要なメッセージは、
ほかにもいくつもあります。第4章で追加して詳しく紹介しますが、
ここでその一部をご覧になっていただくだけでも、ベゾスの思想と
アマゾンの企業文化の一端が見えてくるのではないでしょうか。

● アマゾンは競合に注力しない。顧客を感動させることに注力する。

● 長期間にわたって誤解されることを我々は恐れない。

● 数値に基づく意思決定しかせず、判断を必要とする意思決定を避
　ける企業は、イノベーションと長期価値創造の機会を失っている。

● 野球ではホームランを打っても最高4点までだが、ビジネスでは
　1000点を獲得することも可能だ。

● 会社の規模に応じて、失敗の規模も大きくなるべきだ。失敗の規
　模が成長していないとすれば、できるはずの規模の発明に取り組
　んでいないということだ。

これらはほんの一部ですが、本書の「はじめに」で紹介した「Customer-centric（顧客中心）」「Invent（発明）」「Long-term thinking（長期思考）」の3原則がぶれることなく、本質を突いた言葉として表現されています。ベゾスのなかから湧き出るこれらの言葉が、アマゾンという巨大組織を突き動かしてきたことは否めないでしょう。言葉の力は、イノベーションを起こし続ける組織が経営者に求める最も大きな力の1つです。

　しかし、創業者1人の発信力には限界があります。創業者の分身のようになって、その本質を突いた言葉を社内で繰り返し説くSチームの存在によって、ベゾスの思想が増幅し、組織文化として定着する。そんなダイナミズムを、社内にいて感じました。

　2021年2月2日、ベゾスが2021年の第3四半期にCEOを退任して取締役会長に就くことが発表されました。退任発表に際して社員に宛てたレターがあります。ベゾスらしさが強くにじむメッセージが多く含まれています。

　このレターで、ベゾスが社員に向けて一番強調して伝えているのは、「発明し続けることの大切さ」です。

　この後、原文を引用しますが、そこに一部、私が下線を引きました。この部分は「過去と未来の発明」に関する内容です。

　発明こそが自分たちの成功の根源であり、発明によって多くのイノベーションを実現してきたこと、そしてそれを誇りに思ってほしいこと、今後もアマゾンでは人を驚かすような取り組みが多く予定されていること、新しい領域であってもそれを学び、発明を続けてほしいこと……そんなメッセージが続いた後、最後は「It remains Day 1（「デイ・ワン」のままで）」という言葉で締めくくっています。

　アマゾンのビジョンは「地球上で最も顧客を大切にする企業になる」です。そしてベゾスは、顧客には常に満たされない欲求があり、

それを満たすために「発明し続けるDNA」が必要であると考えています。だから、130万人の社員に、このDNAを植えつけようとし続けてきたのであり、このレターにも、そのメッセージが強烈に出ています。

このレターから、ベゾスの肉声とその言葉の持つ力を皆さんにも感じていただきたいと思います。そこでアマゾンのホームページに掲載された原文を引用しつつ、私なりに解説を加えていきます。

> Fellow Amazonians:
>
> I'm excited to announce that this Q3 I'll transition to Executive Chair of the Amazon Board and Andy Jassy will become CEO. In the Exec Chair role, <u>I intend to focus my energies and attention on new products and early initiatives.</u> Andy is well known inside the company and has been at Amazon almost as long as I have. He will be an outstanding leader, and he has my full confidence.

「親愛なるアマゾニアンへ」と仲間に語りかける雰囲気で始めています。続くメッセージの冒頭で、ベゾスはCEOの職をアンディ・ジャシーに譲り、自分は会長職に就くことを伝えています。

注目したいのは、ベゾスが会長として注力したい仕事として「新しい製品や事業 (new products and early initiatives) 」を挙げていることです（下線部訳：私は自分のエネルギーと関心を新しい製品や早い段階のイニシアティブにフォーカスします）。ベゾスが何よりも「発明」を愛することが伝わってきます。ベゾスは、アマゾンのイノベーションにこれからも関わっていくことでしょう。ベゾスはこれまでも、これからも生涯、「発明」に取り組み続け

るでしょう。

" This journey began some 27 years ago. Amazon was only an idea, and it had no name. The question I was asked most frequently at that time was, "What's the internet?" Blessedly, I haven't had to explain that in a long while.

Today, we employ 1.3 million talented, dedicated people, serve hundreds of millions of customers and businesses, and are widely recognized as one of the most successful companies in the world.

How did that happen? Invention. Invention is the root of our success. We've done crazy things together, and then made them normal. We pioneered customer reviews, 1-Click, personalized recommendations, Prime's insanely-fast shipping, Just Walk Out shopping, the Climate Pledge, Kindle, Alexa, marketplace, infrastructure cloud computing, Career Choice, and much more. If you get it right, a few years after a surprising invention, the new thing has become normal. People yawn. And that yawn is the greatest compliment an inventor can receive. "

　ベゾスは創業から27年間の旅路を振り返り、「アマゾンは（最初）、ただの思いつきでしかなかった（Amazon was only an idea）」と書いています。アマゾンの創業は1994年、インターネットが何であるかを知らない人が多かった時代に始まった会社です。

それがやがて、130万もの人を雇用し、何億という顧客を持つ大企業に育ちました。

　「How did that happen？（そんなことがどうして起きたのか？）」と、ベゾスは自らに問います。その答えは極めてシンプルで「Invention（発明）」です。「発明こそが、自分たちの成功の源であり、クレイジーなことを一緒にやって、それを新しい普通に変えてきたのです」と綴る言葉には、ベゾスの自負がうかがえます。

　今では当たり前となった「カスタマーレビュー（customer reviews）」や、アマゾンならではの「ワンクリック注文（1-Click）」や「プライム会員向けのスピーディーな配送（Prime's insanely-fast shipping）」など、アマゾンが起こした数々のイノベーションを例示したうえで、ベゾスは、こう結論しています。

　「きちんとやれば、驚くべき新しい発明も、数年のうちに当たり前のものになります。人々はあくびします。そして、そのあくびこそ、発明家にとっては最大の賞賛なのです」

　次世代の当たり前を作ることが、最大の発明だということです。そしてベゾスは、誇りを込めてこう書き残しています。

“

　I don't know of another company with an invention track record as good as Amazon's, and I believe we are at our most inventive right now. I hope you are as proud of our inventiveness as I am. I think you should be.

”

　「アマゾンのほかに、これほどの発明の実績を持つ会社を私は知りません。そして現在、我々は最も発明力が高い状態にいます。皆さんが我々の創造力を私同様、誇りに思っていることを望みます。ぜひ皆さんも誇りに

思ってください」

　退任のメッセージは長文にわたるので、この後は省略しますが、最後、このように締めくくられています。

> Keep inventing, and don't despair when at first the idea looks crazy. Remember to wander. Let curiosity be your compass. It remains Day 1.
>
> Jeff

　ベゾスの社員へのメッセージは最後、「発明」に戻ります。「発明を続けることです。最初はクレイジーに見えるアイデアでも、あきらめてはいけません。さまよい歩くことを忘れないでください。好奇心を羅針盤にしよう」と、社員に助言します。そして、最後は「『デイ・ワン』のままで」と、締めくくっています。

　いかがでしょう。創業者ベゾスの「言葉の力」の一端と発明への情熱が、感じられたのではないかと思います。アマゾンの株主へのレターのなかにも、このようなベゾスのメッセージが数多く、テキストとして残されています。それらのサイト上に残されたベゾス自身の言葉もまた、アマゾンのイノベーション創出の能力を組織的に高める仕組みの1つであるのかもしれません。

[参考資料]

※1. 「GeekWire」2020年8月21日「Here are the three Amazon execs who just joined Jeff Bezos' elite 'S-team' leadership suite」

※2. International Data Corporation (IDC) によると、2020年第3四半期におけるタブレット出荷台数の世界シェアは、1位がアップル、2位がサムスン、3位がアマゾン

※3. シスコシステムズが2000年に一時的とはいえ時価総額で世界一になったことは当時、大きな話題になったが、今では記憶する人は少ないかもしれない。最近では、投資情報サイト「The Motley Fool」の記事でKeith Noonan記者が言及している。
「The Motley FooL」2016年9月23日「Cisco Stock History: What Investors Need to Know」

※4. 「Harvard Business Review」2011年5月9日「Cisco and a Cautionary Tale about Teams」

※5. アマゾンの公式ホームページ参照 (2021年10月1日時点)
https://www.aboutamazon.com/affinity-groups

※6. 「Harvard Business Review」2007年10月「The Institutional Yes」

※7. 「Forbes」2017年8月8日「How Does Amazon Stay at Day One?」

アマゾン「リーダーシップ14原則」の分解

イノベーションの5ステップに沿って

　第1章で、アマゾンの「リーダーシップ原則(OLP)」について、ご説明しました。2021年に2項目が追加されて16項目になりましたが、イノベーション創出との関係では、それ以前からある14項目が重要である。そんな私の考えを述べさせていただきました。

　新規ビジネスを発案し、実行するまでの事業開発プロセスは、大きく次の5ステップに分けられます。本コラムでは、この5ステップに沿って、アマゾンの14項目のリーダーシップ原則を整理します。

　イノベーション創出のどの段階で、どのような行動指針が求められるのかを理解するうえで役立つのではないかと期待します。

ステップ 1	アイデアを創出する
ステップ 2	企画書(PR/FAQ)を作成、提案し、可否を判断する
ステップ 3	チームを構築し、計画を策定して推進する
ステップ 4	進捗を検証し、開発の継続について可否を判断する
ステップ 5	パイロット製品・サービスをへて、市場に導入する

　なお、ここでご紹介する分類は、あくまで私が個人的に考えたもので、アマゾンの見解ではないことを、お断りしておきます。

アイデアを創出する

このステップで重要となるリーダーシップ原則は、次の3つです。

● **Customer Obsession (カスタマー・オブセッション)**

リーダーはお客様を起点に考え行動します。お客様から信頼を獲得し、維持していくために全力を尽くします。リーダーは競合にも注意は払いますが、何よりもお客様を中心に考えることにこだわります。

● **Learn and Be Curious (ラーン・アンド・ビー・キュリアス)**

リーダーは常に学び、自分自身を向上させ続けます。新たな可能性に好奇心を持ち、探求します。

● **Think Big (シンク・ビッグ)**

狭い視野で思考すると、大きな結果を得ることはできません。リーダーは大胆な方針と方向性を示すことによって成果を出します。リーダーはお客様のために従来と異なる新しい視点を持ち、あらゆる可能性を模索します。

ステップ **1** の学び　古いこだわりを捨てて、顧客視点に立つ

アイデアを創出する段階では、徹底して顧客の視点に立つ必要があります。「オブセッション＝強迫観念」に駆られるくらいに、顧客について考えようというのが、アマゾンがリーダーシップ原則の筆頭に挙げる**「カスタマー・オブセッション」**です。

言葉を換えれば、「アンメット・ニーズ (満たされていない顧客ニー

ズ）」を探せ、ということです。顧客のいまだ満たされていないニーズをいちはやく知ることが、イノベーションのスタートです。例えば「アマゾンゴー」で、ベゾスが「レジの存在を完全になくす」ことにこだわったのは、「支払うのが面倒」であることが、顧客の「アンメット・ニーズ」であると感知したからです。

　こうして顧客の課題が見えてきたならば、次に、その課題をどう解決するかを発想しなければなりません。そこで必要な行動原則が**「ラーン・アンド・ビー・キュリアス」**です。常に学ぶこと、それも好奇心を発揮して自らの意思で学び続けることを求めるリーダーシップ原則です。顧客の課題を解決するには、自分の専門分野の知見や、既知の知見だけでは当然足りません。専門外の分野や新しい技術トレンドに興味を持ち、幅広く情報収集する必要があります。

　課題解決の画期的なアイデアは、往々にして思いがけないところから立ち現れるので広い視野が必要です。広い視野は意欲的な目標から生まれます。**「シンク・ビッグ」**とは、要するに「大きく考えろ」ということ。目からうろこが落ちるようなアイデアは、大きな成果を目指し、あらゆる可能性を模索するなかから生まれます。だから、小さくまとまってはいけないというメッセージが込められているのが、「シンク・ビッグ」です。

　逆に、この3つの原則が欠けた状況でアイデアを考えた場合、どうなるでしょうか。競合他社の動向や、自分の知識、自社の持つ技術にとらわれたサービスや製品の提案にとどまってしまいます。このようなアプローチでは、顧客のいまだ満たされていない大きなニーズを見逃してしまうでしょう。また、社内のほかのメンバーから、顧客の潜在ニーズをつかんだ大胆な提案が出てきても、実現可能性を低いことを理由に否定してしまうといったことも起きます。

企画書（PR/FAQ）を作成、提案し、可否を判断する

このステップで重要となるリーダーシップ原則は、次の4つです。最初の2つは、「ステップ1」と共通です。

● **Customer Obsession（カスタマー・オブセッション）**

● **Think Big（シンク・ビッグ）**

● **Ownership（オーナーシップ）**

リーダーにはオーナーシップが必要です。リーダーは長期的視点で考え、短期的な結果のために、長期的な価値を犠牲にしません。リーダーは自分のチームだけでなく、会社全体のために行動します。リーダーは「それは私の仕事ではありません」とは決して口にしません。

● **Invent and Simplify（インベント・アンド・シンプリファイ）**

リーダーはチームにイノベーション（革新）とインベンション（創造）を求め、同時に常にシンプルな方法を模索します。リーダーは状況の変化に注意を払い、あらゆる場から新しいアイデアを探しだします。それは、自分たちが生み出したものだけに限りません。私たちは新しいアイデアを実行に移す時、長期間にわたり外部に誤解される可能性があることも受け入れます。

ステップ 2 の学び 　**長期的な視点で、シンプルさを追求する**

　PR/FAQを書くことは、未来の「製品・サービス」と「ニーズ」の交点を見極めることであり、顧客起点で考える必要がある。第1章で強調した通りです。**「カスタマー・オブセッション」**は、ここでも貫かれるべき重要なリーダーシップ原則です。

　PR/FAQとは、一度書いたら終わりではなく、多様なメンバーとディスカッションしながら磨き上げていくための書式だと説明しました。アイデアを磨き上げていく過程で重要なのが、長期視点です。短期的な会社の利益のために、顧客の長期的な価値を犠牲にするような企画にしてはいけません。この際に発揮すべきなのが**「オーナーシップ」**の原則です。事業に全責任を負うオーナーは、長期的な視点に立つことを求められます。アマゾンでは、そのようなオーナーシップを全社員の行動原則として定めています。

　現実のビジネスで、短期的な利益より長期的な価値を重視すれば、多くの難題にぶつかります。それらを乗り越えていくには大胆な発想が必要であり、**「シンク・ビッグ」**は、ここでも重要です。

　大胆な発想から生まれた優れたアイデアは、シンプルであるものです。PR/FAQを磨き上げるチームは、**「インベント・アンド・シンプリファイ」**の原則に基づき、自分たちの考える課題解決がクリエイティブで十分にシンプルなものになっているかを議論します。

　逆に、これらのリーダーシップ原則が欠けた状況でPR/FAQを書き、PR/FAQのレビューをしたとします。

　「オーナーシップ」や**「シンク・ビッグ」**が欠けると、もともとのアイデアが独創的で、破壊的イノベーションの可能性を秘めていても、現実的な形に修正され、大胆なアイデアが潰されます。

　逆に**「インベント・アンド・シンプリファイ」**が欠ければ、大胆な発想を実現するアイデアが生まれません。

チームを構築し、計画を策定して推進する

このステップで重要となるリーダーシップ原則は、次の5つです。3番目の「オーナーシップ」は、「ステップ2」と共通です。

● **Hire and Develop the Best**
（ハイヤー・アンド・デベロップ・ザ・ベスト）

リーダーはすべての採用や昇進における、評価の基準を引き上げます。優れた才能を持つ人材を見極め、組織全体のために積極的に活用します。リーダー自身が他のリーダーを育成し、コーチングに真剣に取り組みます。私たちはすべての社員がさらに成長するための新しいメカニズムを創り出します。

● **Earn Trust（アーン・トラスト）**

リーダーは注意深く耳を傾け、率直に話し、相手に対し敬意をもって接します。たとえ気まずい思いをすることがあっても間違いは素直に認め、自分やチームの間違いを正当化しません。リーダーは常に自らを最高水準と比較し、評価します。

● **Ownership（オーナーシップ）**

● **Are Right, A Lot（アー・ライト、ア・ロット）**

リーダーは多くの場合、正しい判断を行います。優れた判断力と、経験に裏打ちされた直感を備えています。リーダーは多様な考え方を追求し、自らの考えを反証することもいといません。

● **Frugality（フルーガリティー）**

　私たちはより少ないリソースでより多くのことを実現します。倹約の精神は創意工夫、自立心、発明を育む源になります。スタッフの人数、予算、固定費は多ければよいというものではありません。

ステップ 3 の学び　　**人材の質にこだわり、リソースを倹約する**

　アマゾンでPR/FAQを書いて企画提案したプロジェクトが承認されると、ヘッドカウントが与えられます。そのプロジェクトに対し、会社が認めた数の人員を採用する権限がリーダーに与えられるということです。採用する人員は、社内外を問いません。

　つまり、リーダーには、社内外を問わず優秀な人材を見極め、困難なプロジェクトを一緒にやり遂げられる人たちを集め、育てることが求められます。その際の指針となるリーダーシップ原則が「**ハイヤー・アンド・デベロップ・ザ・ベスト**」です。

　集まったメンバーの個々の能力が高いだけでは、プロジェクトを成功に導くことはできません。集めた人材を互いに敬意と信頼で結びつける必要があります。さらに、相手の主張が間違っていると思ったときには是々非々で議論できなければなりません。このような強いチームを作り上げるためのリーダーシップ原則が「**アーン・トラスト**」です。

　いざプロジェクトが走りはじめたら、リーダーには強い「**オーナーシップ**」を持ち、長期思考で正しい判断を下していくことが求められます。リーダーとして正しく判断するとは、どのようなことかを示す指針が、「**アー・ライト、ア・ロット**」の原則です。

　いうまでもありませんが、経営資源は有限です。プロジェクトの推進には、なるべく少ないリソースで目的を達成するという「**フルーガリティー**」の視点が不可欠です。リソースを節約できれば、

それがまた新しいイノベーションを生み出す糧になります。

　これらのリーダーシップ原則を欠いた状態でチームを作ると、どれほど優れたアイデアであっても、メンバーの能力不足や、チームワークの欠如といった問題から計画が頓挫してしまいます。立て直しのためにメンバーを入れ替えるなどすれば、限られた時間を浪費することになります。

　実際に、アマゾンでも新規事業のプロジェクトチームが立ち上がった後、メンバーが定着しなかったり、メンバーの入れ替えが発生したりして、肝心のプロジェクトが想定通りに進まないケースはありました。それでもアマゾンは「ハイヤー・アンド・デベロップ・ザ・ベスト」の実現のため、採用の仕組みを磨き、トレーニングを徹底し、集団としての能力向上を図ってきました。

■ ミスマッチを防ぐ 「行動面接」と「バー・レイザー」

　ここで、「ハイヤー・アンド・デベロップ・ザ・ベスト」を実現するために、アマゾンが採用している代表的な仕組みを2つ、紹介します。「行動面接」と「バー・レイザー」です。

　「行動面接（Behavioral Interview）」は、採用の候補者に、過去に自身が取った行動について、「なぜそういう行動を取ったのか？」「なぜそのような判断を下したのか？」「その結果はどうだったのか？」などの質問を重ね、行動特性を深く掘り下げる手法です。経歴書からわかるような「実績」よりも、それを「どのように成し遂げたのか」にフォーカスします。成功だけでなく、失敗も分析の対象となり、失敗から学びを得ていることもプラスの評価になります。それによって、候補者が過去に上げた成果が偶然なのか、再現性があるのかを見極めます。

　再現性があると判断した仕事の進め方については、アマゾンの

リーダーシップ原則のどの項目と合致するかを見極めます。

　私も体験しましたが、この行動面接を受けると、採用候補者の考え方や判断基準がほとんど丸裸にされ、その人がどのリーダーシップ原則に強いのか、あるいは弱いのかが見えてきます。

　インタビューは1対1で行われますが、採用の可否は、担当した複数の面接官による全員参加のミーティングで判断します。各面接官は面接前に、評価すべきリーダーシップ原則を複数、割り当てられます。そして面接後に、候補者にはそれらのうちのどれに強みがあり、どれが課題であるかを分析し、合否判定のレポートを書きます。全面接官のレポート提出完了後に採用判定ミーティングを実施します。ここに提出するレポートは面接官の採用能力の高さを示すものとしても見られるので真剣勝負です。自分の部下として採用する面接であっても独断で合否を決めることはできません。

　特に重要なのが「バー・レイザー」の判断です。

　アマゾンには、「今いる社員の能力の平均値より、高い能力を持つ人材しか採用しない」という基本方針があります。常に「採用のバー（基準）を上げる」と言い換えてもいいでしょう。この「採用のバー」を上げる（レイズ）役割を担うのが、「バー・レイザー」という社内資格を持つ一部の社員です。新規採用には、必ず「バー・レイザー」の承認が必要になります。

　「バー・レイザー」になるのに必要な要件は多く、求められるレベルも非常に高いものがあります。いくつか挙げてみます。

● 採用インタビューの経験が豊富である。
● アマゾンのリーダーシップ原則を体現している。
● 過去に実施した採用インタビューで、リーダーシップ原則に基づいた的確な判断を下してきたと評価できる。
● 最低でも数カ月かかる特別なプログラムを受ける（受講してもなか

なか資格が得られず、何年もかけて資格を得る人もいる）。

……といった具合です。しかし、「バー・レイザー」の資格を得た
ところで、特に給与が上がるわけでもなく、実際のところ、ボラン
ティアのような仕事です。ですから、「バー・レイザー」にはある意
味、心からアマゾンのミッションに共鳴する、生粋の「アマゾニア
ン」がそろっています。

このような「バー・レイザー」が認めない限り、プロジェクトリー
ダーから見て、どれほど優秀で採用したい人材であっても、採用で
きない仕組みになっています。

■ 既存の社員だけで、
イノベーションを起こせるか？

日本企業ではもともと、アマゾンのような米国企業と違って、新
規事業のために外部から新しく社員を採用することが少なかったと
思います。それゆえ、アマゾンのように、新規採用する社員と会社
の文化や行動規範の合致を確認する必要性は低かったでしょう。

しかし、今後は日本でも、外部から人材を採用する機会が増える
と思われます。その結果、大規模なイノベーション実現に欠かせな
い多様性が増し、クリエイティブなアイデアが生まれる環境が構築
されていくことでしょう。

「ハイヤー・アンド・デベロップ・ザ・ベスト」を追求するアマ
ゾンの仕組みは、そういった変化を志向する日本企業にとって、大
いに参考になるはずです。

進捗を検証し、開発の継続について可否を判断する

このステップで重要となるリーダーシップ原則は、次の3つです。

● **Dive Deep（ダイブ・ディープ）**

リーダーは常にすべての業務に気を配り、詳細な点についても把握します。頻繁に現状を確認し、指標と個別の事例が合致していないときには疑問を呈します。リーダーが関わるに値しない業務はありません。

● **Bias for Action（バイアス・フォー・アクション）**

ビジネスではスピードが重要です。多くの意思決定や行動はやり直すことができるため、大がかりな検討を必要としません。計算した上でリスクを取ることに価値があります。

● **Have Backbone; Disagree and Commit**
（ハブ・バックボーン；ディスアグリー・アンド・コミット）

リーダーは同意できない場合には、敬意をもって異議を唱えなければなりません。たとえそうすることが面倒で労力を要することであっても、例外はありません。リーダーは、信念を持ち、容易にあきらめません。安易に妥協して馴れ合うことはしません。しかし、いざ決定がなされたら、全面的にコミットして取り組みます。

　真摯に議論し、素早くアクションする

　アマゾンにおいて PR/FAQ から始まるプロジェクトの責任者となると、四半期ごとに進捗を上層部に報告し、レビューを受けることになります。四半期ごとに、目標とする指標を達成できたのか、あるいは未達に終わったのかを評価します。未達の場合は根本的な原因を探り、立て直す計画を策定します。逆に、目標とする指標を上回った場合、計画を前倒ししてスピードを上げていきます。

■ 「詳細は担当者から説明」では 課題解決は難しい

　このプロセスにおいてリーダーは、プロジェクトの進捗が予想を上回るにせよ、下回るにせよ、あらゆるレベルの業務の進捗状況を把握し、想定とずれている部分について原因を深く分析する必要があります。そのようなリーダーの役割を示す原則が**「ダイブ・ディープ」**です。

　よくプレゼンの席上で、管理職の方が「詳細は担当者から説明させます」というような場面を見ますが、アマゾンでは許されません。リーダー自身がプロジェクトの内容を詳細に理解し、自分のものとして、自分の言葉で説明することが求められます。

　目標未達でリカバリー策を取るにせよ、目標を達成して計画を前倒しするにせよ、スピード感を持って次のアクションに取りかかることが重要であり、そのようなリーダーシップ原則を示すのが**「バイアス・フォー・アクション」**です。

　計画を変更するにあたっては、上層部やチームのメンバーと意見が食い違うこともよくあります。そのようなときには、自分の意見をしっかりと持ち、相手が上司であっても議論のなかでは持論を曲げず、はっきりと相手に伝えるべきです。相手が上司だからと、安

易に妥協するようでは、イノベーションは生まれません。しかし、いったん議論に決着がついたら、自分の当初の意見と異なっていたとしても、全面的にコミットします。これが「**ハブ・バックボーン；ディスアグリー・アンド・コミット**」の原則です。

■ データを深く分析し 納得できるまで議論する

「**ダイブ・ディープ**」が十分でない状態で、プロジェクトを軌道修正しようとしても、うまくいきません。なぜなら、想定していた軌道からプロジェクトがずれてしまった理由を正しく突き止めることができないからです。憶測や感情にとらわれて、信頼できるデータや根拠を見過ごしてしまいます。その結果、プロジェクトは迷走してしまいます。

また、「**ハブ・バックボーン**」の姿勢がリーダーに不足していると、上層部から意見を受けたときに、指摘の内容に十分に納得しないままに受け入れてしまうことになりがちです。それは、正しい原因の追求を妨げるだけでなく、プロジェクトチームのモチベーションを著しく下げることにもつながります。自らが率いるチームの意思決定の「なぜ」に納得しないまま、プロジェクトを進めるということは、そのプロジェクトではもはや、自分たちがオーナーシップを持てなくなっていることを意味します。

パイロット製品・サービスをへて、市場に導入する

　このステップで重要となるリーダーシップ原則は、次の3つです。「カスタマー・オブセッション」は、「ステップ1」「ステップ2」と共通です。

● **Customer Obsession (カスタマー・オブセッション)**

● **Insist on the Highest Standards**
　(インシスト・オン・ザ・ハイエスト・スタンダーズ)

　リーダーは常に高い水準を追求することにこだわります。多くの人にとり、この水準は高すぎると感じられるかもしれません。リーダーは継続的に求める水準を引き上げ、チームがより品質の高い商品やサービス、プロセスを実現できるように推進します。リーダーは水準を満たさないものは実行せず、問題が起こった際は確実に解決し、再び同じ問題が起きないように改善策を講じます。

● **Deliver Results (デリバー・リザルツ)**

　リーダーはビジネス上の重要なインプットにフォーカスし、適正な品質で迅速に実行します。たとえ困難なことがあっても、立ち向かい、決して妥協しません。

　ステップ 5 の学び ｜ **パイロット導入を通じて「中途半端」を排除する**

　新しい製品・サービスが形になったら、市場に本格的に導入する

前に、限られたユーザーや社内へのパイロット導入を通じて完成度をテストします。いわば最終チェックです。

この最終チェックで、まず確認するのは、具体的な形を得た製品・サービスが、当初の仮説通りに顧客からの支持を得られるかどうかです。ここで、もし想定通りの支持が得られていたとしても、それで満足しないのが、アマゾンです。市場導入の期日までに、顧客体験をさらに向上させる余地はないかを検証します。このように「**カスタマー・オブセッション**」の原則に従い、より高い水準を求めるのが、「**インシスト・オン・ザ・ハイエスト・スタンダーズ**」ということです。その実現には多くの困難がありますが、顧客に価値を提供するためであれば、妥協せずに結果を出すまでやり遂げようと全力を尽くすのがアマゾニアンであり、「**デリバー・リザルツ**」と呼ばれるリーダーシップ原則は、そのような行動原則を示します。

これらのリーダーシップ原則が欠如すると、貴重なリソースを割いて開発した新しいサービスや製品が、妥協の産物となってしまいます。そのような中途半端な製品・サービスでは、顧客の長期的な支持を集められないことはいうまでもありません。顧客は、ほんの少しの完成度の欠如を関知しただけで、「こんなものは二度と使いたくない」と失望します。パイロット導入で顧客の反応を十分に検証することは、市場に本格導入する段階においては、限りなく完璧な完成度を目指すということであり、重要です。

■ 「退会をスムーズにする方法」が、議論される

抽象的な議論ではわかりにくいと思うので、アマゾンが「最高の顧客体験」にどれほどこだわっているのかを、私が最も驚いたエピソードを通じて、お伝えしたいと思います。

アマゾンにはプライム会員の制度があります。顧客が、年額や

月額で一定の会費を払うと、無料配送、プライムビデオ、プライムミュージックなどの特典を受けられるというサービスです。

　私が、このプライム会員の顧客体験の改善をテーマとする会議に出席したときのことです。上層部のメンバーから「解約手続きは現状、どうなっているのか。解約したい顧客が、すぐに解約できるようになっているのか？」という問題提起がなされました。

　「えっ？」と正直、思いました。どの他社サイトでも解約手続きは複雑にするのが一般的です。逆にいえば、解約手続きをやりやすくしたら、会員数は減るでしょう。その結果、会費収入が失われます。それでも、この会社は顧客体験を高めるためなら、会員数が確実に減るような施策を議論の俎上に載せるのか、と。

　実際に試していただければと思いますが、少なくとも本稿を執筆している2021年9月現在、アマゾンのプライム会員から退会しようと思う人がいれば、手続きがスムーズに進むようにサイトは設計されています。アマゾンのトップページにいくと、「アカウントサービス」のプルダウンメニューがあり、そこで「アマゾンプライム会員情報」を選択すると、次の画面の右上に「会員情報を更新しプライムをキャンセルする」という選択肢があり、そこをクリックするとキャンセルのプロセスに入れます。

　顧客が「退会したい」というなら、「退会するという顧客体験」を最高のものにしようと議論を尽くすのが、アマゾンの企業文化です。先ほどの会議で、私が驚いたのはそのような企業文化に対してです。これが**「カスタマー・オブセッション」**に裏打ちされた**「インシスト・オン・ザ・ハイエスト・スタンダーズ」**ということかと、あらためてリーダーシップ原則の意味をかみしめました。

　確かに、解約を求める顧客が「解約しやすく作られた動線」を体験したら、アマゾンに対する信頼は高まるでしょう。長期的にはプライム会員数にもポジティブな結果として返ってくるはずです。

チームを構築し、計画を策定して推進する

　以上が、アマゾンが掲げるリーダーシップ原則と、イノベーションを起こすための5つのステップの関係性を、私の理解でマッピングしたものです。すべてのリーダーシップ原則が、イノベーションの創出と深く結びついていることが、おわかりいただけたのではないかと思います。

　しかし、すべてのリーダーシップ原則をたった1人で完璧に備えている人などいません。そこで必要になるのが、チームメンバーのそれぞれが、どのリーダーシップ原則に優れているかを把握し、意識的に役割を補完するという発想です。

　特に、イノベーションを起こす5つのステップのうち、前半の2つと、後半の3つでは、求められるリーダーシップ原則の性質が大きく変わっていきます。前半はアイデアを生み出し、磨き上げるプロセスであり、後半はプロジェクトチームを組成し、具体的な製品・サービスをデザインして、市場に投入していくプロセスです。そのような観点で、5つのステップを見直してみましょう。

【イノベーション創出の前半のプロセス】
アイデアを生み出し、磨く
　【ステップ1】アイデアを創出する
　【ステップ2】企画書 (PR/FAQ) を作成、提案し、可否を判断する

【イノベーション創出の後半のプロセス】
チームを組成し、具体的な製品・サービスにする
　【ステップ3】チームを構築し、計画を策定して推進する
　【ステップ4】進捗を検証し、開発の継続について可否を判断する
　【ステップ5】パイロット製品・サービスをへて、市場に導入する

　このように整理してみると、イノベーション創出の前半と後半では、リーダーに求められる資質が異なることは、直感的にもわかると思います。ここに、必要とされるリーダーシップ原則をはめこんでみましょう。

【イノベーション創出の前半のプロセス】
アイデアを生み出し、磨く
　● Customer Obsession（カスタマー・オブセッション）
　● Learn and Be Curious（ラーン・アンド・ビー・キュリアス）
　● Think Big（シンク・ビッグ）
　● Ownership（オーナーシップ）
　● Invent and Simplify（インベント・アンド・シンプリファイ）

【イノベーション創出の後半のプロセス】
チームを組成し、具体的な製品・サービスにする
　● Hire and Develop the Best
　　（ハイヤー・アンド・デベロップ・ザ・ベスト）
　● Earn Trust（アーン・トラスト）
　● Ownership（オーナーシップ）
　● Are Right, A Lot（アー・ライト、ア・ロット）
　● Frugality（フルーガリティー）
　● Dive Deep（ダイブ・ディープ）

- Bias for Action（バイアス・フォー・アクション）
- Have Backbone; Disagree and Commit
  （ハブ・バックボーン；ディスアグリー・アンド・コミット）
- Customer Obsession（カスタマー・オブセッション）
- Insist on the Highest Standards
  （インシスト・オン・ザ・ハイエスト・スタンダーズ）
- Deliver Results（デリバー・リザルツ）

　前半と後半で共通する原則は**「カスタマー・オブセッション」**と**「オーナーシップ」**だけです。同じイノベーションの創出を目的とする活動であっても、前半と後半では、それほどまでに担当者に求められる資質は異なります。

　とすれば、前半と後半で担当者を替えるというのは、ごく自然な発想で、アマゾンでは実践されています。

　具体的には、後半のプロセスでプロジェクトチームを率いるリーダーになるのは、前半のプロセスでPR/FAQを書き、承認を受けた発案者とは別の人であることがしばしばあります。実行フェーズに入る際には、実行フェーズに向くリーダーシップ原則を備えた人材をリーダーとしてアサインし、役割をバトンタッチするということです。

　ただし、その場合でも、発案者が何の役割も持たなくなるわけではありません。プロジェクトを進捗させていけば、必ず難局があり、紆余曲折がつきものです。チームメンバーは、さまざまな人の助言を受けることになります。その助言者の1人として、原点となるアイデアを「シンク・ビッグ」な発想で出した企画発案者は重要な存在となります。

第 4 章

イノベーション
創出に関わる
ベゾスのキーフレーズ

前章まで「アマゾンがイノベーションを起こす方法」について、書いてきました。

　第1章では、天才ならぬ「普通の社員」たちを「起業家集団」に変える仕組み・プラクティス（習慣行動）について。第2章では、企業規模が大きくなるなかで、イノベーションを起こりにくくする「大企業の落とし穴」を回避する仕組み・プラクティスについて。第3章では、これらの仕組みに息を吹き込む「経営幹部の役割」について、それぞれ述べました。

　本章では、これら一連の方法論の背景にあるベゾスの思考について、ベゾス自身の言葉で再確認していきたいと思います。

　本書をここまでお読みいただいた皆さんであれば、すでにアマゾンが多層的に用意しているイノベーションを促す仕組みの数々をよく理解されているはずと思います。

　そのうえで、それに魂を吹き込むベゾスの言葉を、もう一度、味わっていただきたいというのが、本章の狙いです。アマゾンの仕組みを知ったうえで、ベゾスの肉声にあらためて触れることで、その意味するところや意図が、より鮮明に見えてくると思います。

　ベゾスはメディアのインタビューをあまり受けない経営者として知られています。一方で、社員向けにメッセージを発することはよくありますし、年次報告書には毎年、株主向けに自ら執筆する手紙（いわゆる「ベゾス・レター」）が掲載されます。これらに加えて、各種カンファレンスなどで一般向けに話した内容を書き起こしたテキストなどを読むと、ベゾスならではの特徴的な言葉使いが浮かび上がってきます。

　これらの言葉が表現するのは、アマゾンの企業文化の根幹そのものです。

　この章では、そうした言葉のなかでも、特にイノベーション創出に関わるキーフレーズを集めて整理してみます。

経営者の選び抜いた言葉は
働く人の心を支える

　優れた経営者が選ぶ言葉の力は、その下で働く人の心を揺り動かすものです。

　私自身忘れられないのは、ソニーで働いていた頃、当時、社長だった大賀典雄氏から聞いた言葉です。

　「心の琴線に触れるモノづくりをしよう」

　この言葉に触れて、若きエンジニアだった私は、自分の作っている製品が使っていただく方の「心の琴線」に触れるものかと自問自答しました。またそれを確認するために、試作した製品を自宅に持ち帰って何日間も使い込んだのを覚えています。

　「心の琴線」というキーワードは、約30年経った今も私の心から離れません。私にとっては、製品開発における究極の「カスタマー・オブセッション」を教わった大事なキーワードだったと、振り返って思います。

　ここに記したベゾスのいくつかの言葉も、おそらく、20年後、30年後まで、アマゾンで働いた人たちの心に残っていく言葉になるでしょう。その人がアマゾンで働き続けたとしても、別の会社に移って新しい活路を開いたとしても、これらの言葉はその人の仕事を根底で支えるものになるのではないかと思います。

アマゾンは競合に注力しない。
顧客を感動させることに注力する。

—— Our energy at Amazon comes from the desire to impress customers rather than the zeal to the best competitors.

　アマゾンの最も根源的な理念を強烈に表現した言葉といえば、「カスタマー・オブセッション」です。「求める」とか「目指す」とかではなく「取りつくこと（obsession）」という言葉の選び方にベゾスの強い思いを感じます。「顧客のことが頭に取りついた」くらいのレベルで顧客のニーズを考え抜き、顧客に提供する価値を高め続けるには、あらゆるサービス・製品が進化し続けなければなりません。すでにアマゾンがリーダーである分野も例外ではありません。

　同じ市場を奪い合う競合を打ち負かすことで利益を得ようとする「競合フォーカス（competitor focus）」の戦略をとる企業も多くありますが、アマゾンはその事業戦略において競合企業の動向にフォーカスすることはありません。

　競合企業と自社のやっていることを比較し、競争優位を形成する戦略で、短期的にうまくいくこともあるかもしれません。しかし、長期的には、そうした競合との小競り合い自体が古びて色褪せ、意味を失っていく可能性があります。

　なぜなら顧客は満足することがありません。そして長期的には、自社も競合企業も日頃、注視していない別の企業、恐らくは小さな

企業が先回りして、まったく新しい価値を提供する可能性があります。そうすると競合し合っていた企業のサービスや製品が顧客にとって価値のないものになってしまい、それらの企業自体が存続の危機に立たされます。

　アマゾンが競合企業ではなく顧客にフォーカスすることには、別の利点もあります。それは、社内におけるさまざまな活動が、より「自発的」になることにあります。

　競合にフォーカスしている企業は、常に競合を監視し、その動きを見極めながら価格を改定したり、サービスや製品を改善したりすることになります。こうした活動は、相手の動向ありきの「受け身」の活動にほかなりません。

　しかし、「カスタマー・オブセッション」を徹底するアマゾンは、競合の動向にフォーカスを当てないので、そうした受け身の行動をとらずに済みます。顧客に対してより高い価値をもたらしたいという動機から生まれる行動は、常に自発的です。自発的に顧客を感動させる方法を探し続けます。その結果、他社にないサービスや製品を提供することができます。

　「カスタマー・オブセッション」のリーダーシップ原則は、アマゾンの社員1人ひとりの心に驚くほど定着しています。

　例えば、私が2013年にアマゾンに入社したばかりのころ、自分が率いるチームのメンバーに、ある提案をしたことがありました。担当するある商品カテゴリーにおいて、サイト上での商品詳細情報の表示方法を変えようという提案です。提案の狙いは、売上拡大にありました。しかし、私の提案を聞いたチームのメンバーたちからは反対の声が上がりました。いわく「短期的な売上拡大の観点からはその方法がよいかもしれませんが、長期的な『カスタマー・オブ

セッション』の観点からは逆効果なので反対です」と。

　私はそのとき、自信を持ってマネージャーである私に反論する
チームメンバーたちの発言に、感動を覚えました。と同時に、アマ
ゾンの社員1人ひとりに「カスタマー・オブセッション」の原則が
浸透し、意思決定の基準になっていることを目の当たりにしたので
した。これがアマゾンの強さの根源だと確信しました。そして、も
ちろん自分の短期的な視点を反省し、提案を引き下げました。

※出典 「2012 Letter to Shareholders」

長期間にわたって誤解されることを我々は恐れない。

—— We are willing to be misunderstood for long periods of time.

　新しい挑戦は、それが斬新なものであればあるほど今ある常識から逸脱したものになるので、初めて見聞きする人は驚き、その本質を見抜けないかもしれません。意図を誤解されるようなことも少なくないでしょう。しかしそれを恐れて挑戦自体をやめてしまえば、イノベーションを起こせる機会を永遠に失ってしまいます。

　例えば、ベゾスが書籍のオンライン販売にカスタマーレビューの仕組みを導入した際には、出版社からはネガティブな反応が寄せられました。今では当たり前となった、星印1〜5個で商品を評価してコメントを記入する仕組みです。出版社にしてみれば、よいレビューがついて書籍の売り上げを伸ばせる可能性もある半面、ネガティブなレビューやコメントがつけば、それを読んで買うのをやめてしまうユーザーも出るかもしれません。実際に当時分析したところ、カスタマーレビューの導入は、売上金額に若干のマイナスのインパクトがあったようです。

　しかし、ベゾスには、カスタマーレビューの目的は、顧客が購買の意思決定をするのを助けることにあり、短期的な売り手の販促が目的ではないという信念がありました。

だからベゾスは、出版社に対して説得を続けました。

これから本を買おうとしているユーザーが、別のユーザーのレビューを事前に読んでから購入の是非を判断できれば、「買ってみたら思っていたのと違った」というネガティブな顧客体験を確率的に減らせます。結果として、本を購入するときの顧客のリスクを減らし、満足度を高め、購買意欲を高めることができます。ひいては、長期的に書籍全体の売り上げを伸ばすことにもつながるはずです。

カスタマーレビューにはまた、本を読んだ顧客がどんな感想を持ったのかを出版社が知ることができるようになる利点があります。それを次の本づくりに生かしていけば、よりよい出版物を作り出せる可能性も高まります。

とすれば、カスタマーレビューは、出版社にとっても長期的には決してマイナスにはならないのです。

ただ、そのような長期思考に立った信念というのは、すぐに皆が理解を示してくれるわけではありません。ベゾス自身、「そんなことをやってもうまくいかない」と反論されたり、批判を受けたりする経験は多くあったのでしょう。だからこそ、大きなスケールのイノベーションを創出するために、「長期間にわたって誤解されることを我々は恐れない」と語るのです。

※出典　「GeekWire」2011年6月7日「Jeff Bezos on innovation: Amazon 'willing to be misunderstood for long periods of time'」

**数値に基づく意思決定しかせず、
判断を必要とする意思決定を避ける企業は、
イノベーションと長期価値創造の機会を失っている。**

—— Math-based decisions command wide agreement, whereas judgment-based
decisions are rightly debated and often controversial, at least until put into practice
and demonstrated. Any institution unwilling to endure controversy must limit itself
to decisions of the first type. In our view, doing so would not only limit controversy
— it would also significantly limit innovation and long-term value creation.

上記は、2005年にベゾスが書いた「株主への手紙」の一部（下段の英文）を私が意訳したものです。全文を訳せばこうなります。

> 数値ベースの意思決定が広範な合意を集めるのに対して、判断ベースの意思決定は、少なくとも実行に移され、実証されるまでは議論の対象となり、しばしば物議を醸す。論争を避けたい組織はすべて、自らの意思決定を1番目のタイプに限定しなければならない。私たちの考えでは、そのように意思決定の方法を限定することは、論争を制限するばかりでなく、イノベーションと長期的な価値の創造を著しく制限するものである。

先ほど、新しく斬新な挑戦ほど長期間にわたって誤解されやすいという話をしました。その1つの要因は、新しい取り組みは短期的には売り上げ、利益が期待できないものの、長期的には大きな売り上げ、利益が期待できるというものが多いからです。そしてその長期的予測は数値ベースの意思決定でなく、判断や仮説に基づいたも

のです。ベンチャー企業において、新サービスや新製品が市場導入直後に利益を出すことを期待せず、数年の成長投資期間が終わった後に、利益が出はじめることを想定しているのと同じです。

　アマゾンが推進してきたイノベーションには、数値に基づいた短期の判断では、売り上げや利益が減るだけで「やるべきではない」と結論付けられてもおかしくないものが多くあります。

　例えば、インスタント・オーダー・アップデート機能。顧客が過去に買ったことがある商品のページにアクセスしたりすると、「前回は2010/7/9に購入」などとリマインドする機能です。短期的な売り上げには明らかにマイナスですが、顧客にとってはありがたい機能です。アマゾンプライム会員向けの送料無料化も同様です。

　そもそも利益率の最大化ではなく、低価格での商品提供を優先するアマゾンの基本方針からして、短期的な売上・利益の数値分析結果からは肯定的な意見は出てきません。

　短期的な売上・利益にマイナスとなるこれらの施策をアマゾンがやりきれたのは、顧客体験を改善し続けることで顧客の信頼が得られ、サイトへの訪問者数、訪問回数が増え、長期的には売上・利益を大きく増やせると判断しているからです。もちろんすべての判断が正しいわけでなく、長期的にも成功しないことはあります。ただ失敗を恐れて数値に基づく判断だけをしていたり、誤解されることを恐れたりしていたら、これらのイニシアティブ（取り組み）をやり遂げることはできなかったでしょう。現在のように全世界で2億人以上のプライム会員を獲得することもなかったはずです。

※出典　「2005 Letter to Shareholders」

野球ではホームランを打っても最高4点までだが、ビジネスでは1000点を獲得することも可能だ。

—— When you swing, no matter how well you connect with the ball, the most runs you can get is four. In business, every once in a while, when you step up to the plate, you can score 1,000 runs.

アマゾンは世界一失敗するのに適した場所だ。

—— I believe we are the best place in the world to fail.

失敗と発明は分かつことのできない双子だ。

—— failure and invention are inseparable twins.

　2015年の「株主への手紙」で、ベゾスは失敗について多く語っています。特に重要なメッセージを3つ挙げると上記になります。これらはベゾスが破壊的イノベーションに臨むときの思考を表現したものです。この手紙により、株主に対しては「これからも多くの失敗をするが、それは大きな成功で取り返すので安心して見ていてほしい」と、また社員には「我々はこれからも積極果敢に実験に取り組み、その多くは失敗になるが、大規模な成功のために一緒にやり続けよう」と伝えようとしたのだと思います。

　この年の「株主への手紙」は、アマゾン以外の企業の経営者や社員にとっては、アマゾンが大規模なイノベーションを生み出し続けている秘訣を学ぶよい教材になります。特に注目したいところを以下に簡条書きにします。

● **失敗は大きな成功を収めるためには避けられない。避けられないどころか失敗の確率のほうが高い。**

- アマゾンでは大胆な挑戦の結果として失敗が多く起こっている。
- 多くの失敗をしても新しいことへの挑戦を委縮させることはしないので、アマゾンは失敗するのに適した会社である。
- 新規事業の成功から得られるリターンの最大値に上限はない。だから、1つの大成功で多くの失敗を取り返すことができる。
- したがって大胆な挑戦をし続けることは理にかなっている。

　アマゾンはこの思考に基づいて大胆な賭けをし続けた結果、「アマゾン・ウェブ・サービス（AWS）」、「アマゾン・マーケットプレイス」、「アマゾン・プライム」という大きな成功を得ることができました。そしてこれらが現在、アマゾンの大きな3つの事業の柱となっています。

　もちろん他社がこのアマゾンの思考法を実践するには準備が必要です。会社によっては失敗の確率があまりに高すぎて、1つの大きな成功でそれ以外の多くの失敗のロスを取り戻せないこともあり得ます。実践のためには、第3章までで紹介した、アマゾンがイノベーションを起こし続ける仕組み・プラクティスを参考にして、成功確率を高めることが前提です。また、はじめは、自社が年間に許容できる失敗の範囲を金額規模で設定して、成功を得るに従い、より大きな失敗を許容するように変えていくのも長期的な成功のカギだと思います。アマゾンもオンラインの書籍販売の挑戦に始まり、10億円、100億円レベルの成功を収める過程で、失敗の許容規模を拡大していきました。

　2015年の「株主への手紙」は、イノベーション、失敗、発明、期待リターンに対するベゾスの考え方がよく理解できる重要な文章だと思いますので、以下に関連する部分を翻訳し、引用します。

"

　私たちに特徴的だと思う分野の1つは、失敗です。

　アマゾンは世界一失敗するのに適した場所だと私は信じています（私たちはたくさんの実績があります！）。失敗と発明は切り離せない双子です。

　発明するためには実験しなければなりません。成功すると事前にわかっているなら、それは実験ではありません。ほとんどの大企業は発明という概念を受け入れはするものの、そこに到達するために必要な失敗に終わる実験の連続に対しては寛容でありません。

　大規模なリターンは、多くの場合、社会通念に反対する側に賭けることからもたらされ、そして社会通念は大抵、正しいのです

　10％の確率で100倍のリターンが期待できる賭けがあるなら、毎回、賭け続けなくてはなりません。しかし、賭ければ10回のうち9回は失敗なのです。

　誰でも知っていることです。フルスイングすれば三振することもたくさんありますが、ホームランも打つこともあります。

　しかし、野球とビジネスには違いがあって、野球における成果分布は切り詰められています。野球でバットを振るときには、どんなにうまくボールをとらえても、得られる点は最高でも4点です。ビジネスでは、たまに1打席で1000得点できます。このロングテールのリターン分布が、ビジネスにおいて大胆であることが重要である理由です。大きな勝者はこのような多くの実験にお金を払います

＊　＊　＊

One area where I think we are especially distinctive is failure. I believe we are the best place in the world to fail (we have plenty of practice!), and failure and invention are inseparable twins. To invent you have to experiment, and if you know in advance that it's going to work, it's not an experiment. Most large organizations embrace the idea of invention, but are not willing to suffer the string of failed experiments necessary to get there. Outsized returns often come from betting against conventional wisdom, and conventional wisdom is usually right. Given a ten percent chance of a 100 times payoff, you should take that bet every time. But you're still going to be wrong nine times out of ten. We all know that if you swing for the fences, you're going to strike out a lot, but you're also going to hit some home runs. The difference between baseball and business, however, is that baseball has a truncated outcome distribution. When you swing, no matter how well you connect with the ball, the most runs you can get is four. In business, every once in a while, when you step up to the plate, you can score 1,000 runs. This long-tailed distribution of returns is why it's important to be bold. Big winners pay for so many experiments.

„

※出典 「2015 Letter to Shareholders」

会社の規模に応じて、失敗の規模も大きくなるべきだ。そうなっていなければ、必要な規模の発明、イノベーションに取り組んでない。アマゾンでは数千億円の失敗が時々あるくらいが適正レベルだ。

—— As a company grows, everything needs to scale, including the size of your failed experiments. If the size of your failure isn't growing, you're not going to be inventing at a size that can actually move the needle. Amazon will be experimenting at the right scale for a company of our size if we occasionally have multibillion-dollar failures.

これは2018年の「株主への手紙」にあるメッセージです。

2018年当時のアマゾンの年間売上高はおよそ24兆円（約2300億ドル）です。この売り上げの規模に対して適切な規模の実験をしていれば、数千億円規模の失敗が時々発生するはずで、発生しないとすれば、それはアマゾンが必要な規模での「実験」を怠っていることの証拠にほかならないと述べています。

言い換えれば、今後も顧客によりよいサービスを提供するために大きなリスクを取って実験を進めるという宣言です。ただし、それには前提があり、「1回の大きな賭けに勝てば、敗北に終わった多くの賭けのコストをカバーする以上のリターンが得られる（a single big winning bet can more than cover the cost of many losers）」ということです。ベゾス独特の表現で、大規模な破壊的イノベーションに1回成功することに、どれほどの価値があるかを強調しています。

別の見方をすると、2018年のアマゾンの純利益は1.1兆円（100億7300万ドル）に達しているので、数千億円の損失が数年に一回くらい発生したとしても吸収可能です。

ベゾスは、成功したイノベーションの裏に、多くの失敗があった

ことを認めています。

　このレターでは、スマートフォンの「『ファイアフォン』は失敗だった (the Fire phone was a failure)」ことに言及しています。

　2014年の決算報告書には、第3四半期に188億円 (1億700万ドル) の「ファイアフォン」の在庫の減損がされたとあります。それ以前も「ファイアフォン」では利益が出ていないと思われるので、最低でも188億円の損失が「ファイアフォン」のビジネスで発生していることになります。開発費などを加えると数百億円の規模になっていてもおかしくありません。

　一方、2014年の純利益は265億円 (2億4100万ドル) の赤字です。前年の2013年が301億円 (2億7400万ドル) の黒字でした。純利益に対する比率からすると、2014年当時は2018年に示した基準よりも大胆な投資を新規事業に対して行っていたことになります。ただし2014年のフリーキャッシュフローは2144億円 (19億4900万ドル) ありましたので、キャッシュフロー上は問題ありませんでした。

　失敗に終わった「ファイアフォン」の開発は、「アレクサ」と「エコー」の成功の土台になりました。また、こうした大胆な投資のなかから、「アマゾン・ウェブ・サービス (AWS)」、「アマゾン・マーケットプレイス」、「アマゾン・プライム」のようなコア事業が生まれてきています。それらを考慮すれば、2018年時点において「純利益1.1兆円に対して数千億円の失敗」というのは驚くべき数字ではないと思えてきます。

　アマゾンは2020年度には売上高 42兆4670億円 (3860億6400万ドル)、純利益2兆3460億円 (213億3100万ドル) まで拡大しています。数千億円規模の失敗を許容できる頻度が増えていてもおかしくありません。

失敗のリスクがないイノベーションは存在しません。だからベゾスは、リスクを取って新しいイノベーションに挑戦することの大切さをさまざまな言葉で繰り返し強調しています。その際にしばしば用いられるのが、「失敗することを厭わず (willingness to fail)」「大胆な実験に積極的に挑戦する (willingness to make bold experiment)」といったキーワードです。

　会社の規模が大きくなれば、その規模にインパクトを与えられるイノベーションの規模も大きくなり、それゆえ実験に失敗したときのコストも大きくなるというのは、いわれれば当たり前の話ですが、経営トップとしてその事実を言葉にして発信するのは勇気が要ります。ベゾス自身が「顧客中心」「発明」「長期思考」という信念を持ってイノベーションに挑み続け、成功の数をはるかに上回る失敗をしながら大きなイノベーションを生み出してきた経験を持つからこそ、発信できる言葉かもしれません。そして、これからもそのような挑戦を続ける能力がアマゾンにはあるという確信があってこそ、発信できる言葉です。

　大きな失敗が起きていないようでは、顧客に真に価値を提供する大きなイノベーションが起こせないというベゾスの主張は、アマゾンがゼロから新しいイノベーションに取り組んでいることの証しでもあると思います。

　すでに、一定の技術や市場が確立された分野に投資していくのであれば、どれほどのリスクがあり、どれほどのリターンが期待できるかはある程度、予測することができます。自分たちがゼロから市場を創りだすようなチャレンジをするからこそ、リスクもリターンも大きくなります。本書で紹介してきた通り、新規事業に取り組むにあたってアマゾンは、PR/FAQなどの仕組みを使って十分にその内容を吟味していますが、それでも失敗はあります。

ベゾスはこう記します。

"

　もちろん、私たちはそのような実験をぞんざいにやったりなどしません。私たちはそれらをよい賭けにするために一生懸命努力しますが、すべてのよい賭けが最終的にペイするわけではありません。このような大規模なリスクテイクは、大企業となった私たちが顧客と社会に提供できるサービスの一環です。株主にとっての朗報は、1回の大きな賭けに勝てば、敗北に終わった多くの賭けのコストをカバーする以上のリターンが得られることです。

* * *

Of course, we won't undertake such experiments cavalierly. We will work hard to make them good bets, but not all good bets will ultimately pay out. This kind of large-scale risk taking is part of the service we as a large company can provide to our customers and to society. The good news for shareowners is that a single big winning bet can more than cover the cost of many losers.

"

※出典　「2018 Letter to Shareholders」

アマゾンの今の規模においては、新規事業の種を植えて会社にとって影響力のある大きさに育てるには自制心、辛抱強さと育てる文化が必要だ。

—— At Amazon's current scale, planting seeds that will grow into meaningful new businesses take some discipline, a bit of patience, and a nurturing culture.

　ベゾスが「株主への手紙」にこう書き記したのは、2006年のことです。アマゾンの2006年度の売上高と2020年度の売上高を比較すると36倍になっているので、会社全体にインパクトを与えられるレベルまで新規事業を育てるのに必要な自制心と辛抱強さはさらに増しています。辛抱すべき期間も長くなっていると思われます。

　どれほど大きく成長する新規事業であっても、最初はすべて「小さな種」として始まります。ベゾスは「過去の私たちの経験からいって、新規事業が急成長を始めてから、会社全体に影響力のある大きさまで育つには3〜7年はかかる」といいます。

　アマゾンは、主力事業のほぼすべてを、種まきから自分たちで育て上げてきました。

　先ほども挙げた「アマゾン・ウェブ・サービス (AWS)」「マーケットプレイス」「アマゾン・プライム」や、「アレクサ」「エコー」などは、いずれも大きなビジネスに育ち、今のアマゾンの収益を支えていますが、すべてアマゾンが、自社で種まきから取り組んできたものです。その原動力となっているのが、本書が紹介してきたPR/FAQをはじめとする数々の仕組みとプラクティスです。

アマゾンは、有望な技術を持つ小さな会社の買収は積極的に行いますが、すでに大きなユーザー数を抱えるビジネスを買収などで取り込むことは非常に限定的です（後者の買収にあたる例としては、高級スーパーマーケットの「ホールフーズ・マーケット」、書籍の朗読配信サービスの「オーディブル」、ゲームのライブ配信サービスの「トゥイッチ」などがあります）。

　このように社員たちの種まきで新規事業を育ててきたという点において、GAFA（グーグル、アップル、フェイスブック、アマゾン）と呼ばれる大手IT企業でのなかでも、フェイスブックやグーグルが、「インスタグラム」や「ワッツアップ」「ユーチューブ」といったSNS企業の大型買収を有力な成長の原動力として活用してきたのとは、少し異なるところがあります。

　そんなアマゾンの社内には、新規事業を種まきの段階から数千億円、数兆円の規模に成長させる経験をしていたり、その経過をつぶさに見てきたりした社員が数多くいます。その人たちは、どんな大きなイノベーションもはじめは小さく始まり、大きな結果を出すまでには時間がかかるということを、経験的な実感としてよく知っています。だからこそ、短期的に結果が出なくても、大きなポテンシャルがある種が育つのを、3〜7年という長い時間軸でサポートする自制心と辛抱強さを備えています。ベゾスはその蓄積を、アマゾン固有の組織的な強みとして認識しているのでしょう。このレターからは、そんな自負心がひしひしと感じられます。そしてその組織としての強さを維持するには、新規事業への挑戦を継続していくこと、それによって経験者を増やしていくことが欠かせません。

※出典　「2006 Letter to Shareholders」

「デイ・ツー（Day2）」とは停滞である。その後には的外れなことが続き、耐えがたい痛みを伴う衰退に向かい、死に至る。我々が常に「デイ・ワン（Day1）」にとどまらなければならない理由はそこにある。

—— Day 2 is stasis. Followed by irrelevance. Followed by excruciating, painful decline. Followed by death. And that is why it is always Day 1.

　アマゾンでのイノベーションの出発点は、「今日も創業1日目だ」という「スティル・デイ・ワン（Still Day One）」の精神にあることは、すでに第1章でご説明した通りです。

　創業から25年以上経って巨大な企業となり、規模の大きな事業に取り組めるようになっても、創業時と同じような起業家精神を忘れてはいけない。顧客に新たな価値を提供するために、イノベーションを起こし続けなければならない。

　そんなベゾスのメッセージを象徴的に伝える言葉が「デイ・ワン」であり、ベゾスは自身も働くシアトルの本社ビルを「デイ・ワン・ビル」と名付けました。

　2016年の「株主への手紙」では、冒頭に紹介したような強い言葉で、「デイ・ワン」の重要性を説いています。要するに「『デイ・ツー』というのは、もう終わっている」ということです。

　永遠に「デイ・ワン」の精神を持ちながら、顧客のために成長を続ける。その結果、目指す企業の姿とはどのようなものか。2015年の「株主への手紙」に、象徴的なキーフレーズがあります。

> 我々は大きな企業であると同時に発明マシーンでありたい。

* * *

We want to be a large company that's also an invention machine.

　大企業の規模を持ちながら、創業したばかりのスタートアップのように、純粋に顧客のために新しい価値を創造し続けたい。「発明マシーンでありたい」という言葉には、そんな思いが込められています。実際には、多くの大企業が「デイ・ツー」の状態に陥っています。創業時のイノベーティブな精神を維持するのは難しく、「デイ・ツー」に陥ったところで、すぐ経営が行きづまるわけではありません。ゆっくりと停滞が始まり、衰退に向かっていくのですから。

　先に挙げた2016年のレターで、ベゾスは、こう表現しています。

> 確かに、この種の衰退は極端なスローモーションで起こります。一定の地位を確立した企業は「デイ・ツー」の状態であっても、何十年もの間、収穫を続けられるかもしれません。しかしながら最後、来るべき結末を迎えることを避けられません。

* * *

To be sure, this kind of decline would happen in extreme slow motion. An established company might harvest Day 2 for decades, but the final result would still come.

逆にいえば、大企業になってなお「デイ・ワン」の状態を維持できれば、豊富な資金と人材、高い技術とブランド力をバックにして、起業家がゼロから始めるよりも早いスピードでイノベーションを起こし、顧客に大きなスケールで新しい価値を提供することが可能です。それこそがアマゾンの目指すところであり、本質です。本書でこれまで見てきた仕組みの数々は、アマゾンが「デイ・ツー」に足を踏み入れることを回避するために生み出したものであるともいえます。

　ベゾスは2016年のレターで、「デイ・ツー」に陥らないためのポイントを挙げています。次の4つです。

- ● **Customer Obsession**（顧客への執着）
- ● **Resist Proxies**（代理プロセスを回避する）
- ● **Embrace External Trends**（外部トレンドの熱心な採用）
- ● **High-Velocity Decision Making**（高速な意思決定）

　以下に翻訳し、引用します。

● True Customer Obsession（顧客への妄執）

　ビジネスの中心に置くべき手法はたくさんあります。競争相手に焦点を合わせることもできれば、製品に焦点を合わせることもできるし、テクノロジーに焦点を当てることも、ビジネスモデルに焦点を当てることもできます。しかし、私の見解では、強迫的なまでに顧客に焦点を当てることこそが、「デイ・ワン」の活力を維持するうえでは最も有効です。

　なぜか？　顧客中心のアプローチには多くの利点がありますが、なかでも大きいのがこれです。顧客は常に美しくも、素晴らしく現状に満足してい

ません。報告のうえでは、顧客が満足していて、ビジネスが順調だとしても。顧客がまだそれが何であるかを知らないとしても、顧客はもっとよいものを望んでいます。そして顧客を喜ばせたいという願望を持つ人は、顧客に成り代わって発明することに駆り立てられるでしょう。アマゾンにプライムメンバーシッププログラムを作ってほしいと頼みにきた顧客はいませんでしたが、導入してみると確かに顧客は望んでいたのだとわかりました。私には、ほかにも多くの例を挙げることができます。

「デイ・ワン」にとどまるには、辛抱強く実験し、失敗を受け入れ、種を植え、苗木を守り、顧客の喜びを確認したら倍賭けに出なければなりません。これらすべてが起きるのに最適な環境を作るのが、常に顧客中心に考える文化 (A customer-obsessed culture) です。

* * *

There are many ways to center a business. You can be competitor focused, you can be product focused, you can be technology focused, you can be business model focused, and there are more. But in my view, obsessive customer focus is by far the most protective of Day 1 vitality.

Why? There are many advantages to a customer-centric approach, but here's the big one: customers are always beautifully, wonderfully dissatisfied, even when they report being happy and business is great. Even when they don't yet know it, customers want something better, and your desire to delight customers will drive you to invent on their behalf. No customer ever asked Amazon to create the Prime membership program, but it sure turns out they wanted it, and I could give you many such examples.

Staying in Day 1 requires you to experiment patiently, accept failures, plant seeds, protect saplings, and double down when you see customer delight. A customer-obsessed culture best creates the conditions where all of that can happen.

"

"

● Resist Proxies（代理プロセスを回避する）

　企業が大きくなり、複雑になるにつれて、代理で片付ける傾向が出てきます。これはさまざまな形とサイズで立ち現れます。そしてそれは危険で秘やかで、非常に「デイ・ツー」な状態です。

　よくあるのは、代理のプロセスです。いいプロセスとは、顧客の役に立つように動くことを助けるものです。しかし、注意深く見ていないと、プロセスが問題になる可能性があります。大きな組織では容易に起きることです。プロセスが、求める結果の代理になるのです。人々は結果に目を向けるのをやめ、プロセスを正しく踏んでいるかを確認するだけになります。鵜呑みにしてしまう。経験の少ないリーダーは悪い結果を出したときによく、「ちゃんとプロセスに従った」と言い訳します。より経験豊富なリーダーであれば、それをプロセスそのものの調査と改善の機会として活用します。プロセスそのものは問題ではありません。次の問いを投げかけるのは常に意味のあることです。我々がプロセスを所有しているのか、それともプロセスが我々を所有しているのか。「デイ・ツー」の会社では、後者かもしれません。

＊　＊　＊

As companies get larger and more complex, there's a tendency to manage to proxies. This comes in many shapes and sizes, and it's dangerous, subtle, and very Day 2.

A common example is process as proxy. Good process serves you so you can serve customers. But if you're not watchful, the process can become the thing. This can happen very easily in large organizations. The process becomes the proxy for the result you want. You stop looking at outcomes and just make sure you're doing the process right. Gulp. It's not that rare to hear a junior leader defend a bad outcome with something like, "Well, we followed the process." A more experienced leader will use it as an opportunity to investigate and improve the process. The process is not the thing. It's always worth asking, do we own the process or does the process own us? In a Day 2 company, you might find it's the second.

● Embrace External Trends（外部トレンドの熱心な採用）

　強力なトレンドをすぐに受け入れて活用しない場合、外の世界があなたを「デイ・ツー」に押し込む可能性があります。強力なトレンドを受け入れずに戦うのは、未来と戦っているのと同じです。強力なトレンドを受け入れれば、追い風を受けられます。

　これらの大きなトレンドを見つけるのはそれほど難しいことではありません（人々は話題にし、それについて書かれたものも多く出ます）。しかし、大きな組織では、大きなトレンドを受け入れることが奇妙なほど難しくなる場合があります。私たちは今まさに機械学習とAI（人工知能）において典型的な例を目の当たりにしています。

　この数十年でコンピューターは、プログラマーが明確なルールとアルゴリズムで記述できるタスクを幅広く自動化してきました。さらに我々が最新の機械学習技術を活用すれば、詳細にルールを記述するのが難しいタスクについても、同じように自動化することが今では可能なのです。

アマゾンでは、機械学習の実用化に何年も取り組んできました。そのなかにはよく知られている取り組みもあります。…（中略）…しかし、私たちが機械学習で取り組んでいることの多くは、水面下にあります。機械学習によって、私たちは需要予測や検索ランキング、お得情報のレコメンデーション、商品の配置、不正検出、翻訳、そしてさらにさまざまなものを進化させています。目立たないものの、機械学習のインパクトの多くはこのタイプのものです――静かに、しかし有意義にコアオペレーションを改善しています。

* * *

The outside world can push you into Day 2 if you won't or can't embrace powerful trends quickly. If you fight them, you're probably fighting the future. Embrace them and you have a tailwind.

These big trends are not that hard to spot (they get talked and written about a lot), but they can be strangely hard for large organizations to embrace. We're in the middle of an obvious one right now: machine learning and artificial intelligence.

Over the past decades computers have broadly automated tasks that programmers could describe with clear rules and algorithms. Modern machine learning techniques now allow us to do the same for tasks where describing the precise rules is much harder.

At Amazon, we've been engaged in the practical application of machine learning for many years now. Some of this work is highly visible. … (中略) … But much of what we do with machine learning happens beneath the surface. Machine learning drives our algorithms for demand forecasting, product search ranking, product and deals recommendations, merchandising placements, fraud detection, translations, and much more. Though less visible, much of the impact of machine learning will be of this type – quietly but meaningfully improving core operations.

„

● High-Velocity Decision Making（高速な意思決定）

「デイ・ツー」の企業は質の高い意思決定をします。しかし、質の高い決定をゆっくりと下します。「デイ・ワン」のエネルギーとダイナミズムを保つには、なんとかして高品質で高速な意思決定を下さなければなりません。スタートアップにとっては簡単で、大きな組織にとっては非常に難しいことです。アマゾンの幹部チームは、高速の意思決定を継続すると決意しています 。ビジネスではスピードが重要です。それに高速の意思決定をできる環境は、より楽しいものでもあります。

* * *

Day 2 companies make high-quality decisions, but they make high-quality decisions slowly. To keep the energy and dynamism of Day 1, you have to somehow make high-quality, high-velocity decisions. Easy for start-ups and very challenging for large organizations. The senior team at Amazon is determined to keep our decision-making velocity high. Speed matters in business – plus a high-velocity decision making environment is more fun too.

„

※出典 「2016 Letter to Shareholders」
「2015 Letter to Shareholders」

テクノロジーは我々がすることすべてから切り離すことはできない。R&D部門に任せきりにはしない。

—— All the effort we put into technology might not matter that much if we kept technology off to the side in some sort of R&D department, but we don't take that approach. Technology infuses all of our teams, all of our processes, our decision-making, and our approach to innovation in each of our businesses. It is deeply integrated into everything we do.

　目下、イノベーションのプラットフォームになり得る多くの技術革新が現在進行形で起こっています。インターネットやコンピューターはもちろん、ゲノム解析やロボティクス、AI、エナジーストレージ（エネルギー貯蔵）など、技術革新が進む分野の幅広さを概観すれば、あらゆる産業がその影響を受けるのを避けられないことは自明です（イノベーション・プラットフォームという考え方は、米国の投資ファンド「ARKインベストメント・マネジメント」の調査レポートによるもので、詳しくは終章で解説します）。

　そのような時代において、技術革新がもたらす脅威と機会、来るべき変化への理解を持たずして事業戦略を構築し、事業成長のための意思決定を下すことは難しくなっています。その理由は、繰り返しになりますが、これらの技術革新のもたらすインパクトが限られた範囲にとどまるものでなく、あらゆる業種に影響を与えるからです。その影響力は既存事業の概念や存在意義を根底から覆すほど破壊的なものとなり得ます。

　本項の冒頭に掲げた言葉は、2010年の「株主への手紙」の一部を私が意訳したものです。該当部分のすべてを訳せば、こうなります。

　　　　"

　もしテクノロジーについてR&D（研究開発/Research and Development）部門に任せてしまうなら、私たちがテクノロジーに投じる努力は大した負荷にはならないでしょう。しかし、私たちはそのようなアプローチをとりません。テクノロジーは、アマゾンのすべてのチーム、すべてのプロセス、すべての意思決定、そしてそれぞれの事業におけるイノベーションへのアプローチに浸透しています。テクノロジーは、私たちがすることのすべてと深く統合されているのです。

　　　　"

　ベゾス流に表現すれば、技術革新と事業戦略を切り離して検討している会社はもうすでに「デイ・ツー」であり、終わっているということなのかもしれません。

　具体的な例を挙げましょう。2020年に始まったコロナ禍以降、日本においてもDX（デジタルトランスフォーメーション）が強く叫ばれ、行政のIT化を推進するためのデジタル庁も2021年に設立されました。国や地方行政のIT化が進めば企業のIT化も進み、既存業務の生産性が向上し、イノベーションへ割り当てることのできるリソースも増えると思われます。

　大変素晴らしいことです。ただ、なぜ今なのか？　ということです。

　私が米シスコシステムズで働いていたのは、もう20年前のことになりますが、社内業務で押印することはありませんでした。それから10年ほど経った今から約10年前、日本GEで働いていたときには、外部の会社との契約においてもドキュサイン（電子署名）が導入されていました。日本企業でも電子押印を導入される企業は増えてきて

いると思いますが、10年単位の遅れがあるのではないでしょうか。これが日本の「失われた30年」の一要因でもあると思います。

　社会学者のエベレット・M・ロジャースが提唱した「イノベーター理論」は、新しい製品・サービスを受け入れる早さによって消費者を5つのグループに分類しています。早い順に「1：イノベーター（革新者）」「2：アーリーアダプター（早期採用者）」「3：アーリーマジョリティ（前期追随者）」「4：レイトマジョリティ（後期追随者）」「5：ラガード（遅滞者）」と呼ばれています。

　DXにおける日本の現状は、先進国のなかで比べれば「ラガード」か「レイトマジョリティ」だと思われます。

　現状を悲観しても何もよくなりません。過去からの学びをこれから生かして改善するために、ベゾスの言葉から我々が得られるものは大きいのではないかと思います。

　テクノロジーの問題を技術者に任せきりにしない。技術の本質、その技術が潜在的に持つ脅威と機会を理解して、「今、何をやるべきか」という判断を経営トップや幹部が下す。経営トップはもとより行政のリーダーも、あらゆる場面での判断において、テクノロジーの脅威と機会を考慮し、生かしていくべきだと思います。

　ベゾスの場合、もともとコンピューターサイエンスを大学で専攻していたからできるということもあります。しかし、アマゾンの経営幹部やリーダーのなかには、技術的なバックグラウンドのない人もいて、そういう人たちであっても「この件は、技術者がこういうのならそうしよう」と、技術の中身をブラックボックスにしたまま、他人任せの判断をすることはありません。少なくとも判断を下すために必要な技術には興味を持ち、理解しようとします。

　もちろんテクノロジーに対する理解の深さは、それぞれの人のバックグラウンドによって異なりますが、経営判断に必要なレベル

の理解は努力次第で誰にでもできるはずです。それに1人だけで判断する必要はありません。経営チームとして理解し、判断を下せばいいので、チームのなかでより深く理解している人に補完してもらうことによって、組織として技術への理解を深め、判断能力を高めていくことはできるはずです。

　教育のバックグラウンドや年齢に関係なく、興味を持てば技術についても理解できるはずです。逆に、技術の専門家には、専門家でない人が理解できるように説明する責任があるのではないでしょうか。テクノロジーに興味を持ち、理解することから始めれば、テクノロジーを活用して顧客が喜ぶ新しいサービス・製品をいち早く開発できる組織に近づいていけるのではないでしょうか。

※出典 「2010 Letter to Shareholders」

桁外れの発見にはワンダリング（さまようこと）が伴う。

—— The outsized discoveries—the "non-liner" ones—are highly likely to require wandering.

　「ワンダリング（wandering）」とは「さまよう」「曲がりくねった」といった意味を持つ言葉です。

　従来のやり方の延長線上では見つからないような大発見、すなわち大規模なイノベーションとは、この「ワンダリング」が必ず伴うものだと、ベゾスはいいます。

　ベゾスは、新しいプロジェクトが大きな成果を期待できる革新的なものであればあるほど、成功に導くまでの道のりは一筋縄でいかないものだと多くの経験から知っています。

　アマゾンでは顧客が喜ぶと思うものを発明し、市場に導入します。そして顧客の反応を受けて必要があれば、さらに進化させた改良版を導入します。このプロセスを進めるなかで、最初の仮説やアイデアに立ち返って、はじめとはまったく別のやり方を選択することもあります。つまり、小さな改善と大きな方向転換を、成功するまで何度も何度も繰り返しながら、成功を目指すのです。

　アマゾンでは、新規事業が大きく成長するまでには長い年月がかかると考え、長期視点で評価することはすでにご説明してきた通りです。しかし、それは「ゆっくりと進める」ということではなく、

「何度も何度も仮説を立て、それを崩すことを繰り返す」ということなのです。そこには「徹底して顧客視点に立ちながら」という大前提もあります。

　緻密な計画を立てて、その計画通りに一直線に進められるのであれば、もちろんそれに越したことはありません。しかし、まだ誰も取り組んでいないイノベーションの創出において、一直線に進められるようなプロジェクトは極めて稀でしょう。ほとんどの場合、膨大な試行錯誤が伴います。そういう「行きつ戻りつ、正解を求めるプロセス」を、ベゾスは「ワンダリング」と表現しているのです。

　新規事業の成功には「ワンダリング＝試行錯誤」が必然的に伴うと、経営トップが公言することは、社員たちを勇気付けてくれます。イノベーション創出に向けて、まだ見ぬゴールを目指して苦闘する社員たちは、当初描いた新規事業計画と実際の進捗がずれていくことに、ときに戸惑い、絶望感を覚えることさえあります。しかし「それは想定内のことだ」とベゾスは彼ら彼女らの背中を押します。

　アマゾンでは、計画と進捗の乖離に対して、責任を問われることはありません。その代わりに期待されるのは「なぜ乖離が出たのか」の分析と「どう方向性を修正すべきか」の提案です。そしてこれはワンダリングの1つのプロセスです。

　PR/FAQで立案したイノベーションのアイデアは、最初から完璧なものではあり得ません。多くの人たちが関わって修正し、磨き上げられていきます。どんどんと書き換えられていくPR/FAQは「ワンダリング」を前提とした仕組みです。ですから、ときに「リビングドキュメント（生きている文章）」とも呼ばれます。

※出典　「2018 Letter to Shareholders」

顧客に恐れを抱きなさい。毎朝、競合企業に対する恐怖心ではなく顧客に対する恐怖心で目覚めるのです。

—— I constantly remind our employees to be afraid, to wake up every morning. Not of our competition, but of our customers.

ベゾスは「恐れるべきは競合企業ではなく自分たちの顧客である」というメッセージを、社員に繰り返し発信しています。

「顧客を恐れる」という言葉は、普通の経営者であれば「顧客に失礼」だとして使わないでしょう。ベゾスはそういう言葉をあえて使います。思考の中心には常に顧客を置くのだということを、社員の心に残る印象的な言葉で訴えています。

冒頭の言葉は、1998年の「株主への手紙」からの引用ですが、このレターには、次のような記述もあります。

私たちは、顧客を最も大切にする企業を作ることを目標に進んできました。私たちには自明のことですが、顧客は感覚が鋭く、頭が良く、顧客が持つブランドイメージは、実態を反映しているのであって、その逆ではありません。

＊ ＊ ＊

We intend to build the world's most customer-centric company. We hold as axiomatic that customers are perceptive and smart, and that brand image follows reality and not the other way around.

"

　ブランドイメージはその実態から作られるのであって、ブランドイメージによって実態がよく見えるようになるわけではない、ということです。実際、アマゾンは過去に、テレビやオンラインメディアにおいて、ブランドイメージづくりのためのコマーシャルはほとんど流してこなかったと思います。また、アマゾン幹部がアマゾンのブランドイメージを向上させるためにメディア向けに話しているのもあまり見たことがありません。そのために時間や資金を使うぐらいなら、少しでも顧客にいい製品やいいサービスを提供し続けるための地道な活動に専念しよう、ということでしょう。つまり、実態のないブランドイメージを作っても意味がないので、実態づくりに全力を注いでいるのです。

　ベゾスは、こう続けています。

"

　顧客が私たちにロイヤリティーを抱いてくれるのは、ほかの誰かがよりよいサービスを提供する瞬間までのことです。

　私たちは、あらゆる取り組みにおいて、持続的な改善と実験、そしてイノベーションに力を入れなければならない。

＊ ＊ ＊

And we consider them to be loyal to us – right up until the second that someone else offers them a better service.

We must be committed to constant improvement, experimentation, and innovation in every initiative

"

ベゾスは、サービスを改善、進化させ続けなければならないのは、顧客が満足することがないからだともいいます。

　2017年の「株主の手紙」に特に記憶に残る文章があるのでご紹介します。特に私が忘れられないのは「One thing I love about customers is that they are divinely discontent」という一文です。意味するところの骨子は「顧客は満足することがない」です。そこに「divinely（神のように）」という修飾語1つを加えることにより、顧客の期待、要求レベルがどこまでも右肩上がりに高まるのは決められていることなんだ。止まることもないし、まして下がることなど絶対にないということを、簡潔に表現しています。

"

　私が顧客について愛することの1つは、顧客はそれが神に与えられた能力であるかのように、満足しないことです。期待値がとどまることは永遠になく、期待値は上がり続けます。それが人間の摂理です。満足するという意味においては、私たちは狩猟・採集時代から何ら変わっていません。人々はよりよい方法に対してどこまでも貪欲で、昨日は「ワオ！」と感動したものが、すぐに今日の「普通」に変わります。そして私の見るところ、その進化のスピードは今までになく速まっています。それはおそらく、顧客がこれまでになく多くの情報に簡単にアクセスできるようになっているからかもしれません。

＊　＊　＊

One thing I love about customers is that they are divinely discontent. Their expectations are never static – they go up. It's human nature. We didn't ascend from our hunter-gatherer days by being satisfied. People have a voracious appetite for a better way, and yesterday's 'wow' quickly becomes today's 'ordinary'. I see that cycle of improvement happening at a faster rate than ever before. It may be because customers have such easy access to more information than ever before.

"

　私もかつてアマゾンで、DVD、CD、ソフトウエア、ビデオゲームなどのカテゴリー責任者を務めていたことがあります。

　毎日、自分の担当するアマゾンのサイトを確認しながら「何か改善すべきことはないか？」「どこかに潜在的な問題はないか？」「在庫状況はどうか？」「価格に問題ないか？」「画像に問題ないか？」とチェックしていました。商品数が膨大なのでもちろん、すべてをチェックすることは到底できません。それでも自分が顧客になった気持ちでチェックすることで、少しでもよりよいサービスを提供できる可能性はないかと探っていました。逆に何か大きな問題があれば数百万人、数千万人にも影響を与え、顧客からの信頼を失う可能性もありました。常に緊張感があったのを覚えています。

　これもベゾスの「顧客に恐れを抱きなさい」という言葉に突き動かされた行動の1つだったかもしれません。

※出典　「1998 Letter to Shareholders」
　　　　「2017 Letter to Shareholders」

ミショナリーはよりよい製品を作り上げる。

—— Missionaries build better products.

　「ミショナリー(missionary)」もまた、ベゾスがたびたび用いる言葉です。「ミッション」(mission)」が、キリスト教の布教など、宗教的な「使命」に由来する言葉であることと関連して、「ミショナリー」も狭義では、キリスト教の「宣教師」を意味します。

　ベゾスは、アマゾニアン（アマゾン社員）とは「地球上で最も顧客を大切にする企業になる」という「ビジョン」を達成するために存在するチームに所属する「ミショナリー」の一員であり、その使命の実現のために働く人たちだと捉えています。もちろん社員全員が自身をミショナリーだと信じているとまでは思いません。ただ共通のビジョン、ミッションの実現のために働く仲間だということは間違いありません。

　ベゾスは、アマゾンの社員であるかないかは関係なく、ミショナリーになるということは、金銭的利益を上げる以上に、その人の意欲を長期的に大きな目標実現に向けて駆り立てることになると考えています。その結果としてミショナリーはよりよいサービスや製品を作ると信じています。

　冒頭の言葉は、2007年の「株主への手紙」から引用しましたが、

このレターでベゾスは、「キンドル」を例に挙げています。

ベゾスは「キンドル」のビジョンを、こう記しています。

"

私たちの「キンドル」のビジョンは、あらゆる言語で過去に印刷されたすべての本を60秒未満で手に入れられるようにすることです。

* * *

Our vision for Kindle is every book ever printed in any language, all available in less than 60 seconds.

"

さらに従来の紙の書籍ではできないことが、「キンドル」では可能になると指摘しています。例えば、意味のわからない言葉が出てきたときにすぐ調べられる辞書機能がある、自分で書いたメモやアンダーラインがクラウドに保存できる、どこまで読んだかを自動的に記録してくれる、目が疲れたら文字のフォントサイズを変えられる、といったことです。

ベゾスはさらに、長い人類の歴史のなかに「キンドル」の位置付けを見出します。

"

私たち人類は道具とととともに進化してきました。私たちが道具を変え、するとその道具が私たちを変えました。数千年前に発明された文字が桁外れな道具で、私たちを劇的に変えたことは疑う余地がありません。500年前のグーテンベルグの発明によって、書籍のコストが劇的に下がっていきました。フィジカルな書籍は新しい交流や学びの方法を生み出していきました。最近ではデスクトップやラップトップのコンピューター、そして携帯電話や携帯情報端末などのネットワークツールがまた、私たちのことを変

えています。これらの道具は、私たちをより「インフォメーション・スナッキング」の方向にシフトさせていて、人々の注意が持続する時間は短くなっています。この問題について私は議論したい。

＊ ＊ ＊

We humans co-evolve with our tools. We change our tools, and then our tools change us. Writing, invented thousands of years ago, is a grand whopper of a tool, and I have no doubt that it changed us dramatically. Five hundred years ago, Gutenberg's invention led to a significant step-change in the cost of books. Physical books ushered in a new way of collaborating and learning. Lately, networked tools such as desktop computers, laptops, cell phones and PDAs have changed us too. They've shifted us more toward information snacking, and I would argue toward shorter attention spans.

「インフォメーション・スナッキング (information snacking)」とベゾスが呼ぶのは、スナックを食べるように短時間でちょこっと情報を入手する行為です。それに対置する概念として「ロングフォーム・リーディング (long-form reading)」を提唱し、「キンドル」は、「ロングフォーム・リーディング」のために作られたと述べます。

キンドルは数百ページの書籍をじっくり、考えながら読むのに適したデバイスとして開発・設計されています。つまり、「キンドル」とは、増えつつあるスマホなどの「インフォ・スナッキング」の道具に対抗する存在であり、短くなりつつある人類の注意持続時間を長くするというミッションがあると位置付けています。

そのミッションを共有する仲間たちが「キンドル」の開発チームであるから、これはよい製品・サービス開発につながるというのが、

本項の冒頭に掲げたベゾスの言葉の意味です。

　別の例を挙げれば、レジなし店舗の「アマゾンゴー」は、ベゾスの言葉を借りれば、「現実の店舗における最悪な時間、つまり会計の列をなくす」ことがビジョンです。このような高い目標設定がなされているので、困難を乗り越えて出店に至ったのだと思います。

　今より売り上げを増やしたいとか、店舗の運営効率をよくしたいとかいうだけの発想であれば、「アマゾンゴー」は、投資コストの大きさや成功の不確実性がネックとなり、断念されていたはずです。ベゾスが断念しなかったのは、「地球上で最も顧客を大切にする企業になる」という「ビジョン」に忠実な「ミショナリー」だからでしょう。

　ベゾスが目指す世界とは、次のようなものだと思います。

　アマゾンのようなミッショナリーな企業が現れ、ミッションのために短期的な採算や効率を度外視して「アマゾンゴー」を実現してしまった。世に出た「アマゾンゴー」は、顧客から大歓迎されている。それを見たいくつもの企業が、同様のサービスの実現に取り組みはじめる。これによって小売業界における店舗運営の基準が塗り替えられ、世界中の人々が、よりよい新しい顧客体験を享受する。

　これこそがベゾスの望みです。ベゾスは、「顧客を大切にする基準を上げた企業」としてアマゾンの名が歴史に刻まれることを望んでいます。実際に日本においても、2020年頃から大手の小売業者から「レジなし店舗」の出店計画がアナウンスされはじめ、ベゾスの理想が実現する新しい一例が生まれようとしています。

※出典　「2007 Letter to Shareholders」

> **顧客ニーズ発の新規事業の実現には新しい能力の獲得を必要とし、新しい筋肉を動かす必要のある場合が多い。**
>
> —— Working backwards from customer needs often demands that we acquire new competencies and exercise new muscles, never mind how uncomfortable and awkward-feeling those first steps might be.

2008年の「株主への手紙」で、ベゾスは「ワーキング・バックワード」のアプローチと「スキル・フォワード・アプローチ ("skills-forward" approach)」を対比しています。

「ワーキング・バックワード」が、顧客ニーズを出発点として新規事業のアイデアを創出するのに対して、企業がすでに持っている能力やスキルを生かして新規事業のアイデアを創出するのが、「スキル・フォワード・アプローチ」だとしています。

「スキル・フォワード」のアプローチには、今ある能力やスキルを生かせるメリットがある半面、新しい能力を獲得できず、そのうちに既存の能力が時代遅れになる危険性があります。一方、「ワーキング・バックワード」のアプローチでは、顧客ニーズを満足させるために新しい能力獲得が必要になる場面が多くなりますが、それ自体をメリットと捉えることも可能です。

ベゾスはこのレターで、新しい能力獲得につながった事例としてキンドルを挙げていますが、それ以外に「アマゾン・ウェブ・サービス (AWS)」や「アマゾンゴー」なども挙げられます。これらの新規事業の実現過程において新しい能力を身につけていくことでアマ

ゾンは、出発点であるオンライン書店から、幅広い事業を展開する巨大テック企業に進化し、グーグル、アップル、フェイスブックと並ぶGAFAの一角として同列に捉えられるに至っています。

イノベーション創出に取り組む読者の方々にとって、大変参考になるメッセージです。以下に関連する部分を翻訳し、原文を引用します。

"

顧客のニーズを特定でき、さらに、そのニーズが有意義で永続的であるという確信を深めることができたなら、そこにソリューションを提供するため、何年にもわたって辛抱強く取り組むことを許容するのが、私たちのアプローチです。顧客のニーズから「ワーキング・バックワード（逆行）」するこのアプローチは、既存のスキルと能力を使って事業機会を推進する「スキル・フォワード」のアプローチとは対照的です。

スキル・フォワード・アプローチの人々は、こういいます。「私たちはXが本当に得意です。Xを使ってほかに何ができるでしょうか？」。

これは有益で割に合うビジネスアプローチです。ただし、このアプローチばかりを使っている企業は、新しいスキル開発に駆り立てられることが決してありません。最終的には、既存のスキルは時代遅れになります。顧客のニーズから「ワーキング・バックワード」することはしばしば、私たちに新しい能力を獲得し、新しい筋肉を使うことを求めます。それらのファースト・ステップがどれほど心地悪く、ぎこちないものであっても気にしないことです。

「キンドル」は私たちの基本的なアプローチの好例です。4年以上前、私たちは長期的なビジョンを持って着手しました。そのビジョンとは、「あらゆる言語で過去に印刷されたすべての本を60秒未満で入手可能にする」というものでした。

私たちが思い描いた顧客体験は、「キンドル」のデバイスと「キンドル」

のサービスの間に明確な境界線を引くことを許しませんでした。2つをシームレスにブレンドする必要がありました。アマゾンはハードウエアデバイスを設計したことも製造したこともありませんでした。しかし、私たちは既存のスキルに合わせてビジョンを変更するのではなく、多くの才能のある（そしてミショナリーである！）ハードウエア技術者を採用し、組織として新しいスキルを学びはじめました。そのスキルは、未来の本の読者たちの役に立つために私たちが必要とするスキルでした。

*　*　*

If we can identify a customer need and if we can further develop conviction that that need is meaningful and durable, our approach permits us to work patiently for multiple years to deliver a solution. "Working backwards" from customer needs can be contrasted with a "skills-forward" approach where existing skills and competencies are used to drive business opportunities. The skills-forward approach says, "We are really good at X. What else can we do with X?" That's a useful and rewarding business approach. However, if used exclusively, the company employing it will never be driven to develop fresh skills. Eventually the existing skills will become outmoded. Working backwards from customer needs often demands that we acquire new competencies and exercise new muscles, never mind how uncomfortable and awkward-feeling those first steps might be.

Kindle is a good example of our fundamental approach. More than four years ago, we began with a long-term vision: every book, ever printed, in any language, all available in less than 60 seconds. The customer experience we envisioned didn't allow for any hard lines of demarcation between Kindle the device and

Kindle the service – the two had to blend together seamlessly. Amazon had never designed or built a hardware device, but rather than change the vision to accommodate our then-existing skills, we hired a number of talented (and missionary!) hardware engineers and got started learning a new institutional skill, one that we needed to better serve readers in the future.

"

※出典 「2008 Letter to Shareholders」

アマゾン「弾み車」のパワー

『ビジョナリー・カンパニー』に学ぶ

　2001年秋、経営学者のジム・コリンズが『ビジョナリー・カンパニー2』(原題『GOOD TO GREAT』)を刊行した直後、ベゾスはコリンズを招き、アマゾン幹部とともに熱心に話を聞き、議論したといいます(※1)。

　コリンズが、1995年に刊行した『ビジョナリーカンパニー』(共著、原題『BUILT TO LAST』)には、今も多くの起業家が指針とする優れた概念が多く示されています。特に、ベゾスという経営者について考えるとき、私が強く想起する概念があります。

　それは「タイムテラー」と「クロックビルダー」です。

■　「タイムテラー」から「クロックビルダー」へ

　「タイムテラー」とは、「時を告げる人」です。『ビジョナリーカンパニー』には「すばらしいアイデアを持っていたり、すばらしいビジョンを持ったカリスマ的指導者である」ことが「時を告げる」ということであり、タイムテラーの仕事であるとされています。

　それに対して、「クロックビルダー」とは、「時計を作る人」です。コリンズらによれば、「ひとりの指導者の時代をはるかに超えて、いくつもの商品のライフサイクルを通じて繁栄し続ける会社を築く」のが「時計をつくる」ということであり、クロックビルダーの仕事です。企業の永続には、タイムテラーの経営者がいるだけでは不十分で、クロックビルダーが必要だということが述べられています。

ベゾスの役割は、アマゾン草創期から今に至るまで徐々に変化してきました。

　創業当時は、事業の方向性やビジョンを示し、自らリーダーとなって皆を引っ張っていくのがベゾスの仕事でした。コリンズの言葉を借りれば「タイムテラー」であったわけです。

　しかし、組織が大きくなるに従って、自らがイノベーションを起こす場にいるだけではなく、イノベーション創出を再現する「仕組み」を作り、定着させ、さらに大きな目標に向かって組織を牽引していくことにシフトしてきたと思います。つまり、「タイムテラー」から「クロックビルダー」へと変わっていったのです。

　「タイムテラー」の仕事とは、組織に進むべき方向や必要な戦略を設定して、時を告げながらそこに向かわせるような仕事です。一方、「クロックビルダー」の仕事は、時を告げるのではなく時計自体を作るように、永続的に企業を発展成長させるための仕組みを構築し、定着させる仕事です。

　そして、優れたクロックビルダーは、作り上げた時計を維持し、さらには改善していける後継者を見つけて権限を移譲していくことにより、会社の寿命を自分自身の生命よりも長いものとしていきます。

　どれほどの経営者でも、優れたタイムテラーから、優れたクロックビルダーに転身できる人物は少なく、ベゾスはそれに成功した数少ない一人だと思います。もちろん、企業を永続的に発展させるための仕組みを構築し、そのための組織文化を定着させるという大仕事はベゾス1人でできるわけでなく、Sチームを中心とする他の幹部の貢献も大きかったと思います。

　ただ、ここで忘れてはならないのは、ベゾスが長期思考で仕組みや文化をつることに強く興味を持ち、その取り組みをリードしてきたからこそ、この「クロック・ビルディング」は実現したというこ

とです。

　そんなベゾスの特質を象徴するものの1つが、「1万年時計（10,000 Year Clock）」です。ベゾスは、テキサスの山中に1万年先まで時を刻む機械式の時計を建設中です。自分の死後も動き続ける機械式時計を開発し建設するのと、自分がいなくなった後も成長し続ける企業（アマゾン）を作り上げるのを可能にする根源的な発想と情熱は、同じだと思えます（※2）。

■ 永続する企業の「時計」には 「弾み車」が隠されている

　ベゾスは企業の成長のために重要なこととして、次の3つを挙げています。「はじめに」でも、紹介した通りです。

● Customer centric（顧客中心）
● Invent（発明）
● Long-term thinking（長期思考）

　常に顧客を中心に考えて、工夫し、発明し、イノベーションを起こし続ける。それには、短期的な利益にとらわれない、長期思考が必要だ——。本書で何度も繰り返し説明してきたことであり、この原則を守るための仕組みが、ベゾスが作り上げた「時計」です。

　この「時計」には、根幹となる部品があります。その部品を、コリンズは「弾み車（フライホイール：flywheel）」と名付け、『ビジョナリー・カンパニー2』で詳述しています。

　「偉大な企業への飛躍は、結果をみればどれほど劇的なものであっても、一挙に達成されることはない。…（中略）…逆に、巨大で重い弾み車をひとつの方向に回し続けるのに似ている。ひたすら回しつづけていると、少しずつ勢いがついていき、やがて考えられない

ほど回転が速くなる」

　つまり、偉大な企業を形成する源とは、地道な努力の繰り返しであるということです。それが、どれほど気が遠くなるような努力であり、その効果がどれほど絶大であるかを、コリンズはこう記しています。

　「巨大で重い弾み車を思い浮かべてみよう。金属製の巨大な輪であり、水平に取り付けられていて中心には軸がある。直径は十メートルほど、厚さは六十センチほど、重さは二トンほどある。この弾み車をできるだけ速く、できるだけ長期にわたって回しつづける……必死になって押すと、弾み車が何センチか動く。動いているのかどうか、分からないほどゆっくりした回転だ。それでも押しつづけると、二時間か三時間がたって、ようやく弾み車が一回転する。

　押しつづける。回転が少し速くなる。力をだしつづける。ようやく二回転目が終わる。同じ方向に押しつづける。三回転、四回転、五回転、六回転。徐々に回転速度が速くなっていく。……五十回転、百回転。

　そしてどこかで突破段階に入る。勢いが勢いを呼ぶようになり、回転がどんどん速くなる。弾み車の重さが逆に有利になる。一回転目より強い力で押しているわけではないのに、速さがどんどん増していく。どの回転もそれまでの努力によるものであり、努力の積み重ねによって加速度的に回転が速まっていく。一千回転、一万回転、十万回転になり、重量のある弾み車が飛ぶように回って、止めようがないほどの勢いになる」

■ ベゾスが紙ナプキンに描いた 「オリジナルの弾み車」

　コリンズは、ベゾスたちとの議論をへて、アマゾンが最初に作った「弾み車」とは、次のようなものだと図解しています。

『ビジョナリー・カンパニー』の「弾み車」

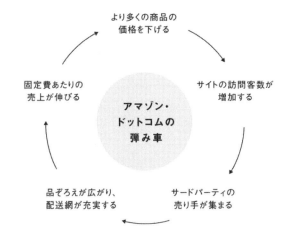

より多くの商品の
価格を下げる

サイトの訪問客数が
増加する

固定費あたりの
売上が伸びる

アマゾン・
ドットコムの
弾み車

品ぞろえが広がり、
配送網が充実する

サードパーティの
売り手が集まる

出典：『ビジョナリー・カンパニー ── 弾み車の法則』(ジム・コリンズ著、土方奈美訳/日経BP)

しかし、実はベゾス自身が創業時に、紙ナプキンにアマゾンの「弾み車」を描いていました。アマゾンの新人研修では、このオリジナルの「弾み車」のイラスト（次ページ）が、自社の根幹を成すものとして紹介されるのですが、コリンズが自著で紹介しているものとは少し違います。またアマゾンではこれを「弾み車（フライホイール）」とは呼ばず、「好循環（バーチュアス・サイクル：Virtuous Cycle）」と呼んでいます。

■ オリジナルの「弾み車」の起点は「顧客体験」

ベゾスが最初に描いたというオリジナルの「弾み車」において、重要な起点となるのは、やはり「顧客体験（CUSTOMER EXPERIENCE）」です。

アマゾンが最初に手掛けたビジネスは、電子商取引（EC）ビジネ

ベゾスが紙ナプキンに描いた「弾み車」

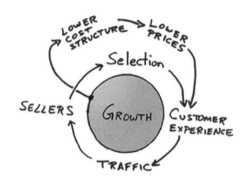

出典:アマゾン採用サイト
　　　https://www.amazon.jobs/jp/landing_pages/about-amazon

スです。ECサイトに訪問した顧客が嫌な体験をすれば、二度と戻っ
てきません。逆に、優れた顧客体験を提供するECサイトがあれば、
顧客は再訪するでしょう

　ベゾスが描いた「弾み車」において、「顧客体験」から引き出され
た矢印の先にあるのは、「トラフィック（TRAFFIC：訪問者数）」です。
優れた顧客体験を提供するECサイトがあれば、来訪する顧客が増
えるということです。

　こうしてECサイトの「トラフィック」が増えれば、そのECサイト
に商品を置きたいという「販売者（SELLERS）」が増えるという具合
に、ベゾスの「弾み車」は続きます。さらに「販売者」が増えれば、
品揃えが増え、顧客にとっての「セレクション（Selection）」が広が
ります。それが巡り巡って、最初の「顧客体験」にまたつながるとい
う循環が、ベゾスが紙ナプキンに描いたオリジナルの「弾み車」の

骨子の1つです。

　しかし、ベゾスの「弾み車」に描かれた「顧客体験」を高める要素は、商品の「セレクション」に加えて、もう1つあります。それは、規模の「成長（GROWTH）」そのものです。規模の成長が、「低コスト体質（LOWER COST STRUCTURE）」を生み出し、「低価格（LOWER PRICES）」を可能にする。これもまた、「顧客体験」の向上につながります。

　「顧客体験」を高めるという「弾み車」を高速に回し続けることができれば、取扱高も収益も右肩上がりに「成長」していきます。その結果、規模の経済が働き、配送センターやシステムを運用するインフラコストが下がります。これが「低コスト体質」の意味するところです。その削減されたコストを原資に、一定の利益を確保しながらも、顧客に対する販売価格を極限まで下げることが可能になるというのが「低価格」であり、これもまた「顧客体験」を向上させるアマゾンの「弾み車」の一部であるということです。

■　日々は地道な作業の連続

　「弾み車」効果が現れるまでには、コリンズが表現したように長い時間がかかります。私がアマゾンで実際に働いてきた体験からも、「日々は地道な努力の繰り返し」というのが実感です。

　大きな結果を目指すなら、短期間では実現できません。企業活動において、一般に成長の指標となるのは売り上げや利益の金額ですが、長期思考で大きな結果を目指すほど、これらの指標は短期的には大きな変化を見せてくれません。そこでアマゾンがしていたことは、日々の活動のなかに顧客体験に影響を与える要素を見出し、そこに指標を設定することでした。例えば、「品揃えの豊富さ」「価格」「配送スピード」など。これらに目標とする指標を設定し、地道に改

善する作業を毎日続けるのです。それが長期的には売り上げや利益という結果となって現れるということを私自身、体験してきました。

　顧客体験を高めるためにできることは、数かぎりなくあります。商品の品揃えと価格はもちろん、商品詳細ページの内容やサイトの表示速度、カスタマーサポートの待ち時間など。何をすれば顧客体験を向上させられるかも社員が自分たちで考えます。アマゾンが展開するすべての国のすべての社員が、あらゆる商品カテゴリーにおいて顧客体験の地道な改善を創業以来、毎日続けています。

　その1つひとつが生み出す効果は小さくとも、その蓄積により、どこかでコリンズのいう「突破段階」に入り、「弾み車」に勢いがつけば、その勢いはもう簡単には止まりません。周りが気付いたときには「弾み車」効果で巨大なビジネスに成長し、さらなる成長の勢いを誰も止められずにいるというのが、今のアマゾンの状況ではないでしょうか。

■　「PR/FAQ」から始まる、もう1つの「弾み車」

　私がアマゾンで実際に働いて感じたのは、アマゾンのなかではもう1つ、イノベーションを生み続ける「弾み車」が回っているということです。それは、ベゾスが紙ナプキンに描いた先ほどの「弾み車」と同じように、創業の1994年からずっと回り続け、アマゾンに成長をもたらしてきたのだと思います。図にしてみます（次ページ）。

　アマゾンでは、顧客ニーズを解決するイノベーションのアイデアが生まれると、PR/FAQの形で提案され、レビューを通じて、そのアイデアが磨き込まれていきます。磨き上げられたアイデアに投資することで、アマゾンはイノベーティブなサービスや製品を生み出していきます。その過程で、アマゾンは必要に応じ、新しい人材を外

「アマゾン・イノベーション・メカニズム」の「弾み車」

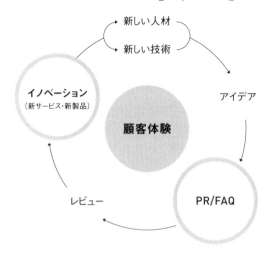

* 著者作成

部から引き入れていきます。場合によっては、新しい技術を取り入れるため、有望なベンチャー企業を優秀な人材ごと買収するケースもあります。内部の人材もイノベーションに参加することにより、新しい技術やスキルを習得していきます。そのようにして、外部から引き入れた人材や、新規事業に参画した内部人材から、さらにまた新しいアイデアが生まれ、PR/FAQの形で提案されます。それに触発されて、既存の社員も新しいアイデアを生み出そうとモチベーションを高め、PR/FAQに向き合う——。イノベーションに向けられた、このようなダイナミックな「弾み車」がアマゾンのなかで回っているのを、私は目の当たりにしました。

そして、この「弾み車」が、決して止まらない強さを持つのは、車軸の中心に「顧客体験の向上」という、誰もが否定できない強固なミッションがあるからだと感じました。

本書で紹介してきたアマゾンの仕組みも、このような形で1つひとつが有機的につながり、イノベーションに向けられた「弾み車」として循環しています。

　このようなイノベーションの弾み車効果をもたらす「仕組み」こそが、創業27年（2020年度）で売上高42兆4600億円（3860億ドル）という、超巨大ベンチャーを生み出したのです。

　イノベーションが生まれにくいことが課題となっている日本企業においては、「何に取り組むべきか」という「探索」に関心が向かいがちだと感じます。しかし、それと同時に、イノベーションを生み出す「弾み車」、すなわちイノベーション創出に適した仕組みとプラクティスを構築することの重要性にも、目を向けていただきたいと思います。イノベーションに向けた小さな努力が着実に蓄積され、いつしか大きなうねりになるということを知り、そのような活動を意識的に進めていくことが重要です。

　ベゾスがいかに優れた起業家であり、脇を固めるSチームがいかに優秀であったとしても、彼ら彼女らだけでは、あれほど多くのイノベーションは生み出せなかったはずです。イノベーション創出が会社全体の文化となり、全員参加のうねりとなっているからこそ実現できていると思います。

■　次世代の成長事業のための「弾み車」を構築

　アマゾンの驚異的な成長は「弾み車（フライホイール）」を構築し、回すことで実現しましたが、これはもちろん、アマゾンに限った話ではありません。

　日本でも、かつてのソニーや松下電器産業（現パナソニック）は、エレクトロニクス産業の急速な発展の恩恵を受け、グローバルに成長しました。成長する市場において、ユニークな製品を生み、品

質を高めることでブランドを構築し、世界中の顧客から支持を集めました。得られた利益は、次なるユニークな製品を発明するべく再投資し、そこに魅力を感じた意欲ある人材が集まってきました。このような「弾み車」が、かつては日本のエレクトロニクス産業では回っていたのだと思います。

　ベゾスは2021年7月、CEO（最高経営責任者）を退任し、経営の第一線から退きました。これによってアマゾンのイノベーションが止まるのではないかと考える方もいるかもしれません。もちろん、その可能性はゼロではないと思いますが、アマゾンの成長が止まるとしたら、それはベゾスという天才を失ったからではないでしょう。失速が始まるとしたら、ベゾスが「クロックビルダー」として作り上げた「弾み車」のどこかに、ボトルネックが生じて、回転が鈍ったり、止まったりすることに起因するでしょう。それがベゾスのいう「デイ・ツー（DAY2）」です。

［ 参考資料 ］
※1.『ビジョナリー・カンパニー ── 弾み車の法則』(ジム・コリンズ著、土方奈美訳/日経BP)
※2.「10,000 Year Clock」
　　http://www.10000yearclock.net/learnmore.html

なぜ今、
あらゆる企業と個人に
イノベーション創出力が
必要なのか？

「アマゾンがイノベーションを起こす仕組み」すなわち「アマゾン・イノベーション・メカニズム」について記してきました。

なぜ私が今、このタイミングで、このような本を世に出したいと思ったのかについて、最後に少し書かせてください。

まず一般論でいえば、日本の大企業は、過去の約30年間に破壊的イノベーション創出で十分な結果が出せなかったと思います。

さらに後述するイノベーションの大波が今来ていることを考慮すると、これからは、どんな企業においても、そしてそこで働く個人にとっても、イノベーションを創出する能力がますます重要になっていくと思います。日本企業であれ、外国の企業であれ、業種や企業規模に関係なく、イノベーション創出の能力が求められる流れが止まることはないと思っています。

もちろん、日本の技術には今も世界に誇れる優れたものがあります。小惑星探査機「はやぶさ2」の快挙からも明らかですし、業種によっては日本企業が世界をリードする製品・サービスを持つ分野もあります。これらは、イノベーション創出の能力が高くなければ実現できなかったことです。

しかしながら、日本企業の多くがイノベーション創出に意欲を持ちながらも、過去30年間、経済成長をもたらす破壊的イノベーションを起こせなかった結果が「失われた30年」でした。

リスク回避の行動を選択する本能

そうなってしまったのには、2つの背景事情があったと考えています。

1つ目は意思決定の判断基準に関することです。人は複数の選択肢があるとき、想定されるリスクと期待されるリターンを比較して

意思決定します。

　その意思決定の判断において、人間には本能的にリスクアバース（リスク回避）の傾向があるというのは、第3章でご説明した通りですが、日本人には特にその傾向が強いといわれています。

　まず、リスクアバースについて簡単に説明します。

　次の2つの選択肢があったとします。

(1) 100％の確率で10万円獲得できる。

(2) 85％の確率で13万円獲得できる。

　皆さんは、どちらを選ぶでしょうか。

　（1）を選ぶ人が多いのではないでしょうか。（2）を選んだときに、15％の確率で何も獲得できなくなるリスクを嫌い、確実に10万円を獲得できる選択肢を選ぶ人が多いというのが、リスクアバースです。もちろん人それぞれに判断は異なるので、なかには（2）を選択する人もいますが、少数派だと思います。

　ここで2つの選択肢の期待値を比べてみましょう。

　（1）の期待値：10万円

　（2）の期待値：13万円×85％＝11万円

　つまり、「（1）の期待値＜（2）の期待値」です。それでも（1）を選ぶ人にとっては、「確実に手に入る10万円」が、不確かなリスクがなくて心地よいのです。10万円が大切であればあるほど（1）を選ぶのだと思います。

　本書で紹介してきたアマゾンのメカニズムには、リスクアバースの本能に反する仕組みやプラクティス（習慣行動）が、数多く埋め込まれています。

リスクアバースに抗うアマゾンのプラクティス

　第3章でご紹介した「「『数値』と『判断』」の両立」というプラクティスは、短期的な計算では利益が出ないことが見込まれるプロジェクトでも、長期的な規模の拡大やオペレーションの効率化などによってビジネスとして成り立つと判断した場合は、推進していくというのものでした。これは、リスクアバースの本能に反します。なぜなら、短期的に利益が出ないことは「確実」であるのに対して、長期的にビジネスとして成り立つことは「確実」ではないからです。ゆえに、リスクアバースの傾向が強い組織や個人にとって取り組むのは簡単ではありません。

　また、第4章でご紹介した「会社の規模に応じて、失敗の規模も大きくなるべきだ」というベゾスのメッセージも、リスクアバースの本能に反します。このメッセージには重要な前提があり、それは、「多くの新規事業は失敗しても、1つの大成功で多くの失敗の損失を取り戻してあまりある利益が出る」というものです。しかし、リスクアバースの本能は、「1つの大成功」が起きるかどうかは「確実」ではなく、リスクがあると認識します。ベゾスの主張を頭で理解できたとしても、実践できる組織や個人が限られるとすれば、リスクアバースが影響しています。

　日本の企業では終身雇用、年功序列が保証されている時代がありました。一般論としていえば、かつて日本の大企業で働く個人にとっては、新規事業にチャレンジするリスクを取るより、既存事業で働くことのほうが、リスクが少ないばかりでなく、十分なリターンが一生にわたって期待できる選択肢でした。

　大企業の経営陣にとっても、自分たちの在任期間中という限られ

た時間で考えれば、既存コア事業を守ることのほうがリスクは少なく、安定したリターンが期待できました。だからこそエース人材や資金をコア事業に投入し、リスクの伴う破壊的イノベーションへの挑戦にはあまり本腰が入らないという状態が続いたわけです。

　これが日本企業からこの30年間、破壊的イノベーションが生まれなかった1つ目の背景事情です。

チャレンジしない選択で　一生を終えられる時代があった

　しかし、実のところ米国も、40〜50年前までは同じ状況にありました。つまり、大企業においては新しいことにチャレンジしないほうがリスクは少なく、十分な報酬の得られる選択肢であり、それゆえ多くの社員や経営陣によってチャレンジしない選択肢が選ばれていたと思います。

　なぜかというと、かつて米国の大企業の寿命は今よりもずっと長かったからです。

　次ページのグラフをご覧ください。2017年に、クレディ・スイスが発表したデータによると、米国の主要上場企業である「Ｓ＆Ｐ500」を構成する企業の「平均寿命」は、1950年代には60年以上ありました。

　ということは、当時、Ｓ＆Ｐ500に選ばれるような大企業に就職できたなら、無事にリタイアの時を迎え、企業年金を手に入れることで、お金に一生困らずに済む可能性が非常に高かったわけです。それならばリスクの低い既存事業で長く働き続けるのが合理的で、成功するかどうかわからない新規事業にあえて自分から飛び込むというのは、極端な話、生涯収入という観点では必要のないリスクを取ることだったといえます。

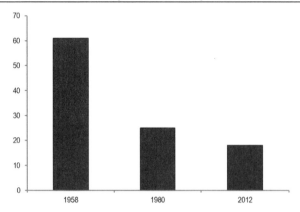

出典:Credit Suisse Equity Research(※1)

米国の大企業の寿命は3分の1に縮まった

　しかし、そのような幸せな時代は米国では長く続きませんでした。

　その後、S＆P500を構成する企業の寿命は急激に短くなり、1980年には30年を切り、2012年には20年を割りました。たった40〜50年ほどの間に、大企業の平均寿命は3分の1以下になったというのですから、その激変ぶりには驚くほかありません。生存できなくなった企業には、倒産だけでなく、買収されたり、合併されたりしたケースもありますが、いずれにせよ独り立ちできる企業でなくなったことには変わりありません。

　なぜ、大企業がこれほど短命になったのかといえば、技術革新のスピードが速くなったからです。破壊的イノベーションの発生頻度が高まり、大企業の既存事業をどんどんと衰退させたからです。大企業の衰退の一方で、グーグル、アップル、フェイスブック、アマゾ

ン、マイクロソフトといった「GAFAM」と呼ばれる企業やテスラなどが、技術革新を味方につけてイノベーションを起こし、急成長しているのがその証拠です。

　大企業の寿命が縮むなかで、生き残った大企業は自らイノベーションを起こす道を模索するようになりました。その結果、エース人材をコア事業に配置する慣例も変わりつつありますし、そもそもエース人材に求められる資質も変化しています。個人レベルで見ても、会社で生き残ることを目的にするのではなく、自分の能力を向上させ、新しい時代に求められる人材になることを志向する人が増えてきました。そのために必要であれば、転職をしたり、新しい仕事に挑戦したりすることにも積極的になりました。

日本企業の平均寿命は7年間で2倍に

　翻って、日本はどうでしょうか。次ページのグラフをご覧ください。

　驚いたことに、2010〜2017年の間に日本の上場企業の平均寿命は2倍以上に伸びて、2017年には「89歳」になっています。先ほどの米国企業のデータとは時期がずれますが、米国とまったく逆の動きです。

　同じ時期の米国、英国、ドイツと比べても、日本企業の寿命ばかりが長くなっています。その理由としては、いくつかの仮説が考えられます、日本ではM＆Aが少ない、起業率が低く、新しい企業の台頭による新陳代謝が起きていない、既存企業の生存能力が高い、など。しかし、最も大きな要因の1つが、米国で起こった「破壊的イノベーションの発生頻度が高まり、大企業の既存事業をどんどん衰退させた」という現象が日本で起きていないことにあるのは間違いないと、私は思います。世界の時価総額ランキングにおける、日本の大企業の後退ぶりがその証拠です。

「平均寿命」は日本企業が突出して長い

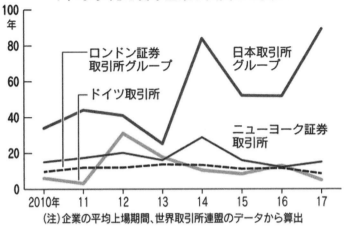

出典:「日本経済新聞」2018年11月18日「小粒になった日本企業 長寿でも新陳代謝鈍く」

　このような企業の平均寿命の短期化は、米国で「先行」して起きているのであって、その流れは日本にも波及するはずです。企業の平均寿命の短期化が、これからも日本で起こらないとすれば、「失われた30年」も終わらず、40年、50年と続いていくはずです。

　もちろん私は、平均寿命の短期化を「目標」にせよといいたいのではありません。あくまで破壊的イノベーションが起きているかどうかの「指標」として、企業の平均寿命を使っているだけです。

　理想をいえば、日本企業が平均寿命を伸ばし続けると同時に、既存企業のなかからイノベーションが生まれ、より強い企業として変革し続けるのがベストだと思います。米ウォルマートなどはその好例で、既存の小売事業にオンラインビジネスを取り込み、事業の成長トレンドを取り戻しました。このような成功事例を生むためには、日本企業にとっても、そこで働く個人にとっても、イノベーション創出の能力、スキルを身につけることが急務です。

イノベーション・プラットフォームの波

　ここからは、日本企業が過去30年間、イノベーション創出で十分な結果を出せなかった2つ目の背景事情に話を移します。

　米国にARKインベストメント・マネジメントという投資ファンドがあります。破壊的イノベーションをもたらす企業への集中投資で大きなリターンを上げていることで注目を集め、そのリサーチ力には定評があります。

　ARKは1780年代以降に起きた「イノベーションのプラットフォームになる技術革新」と、そのインパクトの大きさを視覚的に示したグラフを公開しています（次ページ）。

　ARKによると「イノベーション・プラットフォーム」となる技術革新とは、次の条件を満たすものです（※1）。

● コストの劇的な低下を具現化し需要を急拡大する
● 多くの業種や地域に影響を与える
● 追加発生する技術革新やイノベーションのプラットフォームとなる

　このグラフによると、18世紀末には「蒸気機関（Steam Engine）」の発明があり、19世紀に入ると「鉄道（Railways）」「内燃エンジン（Internal Combustion Engine）」といったイノベーション・プラットフォームになる技術革新がありました。

　20世紀初頭には、「電話機（Telephone）」「自動車（Automobile）」「電気（Electricity）」という3つの大きな技術革新の波が起きます。それぞれ「コミュニケーション手段」と「移動・輸送手段」、そして「エネルギー源」を根本的に変えたこれらの技術革新は相互に影響し合い、私たちの生活や経済に大きなインパクトを与えました。

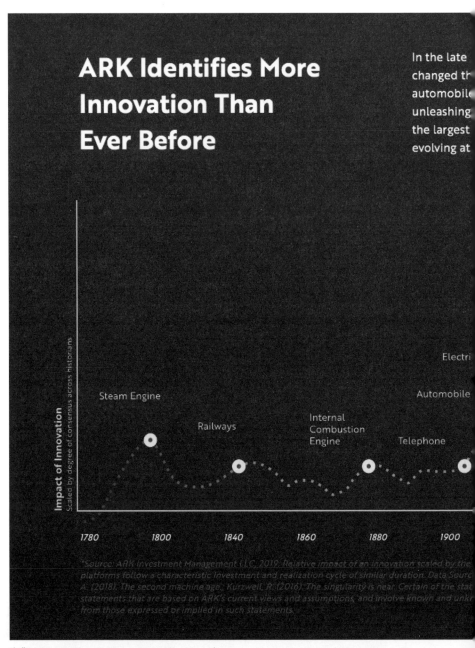

ARK Identifies More Innovation Than Ever Before

In the late
changed th
automobile
unleashing
the largest
evolving at

Impact of Innovation
Scaled by degree of consensus across historians

Steam Engine

Railways

Internal
Combustion
Engine

Electri

Automobile

Telephone

1780   1800   1840   1860   1880   1900

"Source: ARK Investment Management LLC, 2019. Relative impact of an innovation scaled by the
platforms follow a characteristic investment and realization cycle of similar duration. Data Sourc
A. (2018). The second machine age", Kurzweil, R. (2016). The singularity is near. Certain of the stat
statements that are based on ARK's current views and assumptions, and involve known and unkr
from those expressed or implied in such statements.

出典: ARK Investment Managementホームページ（ARKインベストメント・マネジメントの許諾を得て転載）
https://ark-invest.com/invest-in-innovation/

eteenth century, three innovation platforms evolved at the same time and
vay the world worked. Thanks to the introduction of the telephone,
nd electricity, the world's productivity exploded as costs dropped,
mand across sectors. Today, we believe the global economy is undergoing
hnological transformation in history thanks to five innovation platforms
e same time.

Blockchain Technology

Genome Sequencing

Robotics

Artificial Intelligence

Energy Storage

Computers

Internet

| 1920 | 1940 | 1960 | 1980 | 2000 | 2020 |

日本の産業は、この20世紀初頭のイノベーション・プラットフォームから派生した事業において大きな成功を収めました。具体的には、自動車産業、重電機器産業、エレクトロニクス産業など、まさに日本の強みとなる産業です。日本経済は1990年頃まで、これらの産業を中心に規模を拡大していきました。

　しかし、1980年頃から、次のイノベーション・プラットフォームとして「コンピューター（Computers）」と「インターネット（Internet）」が立ち上がってきました。この2つのプラットフォームの影響は幅広い業種に及びましたが、そこで日本企業は残念ながらリーダーシップをとれませんでした。そのため、この2つのイノベーション・プラットフォームから派生する多くの技術革新やそれらを活用した事業創造においても、優位に立てないまま現在に至ります。

　これが過去30年間、イノベーション創出において、日本企業が十分な結果を出せなかった2つ目の背景事情です。

　このときの波に乗れなかったことで、日本では破壊的イノベーションがなかなか創出されず、その結果として起きたのが、日本の上場企業の長寿化と世界時価総額ランキングにおける後退であると私は考えています。

日本に絶好のチャンスをもたらす5つの波が来ている

　ここで私たちの未来にとって重要なのは、2010年頃から5つのイノベーション・プラットフォームの波が同時に来ているということです。これらのイノベーション・プラットフォームが経済や人々の生活にもたらす複合的なインパクトは、コンピューターやインターネットがもたらしたものより大きくなると予測されます。

つまり、今まさに新たな大波に乗る絶好のチャンスが目の前に来ているということです。以下が、その5つのイノベーション・プラットフォームです。

- **エネルギー貯蔵** (Energy Storage) →**自動運転、蓄電池システム**
- **人工知能** (Artificial Intelligence) →**ニューラルネットワーク、携帯型コネクテッド機器、クラウド、IoT**
- **ロボティクス** (Robotics) →**適応型ロボット、3Dプリンティング、再生利用可能ロケット**
- **ゲノム解析** (Genome Sequencing) →**シークエンシング技術、ゲノム編集、免疫療法**
- **ブロックチェーン技術** (Blockchain Technology) →**ブロックチェーン、円滑な送金**

　5つのプラットフォームの右に、それらに含まれる14の革新的技術を記しました。すでにこれらの技術革新を使った新事業が続々と生まれているので、聞き慣れた言葉ばかりという方も多いでしょう。

「破壊的イノベーション」に無縁な仕事など、今やどこにもない

　今まさに到来している上記5つのイノベーション・プラットフォームと派生する技術革新の波は、広範な業界に影響を及ぼすものばかりです。この5つの波にまったく無縁な、聖域のような業界など存在しないと思います。

　ですから今は、どんな企業であっても、個人でも、現在進行中のこれらの技術革新が、自分たちには関係ないと安心することなどできません。規制に守られた業種や参入障壁の高い業種、資格・免許

が必要なセクターなどであれば、イノベーションの荒波が押し寄せるのが少し先になるかもしれませんが、時間の問題でしかありません。押し寄せたときに無防備であれば、取り返しはつきません。

逆に、今従事しておられる業界が万が一、新しいイノベーション・プラットフォームにまったく無縁な業界であるというのならば、非常に幸運です。今の事業をこれまでの延長線上で改善・進化させていければ、後発の競合に負ける可能性は非常に小さいです。ただし、私にはそういうイノベーション・プラットフォームの波とまったく無縁の業界というのは、今のところ思いつきません。

その状況を前向きに捉えて、これらの技術革新を能動的に活用し、顧客に新しい価値提供をする方策を考えることができれば、「失われた30年」を挽回するチャンスになります。だからこそ、どの業界でどのような仕事をしている人にも、これらの技術革新について学び、イノベーション創出に生かすことが重要になるはずです。

音声や映像信号のデジタル化で先行していた日本

先ほどARKの資料で見たように、インターネットクラスの大きな技術革新のイノベーション・プラットフォームが5つも同時並行で進み、技術革新を次々に生み出す時代です。これから社会にどんな変化が起きるのかを想像すると、目のくらむような思いがするという方もいらっしゃるかもしれません。

振り返れば「失われた30年」の起点となった1990年前後というのは、当時、私が技術者として働いていたソニーで、主力事業だったオーディオ製品や映像関連製品が、アナログからどんどんデジタルに切り替わっていく時期でした。

アナログの信号で記録・再生されていたレコードや磁気テープ

が、デジタルの信号で記録・再生されるコンパクトディスクやミニディスクに置き換わっていきました。今では静止画像であれ動画であれ、音声であれ、デジタルデータ以外で記録されたものを見つけるほうが難しいですが、このような「アナログからデジタルへの移行」というのは1980年代から始まり、当時、世界でその流れをリードしていたのは明らかに、ソニーをはじめとする日本企業でした。

　しかし、当時、強みとしていたデジタル技術を活用して、インターネットとコンピューターのイノベーション・プラットフォームの波に乗ることにおいて、日本企業は米国のスタートアップなどに完全に後れを取りました。音楽のストリーム配信やユーチューブ、ネットフリックス、アマゾンの電子書籍などの興隆を見れば、誰の目にも明らかなことです。

　私も記録信号のデジタル化で日本が世界をリードしていた時代の技術者の1人でした。当時はイノベーション・プラットフォームの波のことなど知る由もありませんでしたが、デジタル化が一段落ついたとき、次に何を自分の開発テーマにすべきか決めきれず、焦っていた記憶があります。結局、2年間くらい考えても自分の力を10年単位で注ぎ込みたいと思えるテーマを見つけられず、技術者としてのキャリアを終えることを決断したのはそのタイミングでした。

　今振り返ると、そのとき、すでにコンピューター、インターネットの波が来ていました。そんなときに自分はハードウエアの技術にこだわった狭い視野で考えていたために行きづまったのだなと、今になってみれば納得がいきます。

　そういう変革の時期において、当時のソニーの経営トップはどのように考えていたのか。本書を書き進めるうち、あらためて興味を持ちました。

　そして、1992年1月に「パラダイム」というテーマで開かれた社内の「マネジメント会同」で、井深大氏が2400人の幹部の前で話をさ

れたことを思い出しました。日刊工業新聞社が運営するサイト「ニュースイッチ」に、当時83歳になっていた井深氏がそこで語った言葉が残されています（※2）。92年当時、私はソニーにまだ在籍していましたが、幹部が集まる「マネジメント会同」に出席する立場にはありませんでした。ただ、その場で「デジタル化はパラダイムシフトではない」というメッセージが井深氏から投げかけられたということは、若手技術者の間でもよく知られてはいました。

ソニー創業者が予言した「ハードからソフトへの転換」

「パラダイム」とは、「ある時代や分野において支配的規範となる『物の見方や捉え方』」を指します（※3）。時代の画期において、このパラダイムが覆されるのが「パラダイムシフト」で、当時、話題を集めていた言葉でした。難しい概念ですが、井深氏の説明がわかりやすいのでここに記します。

「大衆の人全部が全然信じて疑わないこと、これがパラダイムなんですね。しかしパラダイムというのは決して真理でもなければ、永久にそれが続くわけではない」

以下、井深氏の言葉を、もう少し引用させていただきます。

> "
>
> 「デジタルだ、アナログだ」なんてのは、ほんと道具だてにしか過ぎない。これは技術革新にも入るか入らないくらい。…（中略）…これをもってニューパラダイムというのは、非常におこがましいだろうと私はそう考える。
>
> "

"

　私の考えるパラダイムってのは一体何であるか。現在、モノを中心とした科学が万能になっているわけですね。これはデカルトとニュートンが築き上げた「科学的」という言葉にすべての世界の人が、それにまんまと騙されて進んできたわけなんです。

　もちろん今日の経済もソニーの繁栄もその騙されたパラダイムの上に立ってできあがったものだと思う。我々は現代の科学というもののパラダイムをぶち壊さなきゃほんとじゃない。物質だけというものの科学というものでは、もう次の世界では成り立たない、というところまで今きている。

　それはどういうことかと言いますと、「デカルトがモノと心というのは二元的で両方独立するんだ」という表現をしている。

"

"

　モノと心と、あるいは人間と心というのは表裏一体である、というのが自然の姿だと思うんですよね。

　それを考慮に入れることが、近代の科学のパラダイムを打ち破る、一番大きなキーだと思う。それが割に近いところで、我々がどういう商品を作ろうか、さっき話のあったカスタマーを満足させるためのモノをこしらえようか、というのは人間の心の問題だと思う。ハードウエアからだんだんソフトウエアーズが入ってきて、だいぶ人間の「心的」なものが出てきたんですけども、まだソフトウエアーズというと、なんだか分かんないんですよね。

　ソフトウエアーズの意味もいろいろありますけど。もっと単刀直入に人間の心を満足させる、そういうことではじめて科学の科学たる所以があるので、そういうことを考えていかないと21世紀には通用しなくなる、ということをひとつ覚えて頂きたいと思います。

"

井深氏の発言を私の解釈でまとめると、「『アナログからのデジタルへの転換』は『パラダイムシフト』とは呼べない、ただの道具の変更である。モノだけを生み出していくところから、心を満足させるものを生み出すところへパラダイムシフトしていかないと未来はない。そしてそのキーになるのはソフトウエアだろう」とおっしゃっているのでしょう。

　別の言い方をすると「モノと心が別次元に存在するというパラダイム（常識）」が覆って、「モノと心は表裏一体で存在するというパラダイム（常識）」に移行するタイミングに来ているということです。

　このような井深氏の考えを、イノベーション・プラットフォームの波と併せて私の解釈で表現すると、以下のようになります。

　蒸気機関や鉄道の発明に始まり、科学技術が進化する過程において、かつて人間が抱えていた物理的な不満の大部分は解消されていった。自動車や飛行機があれば、今まではなかなか会えなかった遠くにいる人に気軽に会えるし、電話があれば、直接に会えなくても会話ができる。インターネットとコンピューターのイノベーション・プラットフォーム以前に、これらの物理的不満の多くは解消されていた。そして物理的不満が解消されるまでの時代、モノと心は別々に独立したものと考えられていた。

　物理的なニーズが満たされた後、次の方向を見定めるにはモノと心が一体であるという認識に立つべきだ。そして科学は、満たされない人の心の欲求を先回りして察知し、それを実現するソリューションを提供するために使われるべきで、それを可能にするのがソフトウエアではないか。

　井深氏は、このようなことを伝えようとされていたのだと理解しています。そしてソフトウエアは、インターネットとコンピューターのイノベーション・プラットフォームから派生した技術革新において、非常に重要な役割を果たしています。

この記事を読んでわかったことは、井深氏がデジタル化の次に取り組むべきことは、人間の心の欲求を満足させることで、そのためにはハードウエアだけでなく、次の技術革新の波としてソフトウエアが重要になるとすでに気付かれていたということです。あらためてその先見性に心から驚きました。

実際グーグル、アップル、フェイスブック、アマゾンといった「GAFA」は、まさに今、顧客に「『できる』とは思っていなかったけれど、『できるなら幸せ』」という新しい体験を提供することで、成功しています。SNSで自分が感動した風景や出来事を他者とシェアする喜びや、クラウド上にあるさまざまなコンテンツを、いつでもどこでも好きなときに楽しめる便利さなどは、人間の心の欲求から発想された顧客起点のサービスといえるでしょう。そしてそのようなサービスは、インターネットとコンピューター上にあるソフトウエアという形で実現されています。

シリコンバレーで目の当たりにした「気付いても乗れない波」

井深氏の発言から数年経過し、1990年代後半になると「インターネット、コンピューター、ソフトウエア」という技術革新による新しい価値の提供が、多くの人々に脅威または機会として、はっきり認識されはじめました。その当時、私は米国のシリコンバレーでコンサルタントとして働いていました。複数の日本の大企業から依頼を受け、米国で起こっているインターネットやソフトウエア関連のイノベーションを取り入れるためのコンサルティングをしました。各社の戦略に関連する有力なベンチャー企業を探し、一緒に訪問して投資や提携の支援などもしました。

つまり当時、多くの日本の大企業はすでに変化に気付き、動きは

じめていました。しかし、結果としてインターネットとコンピューターのイノベーション・プラットフォームの波の先端に乗れた日本の大企業は、私の知るかぎりありませんでした。

　まさに今、起こっている5つのイノベーション・プラットフォームの状況は、ちょうど当時のタイミングに近いと思います。つまり多くの大企業の幹部、あるいはベンチャー経営者や技術者たちは、もう波が来ているとわかっているという段階です。そして今のままでいくと今回も、日本企業は波の先端に乗れない可能性が高い状況にあると感じます。

イノベーション・プラットフォームの 波に乗る方法をアマゾンに学ぶ

　では、どうすれば波の先端に、もしくは少し遅れても同じ波に乗れるのかと考えたとき、その1つの解がアマゾンにあると思います。

　なぜならアマゾンは、インターネット、コンピューターのイノベーション・プラットフォームをつかまえ、乗りこなし、事業成長に成功しました。さらにそこでとどまることなく、今ではAIやクラウド、ロボティクスを活用し、次の5つのイノベーション・プラットフォームの波でも、すでに先端に乗っています。クラウド事業の「アマゾン・ウェブ・サービス（AWS）」、音声認識の人工知能「アレクサ」、レジなし店舗の「アマゾンゴー」、物流倉庫の自動化ロボットの自社開発などで先行しているのがその証しです。

　それはたまたまではなく、それを可能にしたメカニズムがあるのです。そしてそれに学べば、多くの日本の企業、起業家が気付いていてキャッチできない波をキャッチする確率を高められます。

　本書が紹介してきた、アマゾンがイノベーションを創出し続けるメカニズムは、アマゾンがイノベーション・プラットフォームの波

に乗り続けることを可能にしたノウハウの塊でもあります。

　その一部をあらためてここにご紹介すると……、

- PR/FAQを使い、顧客起点の「ワーキング・バックワード (Working Backward)」の視点で新しいソリューションを考える。そのプロセスに多くの社員が参加することによって、多くのアイデアが発掘される。
- 発掘されたアイデアは、「インスティテューショナル・イエス (Institutional Yes)」で肯定し、最大限推進する。
- その時点ですでに保有する能力だけではなく、新しい技術革新を取り入れることも含めてソリューションを検討する。
- 新しい取り組みの多くは失敗することを知ったうえで、多くの実験をする。
- 野球のホームランは最高でも4得点だが、ビジネスのホームランは1000点の獲得も可能と認識して実験を続ける。

　これらを組み合わせると、新しいイノベーション・プラットフォームの波に乗り、多くの失敗のなかから大きなイノベーションを生み出すことが可能になります。顧客の潜在ニーズを出発点にすると、既に保有する技術だけでは能力不足となります。そのために新しいイノベーション・プラットフォームから派生する技術革新を取り入れることが必要な局面に遭遇することがあります。その結果として、新しいイノベーション・プラットフォームの波に乗ることに成功するのです。

　理屈ではわかっても、リスクアバースの傾向が強いと実行しにくいことも知っておく必要があります。アマゾンの仕組みのなかには、それを使う人々に、意思決定の判断基準の変更を求めるものもあり、それが伴わないと実践で効果が上がりにくくなります。

しかし、多くの日本企業、特に大企業は、1994年にアマゾンが創業したときよりも有利な条件を備えています。資金力において、ベゾスが起業したばかりのときのアマゾン規模であれば、複数の新規事業を同時に立ち上げる力を持つ企業も日本には多くあります。ベゾスのメッセージにある「自社の規模に応じた失敗」を実践できれば、そのなかからイノベーション・プラットフォームの波に乗る事業を生み出せる企業は多くある、ということです。一方、「必ず成功する」と思えることだけ始めようとすると、誰かが成功するのを待つ結果となり、波に乗り遅れる可能性が高いでしょう。かつてのソニーがそうであったように、自分たちのことを「モルモット」と呼ばれても、社会に新しい価値を提供するために実験と挑戦を続けるような企業と人材が、ますます必要な時代です。

意思決定の判断基準も変革させるメカニズム

　私は、ソニーの技術者からコンサルタントをへて、シスコシステムズ、GE、アマゾンという、米国のリーディング企業3社で働いてきました。その間、リーダー層の人材の質において、日本が米国に劣るなどと感じたことはありません。

　もちろんアマゾンのジェフ・ベゾスや、GEのジャック・ウェルチ、シスコシステムズのジョン・チェンバース級の経営者が、日本にたくさんいるとはいえません。しかし、それはソニー創業者の井深大氏、盛田昭夫氏やパナソニック創業者の松下幸之助氏、本田技研工業創業者の本田宗一郎氏クラスの経営者がたくさんいないというのと同じ話です。

　日本の経営トップが、米国の経営トップと比べて今、成果を上げられないとすれば、能力の問題ではなく、1980年代までの大きすぎ

る成功が、その後の変革を遅らせているからではないでしょうか。

そこを打ち破るには、「仕組み」や「プラクティス（習慣行動）」で対処することが有効です。会社の「仕組み」や「プラクティス」を変えることで「環境」も変わり、社員が持てる能力をもっと発揮できるようになるはずです。

本書でご紹介した仕組みは、ただ手続きとして取り入れて終わり、というものではありません。実践していくプロセスにおいて意思決定の仕方や判断基準をも変えることが要求される仕組みです。具体的には、「リスクはあるけれど期待値が大きいもの」より「確実に手に入るけれど期待値が小さいもの」を選びがちな、リスクアバースの本能に抗う意思決定を下す。あるいは「長期的に得られるもの」より「短期的に得られるもの」を選びがちな、現在バイアスの本能に抗う意思決定をすることが要求されます。

本能に抗う意思決定を実践するのは、理屈で納得できたとしても、簡単なことではありません。対策としては、1人で意思決定するのではなく、経営幹部のなかに、リスクアバースや現在バイアスに流されない視点を持ち、ロジカルに発言できる人を育て、登用し、チームで議論する仕組みにするのが現実的だと思います。

また、既存のコア事業を聖域化しないというアマゾンのやり方も、日本企業が導入するには大きな意識改革が必要となります。その対策としては、自社の目指す方向に即した行動規範の設定が有効で、その際、行動規範を定着させるための仕組みも必須になります。さらに、それを支える人事制度の改革も必要になるでしょう。

世界に通用する大規模なイノベーションが、あらゆる規模、業種の日本企業から多く創出される一助になればと「アマゾン・イノベーション・メカニズム」という仕組みをご説明してきました。これは人々の経営や仕事に対する考え方にまで変革をもたらすことで、イノベーション・プラットフォームの波に乗ることを可能にす

るものです。さらにそれは企業だけでなく、大学・研究機関などのイノベーションに関わるあらゆる組織がイノベーションを起こしていくうえでも応用して役立てていただけるものだと思っています。

「カニバリを受け入れない会社」と「カニバリを受け入れない社会」

　日本で世界に先駆けて破壊的イノベーションを起こし、ビジネスとして世界に展開していくには、別の大きな課題もあります。

　破壊的イノベーションが起きると、そのために弱体化する既存ビジネスが出てきます。それが日本の社会では受け入れられにくく、規制をかけられ、新しいビジネスが育たなくなることがよくあります。その好例が、エアビーアンドビー（民泊仲介）とウーバー（ライドシェア、フードデリバリー）です。いずれも米国で立ち上がり、世界的な大きなビジネスに成長しています。

　しかし、これが日本発であったなら、規制をかけられ育つことはなかったでしょう。実際に本書を執筆している2021年10月時点では、両社は日本市場に参入しているものの、その活動は非常に限定されています。エアビーアンドビーは、経済特区を除けば、営業日数は年間180日以内、どんなに頑張っても稼働率は50％を超えられません。ウーバーに至っては、タクシーとの競合が敬遠され、ライドシェアはほぼ始められていません。タクシーのように影響を受ける既存業界がないウーバーイーツ（フードデリバリー）だけが営業を許されている状況です。ウーバーイーツがあったおかげでコロナ禍においてデリバリー事業を始められ、経営難が緩和された飲食店が少なからずあったことは、よく知られていると思います。

　1つの企業であっても、カニバリの可能性のある新規事業を歓迎するアマゾンのような企業もあれば、許さない企業もあり、多くの

日本企業は後者です。それを国という大きな枠組みに置き換えてみれば、「カニバリを受け入れる社会」と「カニバリを受け入れない社会」があり、日本はカニバリを受け入れない社会になっています。

　米国や中国は、国全体として変革を加速する方向で規制を決めています。米国議会でもGAFAMなどへの規制が必要だという議論が始まっていますが、これもイノベーションを止める方向性ではありません。大企業になったGAFAMがデータを支配し、育ちはじめたベンチャーを次々に買収することにより、競争が阻害され、イノベーションが起こりにくくなる恐れがあることが不当であり、規制が必要という文脈で、解体論が出ているのです。本当にその恐れがあるかどうかには異論がありますが、健全な議論だと思います。

　企業や個人ではコントロールできないことですが、「カニバリを受け入れない日本社会」も、イノベーションを生み出す環境としては問題があり、私たちが向き合うべき大きな課題だということを最後に問題提起させていただきます。

　本書刊行に際しては日経BPの方々に大変、お世話になりました。日経ビジネス電子版編集長の山崎良兵様、日経ビジネスクロスメディア編集長の池田信太朗様、そして編集を担当いただいた小野田鶴様に感謝を申し上げ、筆をおかせていただきます。

[参考資料]

※1. Credit Suisse Equity Research
　　 Global / Thematic Research / 24 August 2017
　　 "Global Equity Themes Disruptive forces in Europe: A Primer"
　　 Head of Global ESG & Thematic Research
　　 Eugene Klerk
※2. 「ニュースイッチ」2015年10月27日「ソニー創業者・井深大が2400人の幹部に発したパラダイムシフトという遺言」
※3. 三省堂 WORD-WISE WEB

谷　敏行（たに・としゆき）

東京工業大学工学部卒業後、エンジニアとしてソニーに入社。エレキ全盛期のソニーの「自由闊達にして愉快なる理想工場」の空気に触れながら、デジタルオーディオテープレコーダーなどの開発に携わる。米ニューヨーク大学にて経営学修士号（MBA）取得。1992年にソニー退社後、米国西海岸でIT・エレクトロニクス関連企業のコンサルティングを手掛ける（米アーサー・D・リトルに在籍）。その後、米シスコシステムズにて事業開発部長など歴任。日本GEに転じた後、執行役員、営業統括本部長、専務執行役員、事業開発本部長など歴任。2013年、アマゾンジャパン入社。エンターテイメントメディア事業本部長、アマゾンアドバタイジング・カントリーマネージャーなど歴任し、2019年退社。現在は、TRAIL INC.でマネージングディレクターを務めるほか、Day One Innovation代表としてイノベーション創出伴走コンサルタントとしても活動。

▶ https://dayoneinnovation.com/

アマゾン・メカニズム
Amazon Mechanism
イノベーション量産の方程式

2021年11月29日　初版第1刷発行

著者	谷 敏行
発行者	伊藤暢人
発行	日経BP
発売	日経BPマーケティング
	〒105-8308
	東京都港区虎ノ門4-3-12

ブックデザイン	小口翔平＋三沢稜＋加瀬梓(tobufune)
DTP	クニメディア
校閲	円水社
編集	小野田鶴
印刷・製本	図書印刷株式会社